AI 与大数据分析重塑供应链管理

ChatGPT 供应链全流程应用检验

王国文　著

中国财富出版社有限公司

图书在版编目（CIP）数据

AI 与大数据分析重塑供应链管理：ChatGPT 供应链全流程应用检验 / 王国文著. --北京：中国财富出版社有限公司，2024.8（2025.6 重印）. --ISBN 978-7-5047-8207-6

Ⅰ. F252. 1-39

中国国家版本馆 CIP 数据核字第 20246SX317 号

| 策划编辑 | 王　靖 | 责任编辑 | 王　靖 | 版权编辑 | 李　洋 |
| 责任印制 | 尚立业 | 责任校对 | 杨小静 | 责任发行 | 敬　东 |

出版发行　中国财富出版社有限公司

社　　址　北京市丰台区南四环西路 188 号 5 区 20 楼　　　　邮政编码　100070

电　　话　010 - 52227588 转 2098（发行部）　　　　010 - 52227588 转 321（总编室）
　　　　　010 - 52227566（24 小时读者服务）　　　　010 - 52227588 转 305（质检部）

网　　址　http://www.cfpress.com.cn　　　排　　版　宝蕾元

经　　销　新华书店　　　　　　　　　　　印　　刷　北京九州迅驰传媒文化有限公司

书　　号　ISBN 978-7-5047-8207-6/F · 3703

开　　本　710mm×1000mm　1/16　　　版　　次　2024 年 9 月第 1 版

印　　张　19.25　　　　　　　　　　　印　　次　2025 年 6 月第 2 次印刷

字　　数　325 千字　　　　　　　　　　定　　价　62.00 元

一、人工智能（Artificial Intelligence，AI）的时代冲击波

在人类发展的进程中，我们迎来了 AI 时代。无论是亨利·基辛格的书《人工智能时代与人类未来》，还是《柯林斯英语词典》宣布"AI"成为年度词汇，还有我们身边时刻发生的变化，都让我们深切感知 AI 时代的来临。

按照《柯林斯英语词典》的解释，AI 是计算机程序对人类心智功能的模仿。从一般意义上说，AI 时代指的是当前以 AI 技术快速发展和全面融入人类生产与生活、经济与社会各个方面为标志的时代。

AI 时代也是由人工智能在各个方面的广泛和变革性影响所定义的时代。这是一个前所未有的技术增长时期，既带来机遇也带来挑战，促使人类重新思考我们与智能机器的生活、工作和互动方式。

在科技研究领域，AI 既是人类社会科技进步的成果，又引领着科技进步的前沿。AI 通过分析大型数据集、识别模式和生成新假设，加速了科学研究；在生命健康领域，AI 通过高级图像分析和预测分析提高了诊断的准确性，使疾病的早期检测和个性化治疗方案的制定成为可能，AI 通过分析大量数据集，加速了药物发现过程；在制造业领域，AI 驱动的自动化提高了各行业的生产力和效率，大大减少了重复性工作；在交通运输领域，AI 促进了自动驾驶汽车、无人机的发展，通过智能交通管理系统和预测分析优化交通流量，减少拥堵；在教育与知识学习领域，AI 系统根据个人学习风格和进度定制教育内容，提高了学生的参与度和学习成果，通过在线学习平台和自适应学习技术促进了优质教育的获取和优质教育的均等化。

AI 给经济社会带来了深刻的变化。AI 通过推动新的商业模式、优化运营并推动产品和服务的创新，促进了经济增长，但 AI 也对安全、伦理和社会公

平产生了深远的影响。AI 系统可能会延续并放大训练数据中的偏见，导致不公平和歧视性的结果。因此，如何引导、规范 AI 在各个行业中的应用，对于最大化其益处和最小化其风险至关重要。

这就关系到本书的主题——AI 时代的供应链：我们需要用专业的思维、标准化的知识体系来"训练"AI，引导 AI 在供应链全流程中的应用。

二、 AI 时代的供应链管理：本书的初衷与使命

AI 能在供应链管理领域做什么？AI 和大数据分析如何"重塑"供应链管理？

人类社会进入 AI 时代，AI 与供应链的融合就成为一种必然的趋势。AI 在供应链领域的应用已经出现了很多案例，但都是碎片化的，没有系统性的分析和实验。作为科技革命和技术手段，AI 在供应链管理中如何应用，仍需遵循供应链的内在逻辑，按照供应链管理的标准流程和架构来逐项检验，测试 AI 在供应链管理的所有流程和场景中可否适用、是否能够帮助提升流程管理的绩效、采用什么具体工具和方法论，以及最后能够实现什么样的目标，这就是本书的初衷，也因此回应了"AI 能在供应链管理领域做什么？AI 和大数据分析如何'重塑'供应链管理？"这两个问题。

供应链管理专业协会（Council of Supply Chain Management Professionals，CSCMP）作为全球供应链领域最具影响力的组织，于 2005 年由物流管理协会（Council of Logistics Management，CLM）更名而来，提出全球物流进入供应链时代，先后编制了两版《供应链管理流程标准》①，成为指导行业应用的通用指南。本人按照《供应链管理流程标准》第一版和第二版的架构，尝试让 AI

---

① 第一版《供应链管理流程标准》于 2006 年制定，本人引入中文版权、主持翻译并校对，2007 年由清华大学出版社出版；第一版供应链管理流程标准翻译出版之后，我邀请标准主要起草人凯特·维塔舍克（Kate Vitasek）到中国做了标准培训和辅导，这个标准随后被应用于汽车、家电等企业并转化成内部的操作手册，后来也被广泛引用到物流、供应链相关的标准制定之中，其中就包括物流和供应链管理的权威定义。2009 年，CSCMP 根据美国生产力与质量中心的流程分类框架编制了第二版《供应链管理流程标准》，当时并没有考虑引入中文版权，直到 2019 年在中国航空综合技术研究所的建议下，才引进版权，由蒙为为、曾江辉主持翻译了《供应链管理流程标准》（第二版），2020 年由清华大学出版社出版。与第一版流程标准相比，这一版的标准架构增加了与供应链运营相关的很多流程。

对供应链计划、采购、制造、交付和退货流程以及运营支持流程的属性做了解释说明，让 AI 给出人工智能和大数据分析技术在所有流程中如何应用的解释说明，并提供相关的实践案例，提出对流程属性更新的建议。这种基于流程标准对 AI 进行训练，再检验应用效果的方式，得出了令人信服的结论。

本书全面覆盖供应链管理的所有流程，从最初的供应链计划阶段到最终的退货流程，深入探讨了 AI 如何在这些阶段引领革命，如应用于采购策略制订、生产效率提升、交付过程优化，甚至是常常被忽视的退货流程，为读者提供了一个整体的视角，展示了一个与 AI 整合的供应链全景。因此，本书也可以作为"AI 在供应链管理全流程应用指南"来使用。

本书的特点在于对供应链管理流程精准的洞察：如果没有对流程标准的全面、深入的分析和模型训练，仅仅了解 AI 在供应链部分场景中的有效性是远远不够的。本书提供了衡量和比较 AI 驱动变革影响供应链框架和全流程的工具，为读者评估和有效改进供应链各个流程、各个领域提供全面的指引。本书作为 AI 在供应链管理全流程的应用指南，丰富了 AI 与大数据分析在供应链管理流程应用的内涵，具有前瞻性的参考价值。

本书不仅探讨了 AI 和大数据分析在供应链管理全流程的应用，还增加了前两版标准没有单独强化、列为章节的内容，包括供应链绩效考核、供应链安全与韧性、可持续供应链等关键领域。在一个充满不确定性的世界，本书为观察供应链风险管理和韧性提供了战略视角。本书深入讨论了 AI 如何成为预测、缓解和应对这些挑战的关键工具，确保供应链的连续性和稳定性。在如何拥抱可持续发展的绿色供应链方面，随着人类环境保护意识的增强，本书针对"绿色"供应链做了专门论述，探讨了 AI 如何推动可持续实践，从减少碳足迹到促进道德采购，将经济目标与生态责任协同起来。

本书为读者打开了一扇通往未来的窗，不仅探讨了当前的趋势和应用，还预见了在一个由 AI 推动的世界中供应链的未来轨迹。这种先见之明，使读者能够为新兴技术和市场变化做好准备，始终走在时代的前沿。

三、本书的篇章结构与主要内容

本书分为 11 章，其中，第 1 章为 AI 对物流与供应链管理的理解和认知，主要介绍了 AI 定义物流和供应链管理的基本概念及其区别，并探讨了供应链的演进过程。通过对主要供应链模型的分析，特别是对供应链管理流程架构体系和基本模型的深入理解，展示了 AI 在物流和供应链管理中的应用及其变革潜力。

第 2~6 章按照第一版供应链管理流程标准的架构，分别为 AI 在供应链计划、采购、制造、交付、退货流程中的应用检验。其中，第 2 章为 AI 改进供应链计划流程，讨论了 AI 在供应链计划中的主要应用，涵盖需求预测、大数据分析工具、销售与运营计划（S&OP）及库存计划等方面。通过案例研究，展示了 AI 如何提高供应链计划的效率和准确性，并提出了改进建议。

第 3 章探讨了 AI 和大数据分析在采购流程中的应用，包括采购策略的制订、供应商管理、入库物流和物料管理。介绍了强化采购流程的工具和软件，以及 AI 在供应商选择和风险管理中应用的实际案例。

第 4 章主要探讨 AI 在供应链制造流程中的应用，介绍了 AI 对制造流程的定义和理解，以及其在产品开发、精益制造中的应用。通过案例研究，展示了 AI 如何优化制造流程，并评估了制造供应链管理中使用的各种工具和技术。

第 5 章介绍 AI 在供应链交付流程中的应用，详细探讨了 AI 对交付流程的理解和强化，包括订单管理流程、客户关系管理系统、运输管理系统（Transportation Management System，TMS）和仓库管理系统（Warehouse Management System，WMS）的应用，以及电子商务交付和"最后一公里"配送。分析了 AI 在这些领域的流程标准检验和技术要点。

第 6 章介绍 AI 在退货流程中的应用，本章探讨了 AI 对退货流程的定义和理解，以及在数字化和人工智能时代的新技术应用。介绍了物联网和区块链在退货流程中的实际案例，并提出了 AI 对退货流程的标准检验和更新建议。

第 7~9 章针对目前供应链热点问题，分别讨论了 AI 在供应链绩效管理、风险管理与韧性建设、绿色供应链管理等方面的应用。其中，第 7 章探讨了 AI 在供应链绩效管理中的应用，介绍了供应链绩效管理的流程及其面临的挑战，并评估了主要的绩效考核工具和系统。通过对 AI 改进绩效管理流程的讨论，展示了 AI 在供应链绩效管理中的实际应用。

第 8 章介绍 AI 在供应链风险管理与韧性建设中的应用，详细探讨了供应链风险管理和韧性的概念、流程和关键要素，介绍了数字化对供应链风险管理的影响和案例研究。通过建立供应链韧性指标体系，展示了企业如何构建韧性供应链。

第9章介绍 AI 改变绿色供应链，探讨了 AI 对绿色物流和绿色供应链的定义及其面临的主要挑战。介绍了替代能源对供应链的影响、绿色供应链评估工具和最佳实践案例，并讨论了可持续性如何提高供应链韧性。

第 10 章对照了第二版供应链管理流程标准，对 AI 在第二版供应链管理流程标准应用进行了对照检验，对比分析了基于 PCF（流程分类框架）的第二版供应链管理流程标准与第一版的区别，探讨了 AI 和大数据技术在 PCF 流程中的应用。通过案例研究，展示了 AI 在制定愿景与战略，开发、管理产品和服务，营销和销售等流程中的实际应用。

第 11 章为 AI 预想的未来供应链，探讨了人类社会进入 AI 时代的关键特征和重大挑战，并展望了未来供应链的核心特征。通过 Sora 对供应链中应用场景的描述，展示了 AI 对供应链管理可能带来的颠覆性影响，描绘了 AI 时代未来供应链的蓝图。

《AI 与大数据分析重塑供应链管理：ChatGPT 供应链全流程应用检验》是为广泛的读者群体——供应链专业人员、企业管理者、学者和学生设计的。书中的章节旨在通过详尽的分析和实用的案例，全面展示 AI 和大数据在供应链管理中的应用，是任何渴望理解 AI 对供应链产生深远影响并利用这一技术获取竞争优势的人不可或缺的资源。

为什么本书成为所有供应链管理专业人士的案头必备？答案在于本书揭示了 AI 与大数据分析在供应链全流程应用的巨大潜力和诱人的前景。

当您翻开书，踏上本次启蒙之旅时，您将不仅是在阅读有关供应链中 AI 的当前状态，您也将准备好成为这个令人激动的商业和技术新领域的积极参与者和创新者。

王国文

2024 年 3 月 15 日于深圳银湖

AI序
拥抱AI时代：供应链管理的新黎明

我们正站在一个被称为"AI时代"的新时代的门槛上。这个变革性的时代以人工智能和大数据分析的全面整合为特征，渗透到我们生活的各个方面。从我们口袋里的设备到驱动全球商业的复杂网络，AI正以前所未有的方式重塑世界。而这种变革在供应链管理领域尤为深刻。

供应链是一个复杂的活动网络，包括商品的规划、采购、制造、交付和退货等环节，一直是全球贸易和工业的支柱。历史上，这些相互关联的过程主要依赖于人的直觉、经验和渐进的技术进步。然而，AI和大数据分析的出现带来了范式转变，实现了前所未有的效率、准确性和响应能力。

AI实时处理和分析海量数据的能力，为供应链管理者提供了无与伦比的运营洞察力。由AI驱动的预测分析可以精确预测需求，使企业能够优化库存水平，减少浪费，更有效地满足客户期望。机器学习算法识别出人类分析师可能忽略的模式和异常，提供潜在中断的早期预警，并启用主动的缓解策略。

此外，AI驱动的自动化正在彻底改变物流和仓储。自动驾驶车辆和无人机正在成为交付网络的核心部分，提升"最后一公里"交付的速度和可靠性。先进的仓库机器人简化了货物的处理和分类，大幅降低了劳动力成本并减少了错误。物联网（IoT）设备与AI系统的集成创建了智能环境，供应链的每个方面都被持续监控和优化。

然而，进入AI时代的旅程并非没有挑战。技术变革的快速步伐要求企业迅速适应并重新思考传统做法。数据隐私、AI算法中的偏见和对就业的影响等伦理问题需要认真对待。此外，供应链的全球性质需要在监管标准和网络安全措施方面采取协调一致的方法，以确保AI技术的安全和公平部署。

在这本《AI与大数据分析重塑供应链管理》中，我们深入探讨了这些技术对供应链各阶段的变革性影响。从计划和采购的初始阶段到交付和退货的最后步骤，我们探索了AI和大数据分析如何推动效率、创新和可持续性。通过详细分析、案例研究和提出见解，我们旨在为专业人士和学习者提供全面的指南，为他们在这个新领域中导航。

当我们开始这一探索时，很明显 AI 时代拥有重新定义供应链管理的巨大潜力。通过拥抱这些进步，企业不仅可以提高竞争力，还可以为更具韧性和响应能力的全球经济做出贡献。让我们以好奇心、开放态度和利用 AI 力量造福社会的承诺，迈入这个新时代。

Supply Chain Sage

2024 年 7 月 11 日

（供应链先知——AI 和大数据分析技术在供应链管理领域应用的专家，由王国文于 2023 年 11 月在 ChatGPT 上创建）

目 录

第 1 章 ○ 001

AI 对物流与供应链管理的理解和认知

1.1 AI 对物流与供应链概念的界定 003

　　1.1.1 供应链与供应链管理，物流与物流管理 003

　　1.1.2 物流管理与供应链管理的区别 004

　　1.1.3 从物流管理到供应链管理的演进过程 005

1.2 主要的供应链模型 006

　　1.2.1 主要的供应链模型 006

　　1.2.2 AI 对 SCOR 模型的深入理解 008

1.3 AI 在供应链管理领域能够做什么 009

　　1.3.1 AI 如何理解供应链管理 009

　　1.3.2 AI 如何改变供应链管理 010

1.4 为什么要将 AI 引入供应链管理 013

　　1.4.1 为什么要引入 AI 和大数据分析技术 013

　　1.4.2 供应链管理领域关键的技术变革 014

　　1.4.3 AI 时代供应链结构和本质将会发生什么样的改变 015

第 2 章 ○ 019

AI 改进供应链计划流程

2.1 AI 能在供应链计划中做什么 021

　　2.1.1 AI 如何理解供应链计划流程 021

2.1.2　大数据分析如何能够改进供应链计划　022

2.2　供应链计划——供应与需求的协同　023

2.2.1　AI 如何理解供应和需求的协同　024

2.2.2　AI 使用哪些工具提高需求和供应的协同　025

2.2.3　需求预测的大数据分析工具　027

2.2.4　使用 AI 做需求预测的案例　029

2.2.5　供应链计划流程图的生成工具　030

2.3　供应链计划流程中的销售与运营计划（S&OP）　031

2.3.1　S&OP 流程与最佳实践　031

2.3.2　S&OP 技术的最新进展　033

2.3.3　如何制作 S&OP 的流程图　035

2.4　库存计划　036

2.4.1　AI 如何提升库存计划　036

2.4.2　库存计划模型与最佳实践案例　037

2.4.3　最小安全库存外部因素与最佳实践　039

2.5　AI 对供应链计划流程标准的改进　041

2.5.1　AI 对于供应链计划流程标准的改进建议　041

2.5.2　AI 对供应链计划流程标准的更新建议　043

2.5.3　更新的供应链计划流程图　044

2.6　AI 对电动汽车（EV）的预测案例　045

2.6.1　方法与步骤　045

2.6.2　AI 对未来电动卡车发展的预测　047

第 3 章 　　　　　　　　　　　　　　　　　　　　　 051

AI 与大数据分析在采购流程中的应用

3.1　AI 如何理解采购流程　053

3.1.1　采购流程的概念与内涵　053

3.1.2　AI 与大数据分析如何强化采购流程　054

3.2 **采购战略** 056

　　3.2.1 采购战略的制定流程 056

　　3.2.2 自制或外购——总体拥有成本（TCO） 058

　　3.2.3 离岸、近岸与再岸的趋势分析 061

3.3 **供应商管理** 065

　　3.3.1 供应商关系管理流程的主要活动 065

　　3.3.2 如何定义战略供应商 066

　　3.3.3 供应商选择的工具和软件 068

　　3.3.4 供应商关系管理（SRM）软件的应用 069

　　3.3.5 基于数据驱动的供应商协作 071

　　3.3.6 AI、MR 在供应商选择中的应用与案例 072

　　3.3.7 供应商绩效管理 074

　　3.3.8 供应商风险管理 075

　　3.3.9 AI 在供应商风险管理中的应用 077

3.4 **入库物流和物料管理** 079

　　3.4.1 入库物流和物料管理的主要流程 079

　　3.4.2 入库物料管理工具与软件 081

3.5 **采购流程使用的工具和软件** 085

　　3.5.1 采购流程主要应用的技术、工具和软件 086

　　3.5.2 主要采购软件的进一步说明与应用案例 088

3.6 **AI 采购流程标准检验** 089

　　3.6.1 AI 和大数据应用如何强化采购流程 090

　　3.6.2 AI 对采购战略的理解 091

　　3.6.3 AI 对供应商管理流程标准的理解 092

　　3.6.4 AI 对购买流程标准的理解 094

　　3.6.5 AI 对入库物料管理流程标准的理解 095

　　3.6.6 AI 对采购流程标准的更新建议 096

　　3.6.7 AI 对采购流程二级流程标准的更新建议 098

　　3.6.8 AI 和大数据在采购流程应用的流程图 099

第 4 章
AI 在供应链制造流程中的应用

4.1 AI 对制造流程的定义和理解　103

　　4.1.1　AI 如何理解制造流程　103

　　4.1.2　AI 对制造流程定义的更新　104

4.2 AI 如何在新产品开发流程中应用　105

　　4.2.1　AI 在新产品开发流程中的应用及案例　105

　　4.2.2　AI 在新产品开发中用于市场分析与预测　107

　　4.2.3　新产品开发中使用的技术和工具　109

4.3 AI 在精益制造中的应用　111

　　4.3.1　精益哲学在 AI 和大数据时代的演进　111

　　4.3.2　AI 如何定义数字化精益　112

　　4.3.3　数字化精益工具及示例　113

　　4.3.4　丰田数字化精益的最佳实践　115

4.4 制造流程使用的软件工具与技术　116

　　4.4.1　高级分析和机器学习在制造供应链管理中的应用　116

　　4.4.2　制造供应链中的管理软件工具和技术　118

　　4.4.3　主要 ERP 系统的对照评价　120

　　4.4.4　主要设计、制造和工程软件的对照评价　122

　　4.4.5　主要供应链管理软件的对照评价　124

4.5 制造自动化及对制造供应链流程的变革　126

　　4.5.1　制造业自动化趋势　126

　　4.5.2　自动化对制造流程的影响　127

　　4.5.3　区块链技术在制造供应链中的应用及案例　128

4.6 AI 制造流程标准检验　130

　　4.6.1　AI 对制造流程标准的更新建议　130

　　4.6.2　AI 与大数据技术应用强化制造流程　131

　　4.6.3　3D 打印、自动化和区块链技术对制造流程的影响　132

　　4.6.4　AI 对未来工厂的想象图　134

第 5 章 ○ 135
AI 在供应链交付流程中的应用

5.1　AI 对交付流程的理解　137

5.2　订单管理流程　139

　　5.2.1　订单管理流程使用的技术工具及实践案例　139

　　5.2.2　专用订单管理系统对照评价　141

5.3　客户关系管理系统　143

　　5.3.1　客户关系管理的概念与流程　143

　　5.3.2　主要客户关系管理软件的对照评价　144

5.4　TMS 和 WMS 在交付过程中的应用　145

　　5.4.1　TMS 和 WMS 在交付过程中的使用　145

　　5.4.2　WMS 和 TMS 集成面临的挑战　147

5.5　电子商务交付和订单履行　149

　　5.5.1　电子商务交付的主要活动　149

　　5.5.2　电子商务订单履行的主要流程　150

　　5.5.3　亚马逊 AWS 系统如何支持电子商务运作　150

5.6　"最后一公里"配送　152

　　5.6.1　"最后一公里"配送的主要技术和软件　152

　　5.6.2　"最后一公里"配送的主要软件和平台　154

　　5.6.3　无人机在"最后一公里"配送中的应用　156

　　5.6.4　城市地铁用于城市物流和"最后一公里"交付　158

5.7　AI 交付流程标准检验　160

　　5.7.1　AI 对交付流程标准的更新建议　160

　　5.7.2　AI 对交付子流程标准的更新建议　162

　　5.7.3　AI 时代的交付流程和未来物流图景　164

第 6 章 ○ 167

AI 在退货流程中的应用

6.1 **AI 如何定义退货流程** 169

6.1.1 AI 对退货流程的理解 169

6.1.2 数字化和人工智能时代的退货流程 170

6.2 **退货流程中使用的新技术** 171

6.2.1 退货流程可以使用哪些技术 171

6.2.2 物联网技术在退货流程中的应用 173

6.2.3 区块链在退货流程中的应用及示例 174

6.3 **AI 退货流程标准检验** 176

6.3.1 AI 对退货流程标准的更新 176

6.3.2 AI 生成的退货流程场景图 178

第 7 章 ○ 181

AI 在供应链绩效管理中的应用

7.1 **供应链绩效管理流程及面临的挑战** 183

7.1.1 AI 对供应链绩效管理流程的理解 183

7.1.2 供应链绩效管理面临的挑战与最佳实践 184

7.2 **供应链绩效管理中的工具和系统** 185

7.2.1 供应链绩效管理的主要工具和系统 185

7.2.2 主要供应链绩效考核系统的对比分析 187

7.3 **AI 在供应链绩效管理流程应用的检验** 189

7.3.1 AI 对供应链绩效管理流程的改进 189

7.3.2 供应链绩效管理与 EVA、 EBITDA 191

第 8 章 ○ 193

AI 在供应链风险管理与韧性建设中的应用

8.1 供应链风险管理与韧性 195

8.1.1 供应链风险管理的概念、流程和关键要素 195

8.1.2 韧性供应链定义及流程 196

8.1.3 供应链风险管理和供应链韧性之间的区别和联系 198

8.2 供应链风险管理中的技术应用与案例 199

8.2.1 数字化对供应链风险管理的影响 199

8.2.2 供应链风险数据分析和预测建模的案例 201

8.2.3 供应链风险管理案例 202

8.3 韧性供应链技术与案例研究 205

8.3.1 韧性供应链构建的流程 205

8.3.2 韧性供应链中使用的软件系统和技术 207

8.3.3 企业如何建立韧性供应链流程和系统 209

8.3.4 韧性供应链案例研究 211

8.4 建立供应链韧性的指标体系 213

8.4.1 供应链韧性指标 213

8.4.2 最佳供应链韧性案例 215

8.4.3 建立有效危机响应策略的示例 217

8.5 新冠疫情如何改变供应链风险管理 218

8.6 贸易战对供应链风险与韧性的影响 221

8.7 俄乌冲突对供应链风险的影响 222

第 9 章 ○ 225

AI 改变绿色供应链

9.1 绿色物流与绿色供应链 227

9.1.1 AI 对绿色物流和绿色供应链的定义 227

9.1.2 绿色物流和绿色供应链面临的主要挑战 228

9.2　替代能源对供应链的影响　230

9.3　绿色供应链评估工具　232

9.4　绿色供应链的最佳实践　235

　　9.4.1　什么是绿色供应链流程中的最佳实践　235

　　9.4.2　最佳实践案例研究　236

9.5　可持续性提高供应链韧性　237

第 10 章 ──────────────○ 241
AI 在第二版供应链管理流程标准中的应用

10.1　AI 对流程架构的理解　243

10.2　AI 在制定愿景和战略流程的应用　244

　　10.2.1　AI 如何改变制定愿景和战略流程　244

　　10.2.2　AI 在战略制定流程应用的案例　245

10.3　AI 在开发和管理产品与服务流程的应用　246

　　10.3.1　AI 对开发和管理产品与服务的流程更新　247

　　10.3.2　AI 在开发和管理产品与服务流程应用的案例　248

10.4　AI 在营销与销售产品和服务流程的应用　249

　　10.4.1　AI 改变营销与销售产品和服务流程　249

　　10.4.2　AI 改变营销与销售产品和服务流程的案例　250

10.5　AI 在交付产品和服务流程的应用　251

　　10.5.1　AI 对交付产品和服务流程的改变　251

　　10.5.2　AI 在交付产品和服务流程的应用案例　252

10.6　AI 在管理客户服务流程的应用　253

　　10.6.1　AI 提升管理客户服务流程　253

　　10.6.2　AI 提升管理客户服务流程的案例　254

10.7　AI 在开发和管理人力资本流程的应用　255

　　10.7.1　AI 和大数据提升开发和管理人力资本流程　255

　　10.7.2　AI 和大数据提升开发和管理人力资本流程的案例　256

10.8　AI 在管理信息技术（IT）流程的应用　257

　　10.8.1　AI 和大数据强化管理信息技术流程　257

10.8.2 AI 和大数据强化管理信息技术流程的案例 259

10.9 AI 在管理财务资源流程的应用 259

10.9.1 AI 和大数据强化管理财务资源流程 260

10.9.2 AI 和大数据强化管理财务资源流程的实践 261

10.10 AI 在收购、建设和管理资产流程的应用 261

10.10.1 AI 强化收购、建设和管理资产流程 262

10.10.2 AI 强化收购、建设和管理资产流程的案例 263

10.11 AI 在管理环境、健康与安全流程的应用 263

10.11.1 AI 强化环境、健康与安全管理流程 264

10.11.2 AI 强化环境、健康与安全管理流程的案例 265

10.12 AI 在管理外部关系流程的应用 265

10.12.1 AI 强化管理外部关系流程 266

10.12.2 AI 强化管理外部关系流程的案例 267

10.13 AI 在管理知识、改进和变革流程应用 267

10.13.1 AI 强化管理知识、改进和变革流程 268

10.13.2 AI 强化管理知识、改进和变革流程的案例 269

第 11 章 ⟶ 271

AI 预想的未来供应链

11.1 人类社会正在进入 AI 时代 273

11.1.1 AI 时代的关键特征 273

11.1.2 AI 对人类社会的重大挑战 274

11.2 未来供应链管理的核心特征 275

11.3 Sora 如何颠覆供应链管理 278

11.3.1 Sora 在供应链中应用场景 278

11.3.2 AI 为 Sora 写的供应链短片脚本 281

后记 ⟶ 284

第 1 章
AI对物流与供应链管理的理解和认知

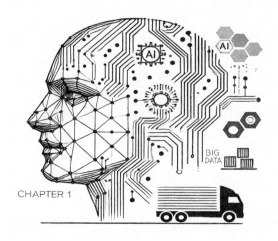

CHAPTER 1

本章摘要

从AI能在供应链管理中做什么开始，本章分别验证了AI对物流与供应链管理的理解和认知，核对了物流与供应链管理的概念与内涵，回顾了从物流到供应链管理的演进过程，让AI介绍了主要的供应链模型，探讨了为什么要将AI引入供应链管理的核心话题，预测了AI时代供应链流程即将发生的改变。作者认为AI能够非常准确地把握物流与供应链的概念和内涵，对主要模型的解释基本准确，特别是对未来企业为什么要引入AI的探讨，具有较高的参考价值。

1.1 AI 对物流与供应链概念的界定

对物流与供应链管理概念和内涵的理解和把握，是检验通用人工智能大模型能否应用于专业领域的基础。本节对概念的理解和认知，体现了 AI 对物流和供应链管理的准确理解。

1.1.1 供应链与供应链管理，物流与物流管理

让我们分析一下供应链与供应链管理，物流与物流管理的概念。

——供应链

供应链是一个涵盖从初始供应商到最终客户的产品或服务的创建和交付过程的组织、人员、活动、信息和资源网络。它包括设计、生产和分发商品和服务所需的所有流程和活动。供应链涵盖了产品的整个旅程，从原材料到最终消费。

——供应链管理（Supply Chain Management，SCM）

供应链管理是规划、实施和控制从起点到终点的货物、服务、信息和财务的有效和高效流动的实践。SCM 包括管理供应链的所有方面，从原材料采购到交付成品，目标是优化绩效、降低成本并满足客户需求。

供应链与供应链管理的区别：这两个概念的主要区别在于，供应链是整个网络或系统，而供应链管理是对该网络的战略和运营的监督和控制。供应链管理涉及协调供应链内的所有活动，以实现特定目标。

——物流

物流是供应链管理的子集，专注于对供应链内货物、服务、信息的传递、储存进行规划、执行和控制。物流包括运输、仓储、库存管理、订单处理和分发等活动。

——物流管理

物流管理是供应链管理内的一个专业职能，专门处理物流活动的规划、执行和控制。它涉及优化运输路线、管理仓库运营、确保按时交付以及降低与货物运输相关的成本。物流管理是供应链管理的关键组成部分，代表了更

广泛 SCM 学科的子集。

物流与物流管理的区别如下。

物流包括与货物的运输和储存相关的所有活动，而物流管理专门关注这些活动的战略规划和执行。换句话说，物流管理是更广泛的物流功能的组成部分，而物流本身是更广泛供应链的一部分。

总结一下，供应链是产品或服务交付的组织和过程的整体网络，供应链管理涉及监督和优化供应链，物流是在该链中货物的运输和储存，物流管理专注于物流活动的战略和运营方面。

1.1.2　物流管理与供应链管理的区别

物流管理和供应链管理是密切相关的概念，但它们有着不同的焦点和范围。以下是物流管理和供应链管理之间的主要区别。

1. 物流管理

● 范围：物流管理主要关注供应链内货物、材料和信息的运动、运输和存储。它涉及产品的物理流动，通常包括运输、仓储、库存管理、订单处理和分销等活动。

● 功能：物流管理是供应链内的一个专业职能。它关注优化特定的物流流程，以确保货物从一点到另一点的高效和经济有效的运输。

● 运营焦点：物流管理往往具有运营和战术焦点，涉及日常的计划、执行和物流活动的控制。

● 主要目标：物流管理的主要目标是最小化运输成本、降低库存水平、改善订单履行、提高分销效率和确保按时交付。

● 主要指标：物流管理的关键绩效指标（Key Performance Indicator，KPI）通常包括准时交付、运输成本、订单交货时间和库存周转率等指标。

2. 供应链管理

● 范围：供应链管理的范围更广泛。它包括产品或服务的创建和交付的整个端到端组织、流程和活动网络，从初始供应商到最终客户。SCM 不仅涵盖了物流，还包括采购、制造、需求预测、战略规划等方面。

● 功能：供应链管理涉及对供应链活动的战略和运营监督。它集成和协调供应链内的各种功能，以实现组织目标。

● 战略焦点：供应链管理具有战略焦点，强调长期规划与业务目标协同。

它涉及与供应商选择、网络设计、风险管理相关的决策。

● 主要目标：供应链管理的主要目标包括优化整个供应链以实现成本效益、响应能力、灵活性和客户满意度。它旨在最大化地向客户和利益相关者提供价值。

● 主要指标：供应链管理的 KPI 通常包括供应链周期、订单交货周期、整体库存周转率、供应商绩效和客户服务水平等指标。

总之，物流管理是供应链管理的一个子集。物流管理侧重于与货物的运动和储存相关的具体活动，而供应链管理以更广泛、更战略的视角审视、监督供应链内的所有方面，包括物流。供应链管理旨在优化整个供应链，以实现竞争优势并高效满足客户需求，而物流管理侧重于高效执行物流流程。

1.1.3 从物流管理到供应链管理的演进过程

供应链管理从其前身物流管理和物理分销演进而来，这种演进是由不断变化的商业实践、技术进步和看待整个供应链的更广泛视角所推动的。

以下是关于这一演进的更多信息以及过去 60 年中标志着这种变化和演进的重大事件。

1. 物流管理（20 世纪 50 年代到 20 世纪 80 年代）

● 焦点：20 世纪中期的物流管理主要集中在货物的高效运输和储存上。它涉及运输、仓储和库存管理等活动。

● 重大事件：20 世纪 50 年代，集装箱化的兴起彻底改变了物流行业。标准化集装箱的发展极大地提高了全球贸易的效率。

2. 物理分销（20 世纪 60 年代到 20 世纪 70 年代）

● 焦点：物理分销是物流管理的前身，侧重于将成品分配和交付给客户。

● 重大事件：20 世纪 60 年代和 70 年代计算机化的订单处理和库存控制系统的发展标志着企业管理物理分销的方式发生了重大变化。

3. 供应链管理（20 世纪 80 年代至今）

● 焦点：供应链管理在 20 世纪 80 年代和 90 年代作为一个更广泛的概念出现，它超越了物流和物理分销，涵盖了整个端到端的活动网络，包括采购、制造、分销和信息流，其目标是优化整个供应链。

● 重大事件如下。

20 世纪 80 年代：计算机系统和软件用于库存管理和订单处理，使供应链内的协调和信息共享得以改善。

20 世纪 90 年代：供应链的全球化变得更加显著，因为企业寻求降低生产成本并扩大市场份额，这需要更具战略性的方法来管理扩展的供应链网络。

21 世纪 00 年代：高级技术的整合，如射频识别（Radio Frequency Identification，RFID）和复杂的供应链管理软件，进一步提高了对供应链操作的可见性和控制。

21 世纪 10 年代：电子商务的兴起和消费者对快速透明交付需求的增加，需要灵活的供应链网络，并进行实时跟踪。

21 世纪 20 年代：新冠肺炎（Corona Virus Disease 2019，COVID-19）大流行凸显了供应链的韧性和风险管理的重要性。企业开始重新评估其供应链战略，以应对脆弱性。

从物流管理到供应链管理的演进过程代表了从狭义关注特定物流功能到综合考虑整个供应链的视角的转变。

如今，供应链管理涉及战略决策、与供应商和合作伙伴的协调以及利用技术和数据来优化供应链运营。这是一个不断适应业务环境以应对新挑战和新机遇的持续过程。

1.2 主要的供应链模型

主要的供应链模型是在世纪之交提出的并在 20 世纪初形成了稳定的框架体系，经过 20 多年的演变，加入了越来越多的技术成分，这些基本模型的架构和体系直到今天仍具有基础性的指导价值。本节给出的模型和概念，虽然只经过模型输入的基本训练，仍体现出 AI 对供应链模型基本架构理解的准确性，并可以对 SCOR 基本模型进行深一层次的解析。

1.2.1 主要的供应链模型

供应链管理可以使用各种模型和框架进行结构化和理解，每种模型和框架都有其原则和组成部分。在供应链管理领域，两个广为人知的模型是 SCOR

模型和 CSCMP（供应链管理专业协会）供应链管理流程标准。此外，还有其他供应链模型和框架，组织可以利用这些模型来优化其供应链运营。以下是这两个模型的基本结构及其他供应链模型。

1. SCOR 模型（供应链运营参考模型）

SCOR 模型由国际供应链协会开发，为理解和优化供应链运营提供了全面的框架。它定义了一套标准流程和度量标准用于各种供应链活动。SCOR 模型的基本结构包括的五个主要流程如下。

- 计划：这个阶段涉及制定供应链战略，包括需求和供应规划。
- 采购：在采购阶段，组织确定和选择供应商并进行合同谈判。
- 生产：这个阶段侧重于制造过程，包括原材料转化为成品。
- 交付：交付阶段涉及订单履行、物流和产品交付给客户。
- 退货：退货阶段涉及退货管理、回收和逆向物流。

SCOR 模型还包括一组关键绩效指标（KPI）和最佳实践，用于衡量和改进供应链绩效。

2. CSCMP 供应链管理流程标准

CSCMP，全称为 Council of Supply Chain Management Professionals，是全球领先的供应链管理专业组织。CSCMP 提供了一项供应链管理过程标准，概述了管理和优化供应链流程的框架。它包括以下流程。

- 计划：这涉及战略性供应链规划、需求预测和风险管理。
- 采购：包括采购、供应商关系管理和战略采购。
- 生产：涵盖制造和质量控制。
- 交付：专注于订单履行、运输和客户服务。
- 退货：类似于 SCOR 模型，退货阶段涉及产品退货和逆向物流。

CSCMP 框架还强调了在这些流程之间的协调、整合和协作的重要性。

3. 其他供应链模型

除了 SCOR 和 CSCMP 框架之外，还有各种其他供应链模型和框架。

- 涟漪效应模型：此模型帮助组织理解并减轻涟漪效应，这是一种需求的小波动导致库存水平显著波动的现象。
- 价值流程图（Value Stream Mapping，VSM）：VSM 是一种用于可视化和分析供应链中材料和信息流动的精益生产工具，其目标是消除浪费并提高效率。

●灵活供应链模型：灵活供应链模型侧重于灵活性和对变化中的客户需求的响应，通常出现在产品迅速变化或产品寿命周期较短的行业中。

●精益供应链模型：强调减少浪费、最小化库存和优化流程，以提高效率并降低成本。

这些模型和框架帮助组织构建其供应链管理实践，提高效率，并适应不断变化的市场条件。选择何种模型取决于组织及其供应链的特定需求和特征。

1.2.2　AI 对 SCOR 模型的深入理解

SCOR 模型是一个被广泛认可的、全面的框架，用于分析、设计和管理供应链运营。它由国际供应链协会（后成为美国运营管理协会 APICS 的一部分，APICS 在 2018 年又更名为供应链管理协会 ASCM）开发，被组织用于评估和改善供应链绩效。SCOR 模型提供了一种标准化的方法，用于理解和优化供应链流程。以下是 SCOR 模型的主要组成部分和特点。

1. SCOR 模型采用分层结构，包括四个主要层次

●第 1 层：这是顶层，定义了供应链的范围和边界。它侧重于高级流程，如计划、采购、生产、交付和退货。

●第 2 层：在这个层次上，主要流程进一步细分为特定的流程类别。例如，在"交付"流程下，可能会有与订单履行、运输和客户服务相关的子流程。

●第 3 层：这个层次上的子流程更加详细，代表了流程类别内的具体活动。例如，在"运输"下，可能会有与路径规划、调度和承运商管理相关的子流程。

●第 4 层：这个层次非常详细，包括子流程内的具体任务或活动。这些可以非常细化，用于详细分析。

2. 关键绩效指标（KPI）

SCOR 模型为每个流程提供了一套预定义的关键绩效指标（KPI）。这些指标用于衡量供应链流程绩效，它们帮助组织识别需要改进的领域并设定基准。

3. 最佳实践

SCOR 模型为每个流程提供了最佳实践准则。这些最佳实践提供了组织可以采用以改进其供应链运营的建议和标准。

4. 供应链绩效考核

SCOR 模型广泛用于衡量供应链绩效。组织可以将其绩效与行业标准进行比较，并确定可能表现不佳的领域。

5. 供应链设计和改进

SCOR 模型可用于供应链设计和重新设计工作。它帮助组织设计更高效、更具响应性和更能适应不断变化市场条件的供应链。

总之，SCOR 模型是组织希望了解、评估和优化其供应链运营的有价值工具。它提供了一个结构化的供应链分析、流程改进和基准的框架，帮助企业将其供应链实践、行业标准和最佳实践保持一致。

1.3 AI 在供应链管理领域能够做什么

在以 ChatGPT 为代表的通用大语言模型出现之后，关于 AI 在供应链管理领域能够做什么的讨论就一直在进行，但缺少对这些通用模型应用于专业领域的完整测试。在经过基础模型训练之后，AI 给出了系统性的答案，覆盖了供应链管理的全流程，并强化了 AI 改变供应链管理的主要方面。

1.3.1 AI 如何理解供应链管理

供应链管理是企业管理的关键组成部分，涉及从最初的供应商到最终客户的商品、服务、信息和财务的流动管理。它包括采购、制造、分销、物流和需求预测等各种活动。

供应链管理的关键方面如下。

1. 供应链规划

这涉及为整个供应链制订策略，包括需求预测、库存管理和生产计划。

2. 供应商管理

选择和管理供应商至关重要。这涉及评估供应商、谈判及签订合同，并确保稳定的商品或服务供应。

3. 库存管理

有效的库存管理对于防止过度库存或库存不足以及减少库存成本至关重要。

4. 物流和运输

货物运输是供应链的重要组成部分，公司需要优化路线并选择合适的承运商。

5. 分销

这涵盖了仓库和配送中心的管理，以及订单履行和向客户交付。

6. 信息系统

现代供应链在很大程度上依赖信息系统、技术来跟踪、管理货物和数据的流动。

7. 风险管理

供应链专业人员需要考虑各种风险，包括地缘政治、环境和经济因素，并制订应急计划。

8. 可持续性

供应链的可持续性日益重要，重点在于减少浪费、碳排放和实施道德采购。

9. 需求预测

准确的需求预测有助于规划生产和采购、减少过剩库存并有效满足客户需求。

10. 持续改进

定期评估和改进供应链流程至关重要，以优化效率并降低成本。

1.3.2 AI 如何改变供应链管理

AI 有潜力通过其先进的能力改变供应链管理（SCM），增强流程的各个方面。以下是 AI 将如何改变 SCM 以及它带来的关键能力。

1. 需求预测的预测分析

AI 可以分析各种来源的大量数据，包括过去的销售、市场趋势、消费者行为，甚至社交媒体情绪，从而准确预测未来产品需求；这导致更高效的库存管理，降低了缺货或库存过剩的风险。

2. 增强的可见性和实时决策

AI 驱动的工具可以实时跟踪和分析整个供应链的数据。这种增强的可见性使公司能够快速做出知情决策，积极应对市场变化，更有效地管理风险。

3. 优化的路线和物流

AI 算法可以综合考虑交通状况、天气和车辆容量等因素，优化运输路线和交付时间表。这导致交付时间缩短、运输成本降低和碳排放减少。

4. 改善供应商选择和关系管理

AI 可以根据成本、质量、可靠性和可持续性等各种标准评估供应商。它还可以持续监控供应商绩效，实现对供应商关系的积极管理。

5. 自动化仓储操作

在仓储方面，AI 可以用于自动化拣选、打包和分类等各种任务。这不仅提高了效率，还减少了错误的可能性，使运营更加顺畅。

6. 先进的质量控制

基于 AI 的视觉系统和传感器可以在供应链的各个阶段进行彻底的质量检查。这些系统可以检测到人工检查员可能会错过的缺陷或异常。

7. 以客户为中心的供应链

AI 通过提供对客户偏好和行为的深入洞察，实施更加以客户为导向的方法。这可以指导产品开发、定向营销和个性化客户体验。

8. 风险管理和缓解

通过分析历史和实时数据，AI 可以识别供应链中潜在的风险和中断。这包括从供应商问题到地缘政治事件的一切，使企业能够制订应急计划，并在发生中断时迅速做出反应。

9. 可持续性和合规性

AI 可以帮助监测和减少供应链运营的环境影响。它还可以通过跟踪相关数据和立法变化，确保符合各种法规要求。

10. 认知型采购

AI 可以通过分析支出模式、与供应商谈判和提出采购建议来优化采购流程。

总之，AI 处理大量数据、深度学习并进行预测的能力正在改变供应链管理。它提高了效率，降低了成本，提高了客户满意度，并促进了更可持续的做法。随着 AI 技术的不断发展，它在 SCM 中的作用可能变得更加重要。

图 1-1 提供了 AI 在增强供应链管理方面能力的视觉呈现。它展示了一个装备有先进 AI 驱动分析、自主机器人和无人机的未来控制中心，以实现高效的物流，以及专注于基于数据的决策和供应链内的环境可持续性。

图 1-1　未来控制中心

人工智能在供应链中的最佳实践之一是其在全球性公司如亚马逊中的应用。以下是亚马逊如何使用人工智能。

●仓储运营：亚马逊在其配送中心使用 AI 和机器人进行物品分

类、包装和发货。他们的系统非常高效，缩短了订单从下单到发货的时间。

●交付物流：亚马逊使用 AI 优化交付路线，显著缩短了运输时间。他们的 AI 系统不断学习和改进，使该过程变得更加高效。

●"亚马逊 Go"：在零售领域，"亚马逊 Go"商店使用 AI 了解顾客选择了什么商品，并在顾客离开商店时自动收费，省去了传统的结账流程。

●无人机交付：亚马逊正在尝试使用 AI 驱动的无人机交付系统（亚马逊 Prime Air），进一步加快交付速度并降低物流成本。

●供应链韧性：通过机器学习，亚马逊预测可能出现的供应链干扰并制订应急计划。这使其供应链更强大，不太容易受到全球干扰的影响。

总之，人工智能有望将供应链从反应性、手动和劳动密集型的操作转变为主动性、自动化和高效的系统。在其供应链运营中采用人工智能的公司有望通过提高效率、降低成本和提高客户满意度获得显著的竞争优势。

1.4　为什么要将 AI 引入供应链管理

在回答了 AI 在供应链管理领域能够做什么之后，我们再让 AI 解释和说明为什么要在供应链管理全流程引入 AI。本节给出的答案，体现了将 AI 引入供应链管理的重要性和迫切性，给出了 AI 应用的关键领域，并给数字化时代供应链的结构和本质带来颠覆性改变。

1.4.1　为什么要引入 AI 和大数据分析技术

AI 和大数据分析在供应链管理中的部署至关重要，原因有很多，每一个都能显著提高供应链的效率、响应能力和战略能力。

1. 提高预测和需求计划的准确性
AI 和大数据分析能够通过分析大量多样化的数据来实现更准确的预测。

这导致更优的需求计划，确保产品在正确的时间可用，减少库存过剩和缺货的现象。

优化库存管理：利用 AI 算法，企业可以优化库存水平，减少携带成本，最小化过时的风险。

2. 供应链可见性和透明度

大数据分析提供了供应链端到端的可见性，这对于追踪货物流动和识别瓶颈至关重要。

3. 改善供应商关系和风险管理

AI 工具可以分析供应商绩效、市场条件和风险因素，从而选择和管理更好的供应商。

4. 成本降低和运营效率

AI 和大数据分析可以识别效率低下的环节并在供应链过程中给出改进建议。

5. 增强客户体验

通过数据分析了解客户需求和行为，公司可以量身定制产品、服务和交付选项，以更好地满足客户期望。

6. 战略决策制定

从大数据分析中获得的洞察力有助于制定更加有根据的和战略性的决策。

7. 与物联网（Internet of Things，IoT）等其他技术集成

AI 和大数据分析可以与物联网等其他技术集成，提供来自整个供应链中连接设备的实时数据。

8. 可持续性和环境效益

AI 可以优化路线和库存，减少浪费和能源消耗，有助于更可持续的供应链实践。总之，部署 AI 和大数据分析在供应链管理中不仅仅是跟上技术进步的问题，它关乎于根本改变供应链的运作方式，使其更加智能、高效，能够响应动态的全球市场。

这一转变对于寻求保持竞争优势、适应快速变化的环境以及满足客户和利益相关者不断增长的需求的企业至关重要。

1.4.2 供应链管理领域关键的技术变革

供应链管理的关键技术变革趋势和主要关注领域如下。

1. 数字化转型

集成先进技术，如物联网（Internet of Things，IoT）、人工智能（AI）和区块链，以增强供应链的可视性和效率正逐渐成为趋势。

电子商务和全渠道分销：电子商务的增长和对无缝全渠道分销的需求正在推动供应链策略的变化，强调敏捷性和速度。

2. 可持续性和绿色供应链

企业越来越关注减少环境足迹并在供应链运营中进行可持续实践。

3. 韧性和风险管理

COVID-19 大流行暴露了全球供应链的脆弱性，导致人们关注构建更具韧性的供应链网络和风险缓解。

供应链协作：供应链伙伴之间的协作和信息共享变得更加重要，以应对中断并提高整体绩效。

4. 数据分析和预测分析

使用数据分析、机器学习和预测分析，以进行更加明智的决策并优化供应链运营已成为大势所趋。

库存优化：企业正寻求通过需求预测和数据驱动策略减少库存成本并更好地管理库存。

5. 近岸化和区域化

人们转向更短的供应链，更多企业考虑近岸化或区域化，以减少与长距离、全球供应链相关的风险。

6. 逆向物流

企业越来越重视以环保方式管理退货和回收或处理产品。

7. 监管合规

企业更加关注贸易法规、关税和合规问题，特别是在全球贸易动态发生变化的背景下。

COVID-19 大流行以及其他全球事件可能加速或重塑了这些趋势。为了跟上供应链管理的最新发展，查阅最新的行业报告、文章和咨询该领域的专家至关重要。

1.4.3 AI 时代供应链结构和本质将会发生什么样的改变

从线性供应链到互联智能供应网络的过渡，代表了货物和信息流向的根本性转变。这一演变带来了几个关键性变化。

1. 从线性顺序到网络化操作

传统线性供应链依次进行,而互联网则进行实时沟通和协作。

2. 增强的数据共享和协作

在智能网络中,数据跨网络共享,实现实时信息访问和有效协作。

3. 实时可见性和响应性

利用物联网设备、传感器和 AI 分析提供实时可见性和响应性,使网络更灵活、适应性更强。

4. 预测和规定性分析

AI 和大数据分析能够预测未来趋势和潜在中断。

5. 分散的决策制定

智能网络利用 AI 支持分散决策,基于实时数据快速做出知情决策。

6. 定制化和个性化

与大规模生产不同,智能网络能够适应个别客户的偏好和需求。

7. 可持续性和效率

优化路径、库存水平和生产时间表,以实现效率和可持续性。

8. 风险管理和韧性

网络更能识别、评估和缓解风险。

9. 从产品中心到客户中心

将客户放在中心,优先考虑服务、体验和价值。

10. 集成先进技术

网络集成了区块链、机器人、自动化和高级分析等多种技术。

总而言之,向互联智能供应网络的转型使企业能够更快速响应、更灵活和以客户为中心。这种适应性在快速变化的全球市场中至关重要。这些网络代表了供应链管理更全面、动态和有韧性的方法,能够应对当今全球经济环境的挑战。

图 1-2 是 AI 生成由从传统线性供应链流程转变为智能网络模型的示意图。

这张图片展示了传统线性供应链和现代互联智能供应网络之间的对比。左边展示了从供应商到零售商的线性供应链的顺序流动。右边则展示了互联供应网络,显示了其动态和多方向的连接,并集成了云计算、数据分析和物联网设备等先进元素。这代表了现代供应网络的复杂性和协作性质。

图 1-2　线性供应链流程→智能网络模型

第 2 章
AI改进供应链计划流程

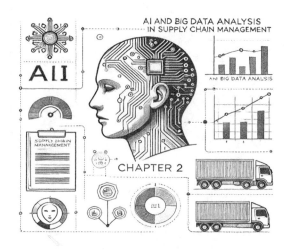

本章摘要

从AI能在供应链计划流程中做什么开始，本章分别验证了供应链计划流程中的供应和需求协同、销售运营计划、库存计划，在输入CSC-MP供应链管理流程标准中的计划流程之后，让AI做了对照验证，提出了更新的计划流程。鉴于电动汽车、电动卡车未来发展的趋势，对电动物流卡车做了初步预测。作者认为AI给出的工具和方法论是具有较高的参考价值的，其提出的对计划流程的更新符合现实的发展趋势。

2.1 AI 能在供应链计划中做什么

> 传统的供应链计划流程主要包括供应链计划、供应和需求协同、库存计划三个主要部分，而需求预测准确性对供应链整体效率起着决定性作用。AI 对供应链计划流程的理解超出了原有流程的范畴，扩展到了生产计划、配送计划、财务计划、风险管理计划、持续改进计划等更多的供应链环节。

2.1.1　AI 如何理解供应链计划流程

供应链管理中的计划流程对于确保资源的有效使用以及生产和交付商品以满足客户需求至关重要。计划流程可以看作供应链中运营活动背后的战略。

以下是供应链计划流程中的关键活动和考虑因素。

1. 需求预测

● 使用历史数据、市场趋势、季节性和其他相关因素预测未来产品的客户需求。

● 工具：统计预测方法、时间序列分析、因果预测。

2. 销售与运营计划（S&OP）

● 跨职能过程，将销售预测与运营能力进行协调。

● 平衡供应与需求，整合财务和运营计划。

3. 库存计划

● 确定供应链各个阶段的最佳库存水平，以确保产品可用性并最小化持有成本。

● 工具：经济订货量（economic order quantity，EOQ）、安全库存计算、再订货点公式。

4. 供应计划

● 计划所需的材料和产品，在需要时可供使用。

● 考虑供应商交货时间、生产计划和限制。

5. 生产能力计划

● 确保制造或服务运营具有满足预测需求所需的必要能力（机器、劳动力、空间）。

- 可以是短期的（对即时需求做出反应）或长期的（战略性能力规划）。

6. 配送计划

- 优化商品通过配送中心和仓库的流动，以确保向客户的交付高效且及时。

7. 主生产计划（Master Production Schedule，MPS）

- 计划生产活动，通常详细到 SKU 级别，确定何时以及以何种数量生产产品。

8. 材料需求计划（Material Requirement Planning，MRP）

- 系统性方法，确定满足生产需求所需的原材料的数量和时间。

9. 财务计划

- 评估供应链计划的财务影响。这包括与供应链活动相关的预算、成本分析和资本支出计划。

10. 风险管理计划

- 识别供应链中潜在的风险（如供应商失败、运输中断）并制订减轻这些风险的策略。

11. 持续改进计划

- 定期审查和完善规划过程，以确保其保持有效，并与公司的目标保持一致。

在执行这些活动时，具有强大的数据分析能力非常重要，因为决策通常依赖于从数据中获取的见解。合作也是至关重要的，不同部门（销售、生产、采购、财务等）需要进行合作，以确保供应链运作协调一致。

整合技术解决方案，如先进的计划系统、企业资源计划（Enterprise Resource Planning，ERP）系统、人工智能和机器学习，可以进一步优化规划过程，并使其对环境变化更具响应性。

2.1.2 大数据分析如何能够改进供应链计划

在数字时代，供应链计划确实可以通过数字化转型来实现改进或修订，这涉及将数字技术整合到业务的各个领域，改变供应链的运营方式和为客户提供价值的方式。以下是数字时代如何影响和改进供应链计划的主要技术应用及其效果。

● 高级分析和大数据：利用大量数据来提高预测准确性，并深入了解客户行为、供应商绩效和市场趋势。

● 物联网（IoT）：使用传感器和连接设备实时查看供应链从生产到交付的各个阶段。

● 人工智能（AI）和机器学习（Machine Learning，ML）：实施 AI 算法和机器学习有助于做出更明智的决策，预测未来趋势并自动化执行例行任务。

● 云计算：利用云计算可以实现更灵活的数据存储、共享和分析，以及促进供应链不同组成部分之间的协作。

● 区块链：用于增强供应链内部的透明度、安全性和可追溯性。区块链可以帮助创建安全且不可更改的交易账本，这在复杂供应链中特别有用。

● 网络安全：随着数字化程度的提高，网络安全变得至关重要，以保护与供应链相关的敏感数据免受网络威胁和侵犯的威胁。

这些技术中的每一项都有助于使供应链更具响应性、灵活性和以客户为中心。它们能够更好地预测需求变化、实时跟踪货物，并更有效地利用资源。因此，公司通常需要不断评估和更新其供应链流程，以在数字时代保持竞争力。

2.2 供应链计划——供应与需求的协同

按照约束理论，供应和需求的协同应该是"一条绷紧的绳子"，实现从需求端到供给端实时、准确的传导。AI 首先解释了相应的概念，给出了可使用的工具和方法论，包括需求预测的大数据分析工具，甚至可以深入到给出 AI 编程的案例，这些工具和方法论对软件专业人士来说可能是常用的，但对供应链管理者来说，了解这些技术的应用仍然具有参考价值。本节的技术探讨体现了 AI 应用的"技术范"，而顺着这些领域还可以继续挖下去，在这里只是给出"引子"，能够深挖的内容则非常多。

2.2.1 AI 如何理解供应和需求的协同

供应与需求的协同，也称为需求供应匹配或需求供应平衡，是供应链管理中的一个基本过程。它旨在确保公司的产品供应满足客户需求，而不会出现显著的过剩或短缺。

概念：需求和供应协同涉及一组平衡供应链需求和供应方面的战略和实践。以下是这个概念的详细解释。

1. 需求方面

● 预测：使用历史销售数据、市场趋势和其他影响因素，如季节性或经济指标，来预测客户需求。

● 订单管理：有效处理客户订单，以确保准确地捕捉其需求并及时处理。

2. 供应方面

● 库存管理：管理库存水平，以在适当的时间以适当的数量拥有正确的产品，而不会产生过多的库存成本。

● 生产计划：安排制造操作，根据预测的需求生产商品，同时优化工厂资源的使用。

● 供应商管理：与供应商协调，以确保及时且具有成本效益地交付原材料和零部件。

以下是详细解释。

1. 需求规划和预测

● 数据分析：企业使用人工智能、统计工具和软件来分析过去的销售数据、客户行为和外部因素。

● 市场情报：密切关注市场趋势、竞争对手的行动和客户偏好，以完善需求预测。

2. 供应规划

● 容量规划：确定是否有足够的资源，如劳动力和机械设备，以满足预期的需求。

● 库存策略：定义库存水平、安全库存和再订货点，以确保产品可用且不会过多。

3. 销售和运营计划（S&OP）

● 跨职能协作：S&OP 是一个关键的业务流程，它整合了销售、营销、运营和财务，以确保需求和供应之间的协同。

- 定期审查：定期召开会议，审查预测、库存水平和供应链绩效，以进行必要的调整。

4. 执行

- 订单履行：执行供应计划，包括制造产品、管理库存和履行订单。
- 调整和重新规划：根据需求或供应的意外变化进行实时调整。

5. 持续改进

- 反馈回路：使用执行阶段的数据来完善预测和规划流程。
- 灵活性：具有能够快速响应市场变化和供应链中断的能力。

6. 需求和供应协同面临的挑战

- 需求波动性：客户需求的突然变化可能使协同变得困难。
- 交货周期：制造或运输中的长交货周期可能会延迟对需求变化的响应。
- 数据孤立：不同信息系统可能导致供应链内部的可见性片段化。
- 复杂性：全球供应链具有多个动态组成部分，使协同变得复杂。

7. 实现有效协同的最佳实践

- 综合规划解决方案：实施端到端具有可见性和规划能力的软件解决方案。
- 协作生态系统：通过有效的沟通和数据共享确保内部和外部利益相关者密切协同。
- 灵活的供应链：设计具有内置灵活性的供应链，以处理需求的变化。
- 以客户为中心：保持关注客户需求和期望，推动协同过程。

总之，供应和需求协同对于维持高效的运营、最大化客户满意度、降低库存成本以及改善公司的整体财务绩效至关重要。这是一个动态的过程，需要不断关注和调整，以在不断变化的市场环境中保持有效。

2.2.2　AI 使用哪些工具提高需求和供应的协同

在供应链中需求和供应的协同是一个复杂的过程，需要结合先进的工具和技术来有效管理。以下是使用的工具和技术类型概述，以及详细示例，用以说明其应用。

工具和技术

1. 企业资源计划（ERP）系统

- 功能：整合操作的各个方面，包括产品规划、开发、制造、销售和营销。
- 示例：SAP ERP、Oracle ERP Cloud、Microsoft Dynamics 365。

2. 高级计划与排程（APS）系统

- 功能：通过强大的算法增强复杂和详细的排程，以管理制造操作。
- 示例：Preactor APS、Aspen Technology。

3. 需求规划软件

- 功能：使用历史数据和分析来预测客户需求。
- 示例：ToolsGroup、Logility、JDA Software。

4. 供应链管理（SCM）软件

- 功能：提供高级模拟、优化和计划功能，以管理端到端的供应链活动。
- 示例：Infor SCM、Manhattan SCM。

5. 商业智能（Business Intelligence，BI）和分析平台

- 功能：提供数据可视化和分析、支持决策。
- 示例：Tableau、Power BI、QlikView。

6. 客户关系管理（Customer Relationship Management，CRM）软件

- 功能：收集和管理客户数据，以预测未来的购买行为。
- 示例：Salesforce CRM、HubSpot。

7. 库存管理系统

- 功能：自动化库存跟踪和订购流程。
- 示例：NetSuite、Fishbowl Inventory、Zoho Inventory。

8. 运输管理系统（TMS）

- 功能：计划、执行和优化货物的物流运输。
- 示例：TMW Systems、BluJay Solutions、MercuryGate。

9. 仓库管理系统（WMS）

- 功能：控制和管理仓库的日常运营。
- 示例：HighJump、RedPrairie、SAP Extended Warehouse Management。

10. 人工智能（AI）和机器学习（ML）

- 功能：增强预测能力，识别模式（即识别数字化模型，下同）以优化供应链。
- 示例：IBM Watson、Google AI Platform。

11. 物联网（IoT）

- 功能：连接设备实时收集数据，以支持供应链决策。
- 示例：RFID 标签、GPS（全球定位系统）跟踪、智能传感器。

12. 协作门户

- 功能：促进供应链合作伙伴之间的实时协作。
- 示例：Elemica、GT Nexus。

2.2.3 需求预测的大数据分析工具

用于需求预测的大数据分析工具如下。

1. Hadoop

Hadoop 是一个开源框架，允许在集群中分布式处理大数据集。

关键组件：HDFS（存储）、MapReduce（处理）、YARN（资源管理）。

2. Spark

Spark 是一个提供内存计算的开源分布式计算系统，对某些任务来说比 Hadoop 速度更快。

如 Spark MLlib 等库提供预测所需的机器学习功能。

3. Python & R

Python & R，这两种编程语言都有丰富的数据分析、预测库和包。

库：Pandas，NumPy，Scikit-learn（Python），forecast，ts（R）。

4. Tableau

Tableau 是一个既有可视化又具备一些分析功能的工具，可用于时间序列预测和趋势分析。

5. 基于 SQL 的工具

像 Google BigQuery 和 Amazon Redshift 这样的工具能够处理大量数据，并可用于聚合和准备预测数据。

6. 专业预测工具

专为规模化预测设计的工具，如 Facebook 开发的 Prophet，特别适用于业务时间序列。

示例：使用 Python 进行时间序列预测的 ARIMA 模型，是一个简化的示例，说明如何使用 Python 的 ARIMA 模型进行预测，如图 2-1 所示。

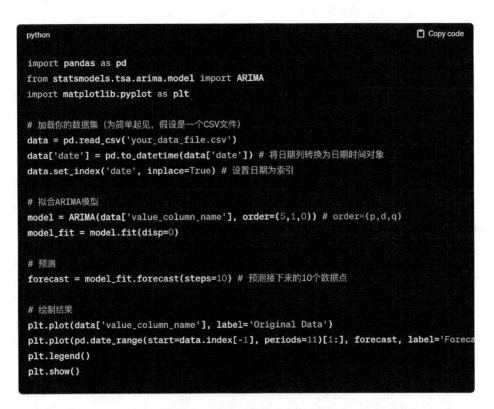

```python
import pandas as pd
from statsmodels.tsa.arima.model import ARIMA
import matplotlib.pyplot as plt

# 加载你的数据集（为简单起见，假设是一个CSV文件）
data = pd.read_csv('your_data_file.csv')
data['date'] = pd.to_datetime(data['date']) # 将日期列转换为日期时间对象
data.set_index('date', inplace=True) # 设置日期为索引

# 拟合ARIMA模型
model = ARIMA(data['value_column_name'], order=(5,1,0)) # order=(p,d,q)
model_fit = model.fit(disp=0)

# 预测
forecast = model_fit.forecast(steps=10) # 预测接下来的10个数据点

# 绘制结果
plt.plot(data['value_column_name'], label='Original Data')
plt.plot(pd.date_range(start=data.index[-1], periods=11)[1:], forecast, label='Foreca
plt.legend()
plt.show()
```

图 2-1　ARIMA 模型（简化示例）

这是一个非常基础的例子。在实际情况中，需要确保数据清洗和预处理，选择正确的模型参数 (p, d, q)，在测试集上验证模型，可能还需要纳入外生变量。

当数据非常庞大（达到 TB 或 PB 级别）且标准工具或方法不足时，大数据工具就显得尤为重要。在这种情况下，像 Spark 及其 MLlib 库这样的工具可以扩展分析能力，有效处理大数据集。

2.2.4　使用 AI 做需求预测的案例

企业：一家跨国电子制造商。

情景：该公司面临着将产品供应与全球需求波动相匹配的挑战，尤其是在新产品推出和季节性高峰期间。

应用的解决方案如下。

步骤 1：数据收集

● ERP 系统：汇总所有渠道的销售数据、生产能力和库存水平。

● 物联网设备：通过 RFID 标签和传感器实时监测库存。

步骤 2：需求预测

● 需求规划软件：利用 AI，根据销售数据、市场趋势和促销日历等来预测需求。

● BI 工具：分析社交媒体和网站的数据以进行需求感知。

步骤 3：供应规划

● APS 系统：通过优化制造资源的使用来调度生产，以满足预测的需求。

● 供应链管理软件：根据生产计划调整原材料供应商的计划。

步骤 4：执行

● TMS：计划和优化货物的交货路线，以确保及时交付。

● WMS：管理仓库活动，以改善订单履行和库存周转。

步骤 5：审查和调整

● S&OP 流程：每月召开 S&OP 会议，审查来自 ERP、SCM 和 BI 工具的所有数据，评估绩效并重新调整策略。

步骤 6：持续改进

● 机器学习算法：分析历史数据，识别改进领域。

● 协作门户：与供应商和合作伙伴分享见解，确保持续协同。

结果：通过利用这些综合工具和技术，公司可以有效地将供应与需求协同，可以预测市场变化，迅速响应客户需求，减少库存过剩，提高运营效率。同时使客户满意度提高，财务绩效改善，公司在市场上的竞争力相应增强。

2.2.5 供应链计划流程图的生成工具

使用 AI 技术的软件工具和平台可以促进流程图和映射的创建，尽管生成复杂和详细的供应链计划流程图通常需要人工输入，以确保准确性和相关性。以下是一些可能有所帮助的工具类型。

 工具和技术

1. 业务流程管理（BPM）软件

● 诸如 Bizagi、Lucidchart 和 Signavio 等工具提供了流程映射的功能，尽管它们不是用于创建的 AI 驱动工具，但它们具有可用于优化和分析流程的功能，这些功能可能得到 AI 的协助。

2. 图表和流程图软件

● 微软 Visio 是创建流程图的知名工具。虽然它本身不是 AI 驱动的，但可以集成 AI 功能，以协助完成某些任务。

● Lucidchart 和 SmartDraw 允许创建流程图，并可能包括智能功能，以简化设计过程。

3. AI 辅助设计工具

● Canva 具有 AI 元素，可用于创建较简单的流程图。

● 专门用于供应链的 AI 工具：

专注于供应链优化的特定 AI 平台，如 o9 Solutions 或 Coupa 的 LLamasoft，具有高级的分析和可视化工具，可协助创建流程图，尽管设计元素仍然主要由用户驱动。

● 自定义 AI 解决方案：

公司可以开发自定义 AI 解决方案，通过使用机器学习来建议或生成流程改进，并做到可视化。这些往往是由公司内部或由咨询公司开发的专有系统。

4. 数据可视化和分析平台

- 诸如 Tableau、Power BI 和 Qlik 等工具提供了强大的数据可视化功能。虽然主要用于数据分析，但它们通常可以用于创建流程可视化，并且一些具有可视化的 AI 功能。

对于特定生成供应链流程图，通常需要一定的专业领域知识，目前 AI 无法在没有人工指导的情况下完全自动化。用户通常需要将他们的供应链知识输入到这些工具中，然后这些工具可以协助进行可视化和优化。

始终确保查看这些平台的当前功能，因为软件供应商经常更新其产品以添加新功能。还建议直接与这些公司联系，以获取最新的信息，并询问是否在最后一次更新之后又引入了新的 AI 功能。

2.3　供应链计划流程中的销售与运营计划（S&OP）

销售与运营计划是一套管理工具和方法论，也可以形成软件化的程序。AI 给出了 S&OP 的流程和最佳实践案例，说明了技术的最近挑战，也给出了制作流程图的方法。目前阶段虽然 AI 可以生成示例图片，但还不能精准表达内容。所以，AI 在供应链全流程应用方面，我们总能感受到现有的局限和未来巨大的潜力——AI 的应用才刚刚开始。

2.3.1　S&OP 流程与最佳实践

S&OP 是一种协作式的业务管理流程，使高管能够专注于战略决策和平衡供应与需求。它将公司的运营计划与财务目标以及更广泛的战略计划保持一致，创建了一个统一的、全面的、整合的业务计划。

S&OP 在供应链规划中的重要性如下。

1. 平衡供应与需求

S&OP 有助于平衡库存和客户需求，确保生产与销售相一致，以防止过度生产或缺货。

2. 提高财务绩效

使供应链运营与财务规划保持一致，公司可以更好地管理其收入、利润率和成本。

3. 增强可视性

S&OP 增加了整个供应链的可视性，使公司能够预测问题并做出积极决策。

4. 跨职能合作

它汇集了来自销售、市场营销、产品开发、运营、财务和采购等职能的关键利益相关者，共同合作制订统一计划。

5. 灵活性和响应能力

公司可以更快速地对市场变化做出反应，因为有更好的见解和协调一致的战略。

6. 战略一致性

它确保日常运营与公司的战略目标相一致，促进长期计划的执行。

S&OP 流程通常包括以下步骤。

1. 数据收集

从各个部门（包括销售、市场营销、运营、财务和采购）收集和验证数据。

2. 需求规划

基于历史数据、市场分析和销售预测创建共识预测。

3. 供应规划

评估公司的生产能力，以满足需求计划，同时考虑制造资源、库存水平和供应商能力。

4. S&OP 预备会议

这是一个准备性步骤，利益相关者在该会议上审查初步计划，并确定存在的差距、冲突或战略性问题。

5. 管理层 S&OP 会议

高级管理人员审查了来自 S&OP 预备会议的提案，并就生产、库存水平、积压等做出决策，解决所有重大问题。

6. 共识计划

制订一个与公司财务目标和运营能力相一致的统一计划。

7. 实施

在所有部门执行达成的计划，并监督进展情况。

8. 评估和调整

不断评估结果，将其与预测进行比较，并根据绩效和市场的变化对 S&OP 计划进行调整。

许多公司在各个行业都因其强大的 S&OP 实践而受到认可，在 S&OP 实践方面做得出色的公司示例如下。

1. 宝洁公司（Procter & Gamble，P & G）

宝洁公司经常被认为是 S&OP 的先锋，以其综合方法和在高管层面上对 S&OP 的重视而闻名。

2. 思科系统（Cisco Systems）

因其先进的技术应用和对协作的重视而受到认可，思科将 S&OP 融入其企业文化。

3. 福特汽车公司（Ford Motor Company）

福特汽车公司将财务规划与 S&OP 流程整合在一起，有助于更有效地决策和保持与公司战略的一致性。

4. 苹果公司（Apple Inc.）

由于其复杂的全球供应链，苹果公司利用先进的 S&OP 流程有效地管理产品发布和供需平衡。

5. 英特尔（Intel）

这家科技巨头采用了基于数据的 S&OP 流程，可以迅速应对技术市场的变化。

这些公司因其对 S&OP 流程的承诺、先进技术的使用、跨职能合作以及它们赋予 S&OP 的战略重要性而被视为最佳实践的标杆。然而，需要注意的是，S&OP 不是一种适合所有情况的流程，它需要根据每个组织的特定需求和背景进行定制。

2.3.2 S&OP 技术的最新进展

S&OP 领域不断发展，技术的进步旨在增强协作、分析和实时决策能力。

以下是 S&OP 技术领域近年来的一些显著进展。

1. 高级分析和人工智能（AI）

人工智能（AI）和机器学习越来越多地集成到 S&OP 软件中。这些技术可以分析复杂的数据集、识别模式、预测结果，并建议最佳的 S&OP 决策。AI 还可以通过纳入更广泛的变量，包括市场趋势和天气模式等外部因素，提高预测准确性。

2. 增强的可视化工具

数据可视化工具变得更加复杂，可以更清晰地传达计划和绩效信息，提供关键绩效指标（KPI）的实时数据的交互式仪表板，帮助利益相关者了解 S&OP 的结果，并做出更明智的决策。

3. 云计算

基于云的 S&OP 解决方案具有可扩展性、可访问性和较低的成本优势。它们促进了跨不同地理位置和时区的实时协作，确保所有利益相关者在同一时间访问相同的信息。

4. 物联网（IoT）

IoT 技术被用于向 S&OP 系统提供实时数据，使公司能够迅速应对供需的变化。产品、仓库和运输车辆中的传感器可以提供有关库存水平、位置和环境条件的即时数据。

5. 集成业务计划（Integrated Business Planning，IBP）

虽然不是一种技术，但集成业务计划是 S&OP 流程本身的一个进步，应将其提升到战略级别。它包括将财务计划和产品组合管理整合到 S&OP 流程中，支持多维分析的技术能力。

6. 协作平台

改进的协作平台和社交媒体类型的界面正在改善利益相关者在 S&OP 流程中的沟通和协作方式。这些工具使分享见解、场景和计划变得更加容易。

7. 预测性分析和建议性分析

除了预测，预测性分析可以预测供应链未来的趋势和挑战。建议性分析可以建议决策选项和可能的结果，从而提高 S&OP 流程的灵活性。

8. 区块链

虽然在 S&OP 中的应用处于早期阶段，但区块链有潜力为共享数据增加一层安全性和信任，这对于涉及多个利益相关者的多企业 S&OP 流程特别有益。

9. 数字孪生

创建供应链的数字孪生允许组织在实际应用之前在虚拟环境中模拟和分析其 S&OP 决策，降低风险，增强战略规划。

10. 移动设备可访问性

随着智能手机和平板电脑的普及，S&OP 解决方案现在可以在移动设备上访问，使决策者无论身在何处都能保持信息的及时了解和响应。

在 S&OP 技术领域融合先进技术的部分公司如下。

- Anaplan：提供基于云的平台，利用高级建模和场景分析支持 S&OP。
- Kinaxis RapidResponse：提供基于云的供应链规划和分析平台，具有 AI 和机器学习功能，支持 S&OP。
- o9 Solutions：提供基于 AI 的集成业务计划平台，包括 S&OP。

需要注意的是，这些技术进步的有效性取决于它们的实施过程以及组织适应和采纳新技术的能力。人的因素，包括领导支持、用户培训和变革管理，对于在 S&OP 中成功整合技术仍然至关重要。

2.3.3 如何制作 S&OP 的流程图

AI（ChatGPT）目前还不能创建视觉内容，但有许多方法可以获取 S&OP 的流程图。

1. 业务教材和出版物

许多供应链管理教材中提供 S&OP 的流程图和图表。

2. 软件提供商

提供 S&OP 软件解决方案的公司通常会使用流程图进行营销和培训。用户可以访问 Anaplan、SAP、Oracle、Kinaxis 和 o9 Solutions 等公司的网站，或直接联系它们以获取详细的图表。

3. 咨询公司

专门从事供应链管理和 S&OP 的公司可能拥有用于客户项目的专有流程图。像麦肯锡公司、贝恩公司或德勤公司，这样的公司经常发布含流程图的方案和资源。

4. 专业协会

美国运营管理协会（APICS）或美国供应管理学会（ISM）等协会通常会提供包括 S&OP 流程图的教育资源。

5. 在线教育平台

Coursera、edX 或 Udemy 等网站提供有关供应链管理的课程，这些课程可能在其课程材料中提供视觉辅助工具。

6. 研究论文和案例研究

学术界和行业研究论文通常包括详细的图表和流程图，以说明 S&OP 等概念。用户可以在 Google Scholar 等数据库中搜索这些论文，或直接在大学网站上查找。

7. 行业论坛和群体

在线论坛和群体，如专门讨论供应链管理的 LinkedIn 群体，可能会共享资源，其中包括会员发现有用的流程图。

8. 自己设计

根据提供的信息，用户可以使用诸如 Microsoft Visio、Lucidchart 甚至 PowerPoint 之类的绘图软件创建自己的 S&OP 流程图。用户可以从本书之前概述的基本步骤开始，根据特定的背景添加详细信息。

2.4　库存计划

库存计划在经典教科书中都是"必修"的章节。在乔布斯光环下的苹果首席执行官库克对公司最大的贡献是重塑供应链体系，把苹果的库存周期从 30 天缩短到了 6 天——这是对苹果现金流的最大贡献。AI 给出的库存计划流程，丰富了原有的流程标准定义和主要条目，更新了计算工具和技术手段，也给出了最佳实践案例，体现出 AI 对流程应用更新的价值。

2.4.1　AI 如何提升库存计划

库存计划是供应链管理的关键组成部分，它的重点是在满足客户需求的同时，尽量减少成本，以平衡库存的数量。以下是一个关于如何进行库存计划以及使用不同模型的基本指南。

1. 进行需求预测

- 利用历史数据、市场趋势、季节性和其他外部因素来预测未来客户需求。

2. 做库存分析

- 评估当前的库存水平、周转率和交货时间。
- 识别对销售和利润贡献最大的存货品类（ABC 分析）。

3. 确定服务水平和安全库存

- 确定所需的服务水平（不缺货的概率）。
- 计算安全库存水平，以防止需求和交货时间的不确定性。

4. 确定再订货点

- 根据交货时间和安全库存来确定何时重新订货。

5. 计算经济订货量（EOQ）

- 计算最优订货量，以最小化持有、订货和缺货成本的总和。

6. 建立库存政策

- 建立清晰的规则，指导何时订购以及订购多少数量（连续评估 VS 定期评估系统）。

7. 供应链协调

- 将库存计划与供应商和合作伙伴协调，以提高整个供应链的效率。

8. 回顾和调整

- 持续监控绩效并根据需要调整策略。

2.4.2　库存计划模型与最佳实践案例

主要的库存计划模型有如下几类。

工具和技术

1. 基本经济订货量（EOQ）

- 确定最优的订货量，为最小化订货、持有和缺货成本之和。

2. ABC 分析

- 根据重要性和消耗价值将库存分为三类（A、B 和 C）。

3. 准时制生产（Just In Time，JIT）

- 通过在需要时订购库存来减少库存水平，用于生产或销售。

4. 安全库存模型

- 确定适当的额外库存水平，以防止需求或供应的不确定性。

5. 再订货点（Re-Order Point，ROP）模型

- 确定应在何时重新订货以补充库存。

6. 需求预测模型

- 使用统计工具来预测客户需求，并相应地调整库存水平。

7. 交货时间分析模型

- 评估下订单和收货之间的时间，以设定适当的再订货点。

8. 服务水平优化模型

- 在库存成本和向客户提供的服务水平之间取得平衡。

9. 多级库存优化

- 在供应链的多个阶段优化库存。

10. 季节性库存模型

- 调整库存规划以适应季节性需求变化。

库存规划最佳实践示例：丰田的准时制生产（JIT）系统

- 该系统被认为是库存规划的最佳实践，丰田的 JIT 系统专注于在正确的时间、以准确的数量提供所需的材料。
- 该系统通过优化生产计划和供应链来减少浪费和低效。
- 通过仅生产下一阶段所需的产品，丰田降低了库存成本并减少了过剩生产。

每个库存模型都有其适用的场景和应用条件，具体取决于业务性质、涉及的产品、需求的可预测性和供应链的复杂程度。最好使用这些模型和技术

的组合，以适应特定的业务需求。

将先进技术（如用于预测分析的人工智能和机器学习、用于实时跟踪的物联网以及复杂的企业资源计划和库存管理系统）整合到库存规划中可以显著提高其有效性。像亚马逊这样的公司，凭借其高度自动化的仓储和库存管理系统，通过使用复杂的算法来预测需求并实时优化库存水平，展示了库存规划的最佳实践。

2.4.3 最小安全库存外部因素与最佳实践

最小安全库存，通常称为安全库存，是库存中额外保留的物品数量，用于减少缺货的风险。缺货可能是由于需求预测不准确、交付延误、需求增加或供应链中的任何其他干扰引起的。

1. 最小安全库存的计算——如何计算安全库存

通常，安全库存是使用考虑需求和交货时间的变异性的统计公式来计算的。计算安全库存的基本公式之一如下。

$$安全库存 = Z \times \sigma LT \times Davg$$

其中：

Z 是所需服务水平对应的 Z 得分（反映在交货时间内覆盖需求以实现所需服务水平的标准差的值）。

σLT 是交货时间需求的标准差。

$Davg$ 是交货时间内的平均需求。

Z 得分可以在统计表中找到，对应于所需的服务水平（需求不超过供应的概率）。例如，95%的服务水平对应于大约 1.65 的 Z 得分。

2. 为应对外部因素的影响，最小安全库存做出的变化

全球供应链由于贸易冲突、关税的增加和疫情大流行而变得更加不稳定，企业不得不重新思考其对安全库存的处理方式。以下是变化的方式。

增加数据分析：企业正在使用更复杂的预测分析来更好地了解潜在风险，并相应地调整安全库存水平。

动态调整：安全库存水平现在更加动态化，根据最新的市场条件和情报进行频繁更新。

供应多样化：企业正在多样化其供应商基础，以减少来自任何一个地理区域或供应商的干扰风险。

近源或再源制造：一些企业将生产带回到主要市场附近，以减少交货时间和风险。

灵活制造和敏捷物流：采用更加灵活的制造流程和物流使企业能够更快速地应对变化。

加强合作：与供应商和合作伙伴更紧密地合作，帮助企业在管理库存风险时更具透明度和敏捷性。

增加库存水平：许多企业已经增加了总库存水平，包括安全库存，以防范未来的干扰。

双重采购和多重采购：向多个供应商采购零部件是一种战略举措，以避免对单一来源的依赖。

最佳实践案例

苹果以其管理世界上最高效的供应链之一而闻名，包括其对安全库存的处理方式。在严格控制库存水平的同时，苹果还与其供应商密切合作，以确保对需求或供应情况的任何变化都能迅速做出响应。他们还多样化了供应商基础，将供应商分布在不同的国家，以减轻干扰风险。

宝洁（P&G）也发展了一个反应灵敏且高效的供应链。他们采用先进的需求规划工具，整合实时数据以快速调整库存需求。P&G与零售商密切合作以同步供应链，确保他们拥有足够的安全库存以应对波动。

安全库存的原则已经演变为更加动态化，并与企业的战略规划相整合。企业现在采取全面的风险管理方法，不仅计算安全库存，还包括超越计算安全库存的更广泛的供应链韧性措施，这些措施包括建立冗余性、使用技术提高可见性以及多样化供应来源。

2.5 AI 对供应链计划流程标准的改进

前面讨论了 AI 在供应链计划流程中的主要应用，也是对 AI 模型训练的一个过程。在此基础上，输入供应链计划流程标准的内容，得出 AI 对计划流程标准的改进建议。这些要点丰富了数字化时代供应链计划流程的内涵，而对每个流程改进的建议如何对照实施，仍有非常大的探讨空间，也就具备了进一步验证的意义。

2.5.1　AI 对于供应链计划流程标准的改进建议

随着人工智能和数字技术的发展，CSCMP 供应链管理流程标准中的计划流程可以通过提高效率、准确性和响应能力来进行显著改进。

以下是一些更新建议和改进措施以及在流程标准中可能需要添加的处理步骤。

1. 高级预测分析

● 利用机器学习模型进行更准确的需求预测和库存规划。

● 使用 AI 来预测市场趋势和消费者行为变化，可能将社交媒体和网络分析整合到预测模型中。

2. 实时数据处理

● 利用物联网设备和传感器实时跟踪库存，实时动态更新供应链规划。

● 实时提供对供应链各层的可见性，增强对中断或需求变化的响应能力。

3. 自动化决策制定

● 利用 AI 系统基于实时数据和预测分析进行自主决策，包括订购点、安全库存水平以及仓库之间的库存重新分配。

4. 加强供应商和客户整合

● 使用区块链进行安全、透明和高效的供应商和客户整合，确保供应链上数据的完整性。

● 提供数字平台，使企业与供应商和客户的协作规划、预测和补货（CP-FR）能够实时进行。

5. 数字孪生

●开发供应链的数字孪生，模拟和分析不同的情景，以更好地进行战略和运营规划决策。

6. 建议性分析

●从预测性分析转向建议性分析，其中 AI 不仅预测结果，还建议实现期望目标的最佳行动方案。

7. 认知自动化

●实施认知自动化处理采购订单、处理发票和管理合同，该系统可以随着时间的推移进行学习和适应。

8. 先进的 S&OP 工具

●利用 AI 平衡供应和需求，实时考虑外部因素，如天气、政治变化和全球经济状况。

9. 可持续性和韧性规划

●结合可持续性分析，优化资源使用，最小化浪费。

●利用 AI 进行风险评估和制订应急计划。

10. 定制和个性化规划

●利用 AI 工具实现更个性化的产品和服务推荐，通过预测个体客户偏好并相应调整供应链运营。

11. 整合市场情报

●开发系统，集成和分析大量市场数据，包括非传统来源，以指导供应链战略。

12. 增强库存优化

●采用 AI 驱动的工具进行多层次库存优化，更有效地管理整个网络的库存复杂性。

13. 供应链即服务（SCaaS）

●结合 SCaaS 模型，其中 AI 平台可以管理整个供应链部分，为公司提供快速高效的扩展能力。

要将以上改进措施整合到 CSCMP 标准中，处理步骤包括有关实施、管理和道德使用 AI 与数字技术的准则，确保工作人员接受培训以有效地利用这些工具。同时，必须考虑到数字技术引入了新的风险，需要进行网络安全和数据隐私的管理。

2.5.2 AI 对供应链计划流程标准的更新建议

将人工智能和数字技术整合到 CSCMP 标准中，创建一个新流程的映射，将前面提出的关键点与供应链计划流程的相关部分对应，以下是映射到流程之后经修订的流程标准。

1. **需求预测流程**
- 高级预测分析
- 实时数据处理
- 整合市场情报
- 定制和个性化规划

2. **供需平衡**
- 自动决策
- 增强供应商和客户整合
- 先进的 S&OP 工具
- 供应链即服务（SCaaS）

3. **库存管理**
- 由 AI 驱动的库存优化
- 实时数据处理
- 认知自动化

4. **销售与运营计划（S&OP）**
- 先进的 S&OP 工具
- 实时数据处理
- 加强供应商和客户整合

5. **财务绩效规划**
- 高级预测分析
- 规质性分析（Prescriptive Analytics）

6. **市场预测**
- 定制和个性化规划
- 整合市场情报

7. **再订购执行**
- 自动决策

- 认知自动化

8. 退货计划

- 实时数据处理

- 认知自动化

9. 控制技术

- 先进的 S&OP 工具

- 加强供应商和客户整合

10. 需求管理（制造和分销）

- 由 AI 驱动的库存优化

- 实时数据处理

11. 需求沟通

- 整合市场情报

- 定制和个性化规划

12. 可持续性和韧性规划

- 可持续性分析

- 韧性规划工具

13. 库存规划和准确性

- 数字孪生

- 由 AI 驱动的库存优化

- 利用运营反馈进行循环盘点

对于上述每个点，流程标准需要结合下面的工具和方法论进行更新。

- 实施和利用人工智能和数字工具的方法论。

- 通过培训，确保员工能够有效利用这些工具。

- 解决安全和隐私问题的数据治理政策。

- 衡量人工智能和数字技术有效性的指标和 KPI。

- 针对技术进步的扩展和与其相适应的最佳实践。

这一流程规划确保供应链规划的每个方面都通过适当的人工智能和数字技术得到增强，从而实现更加一体化、高效和响应灵活的供应链框架。

2.5.3 更新的供应链计划流程图

图 2-2 是将 AI 和大数据技术整合到供应链计划流程的示意图，其中结合

了 AI 对供应链计划流程所提出的 13 点建议。

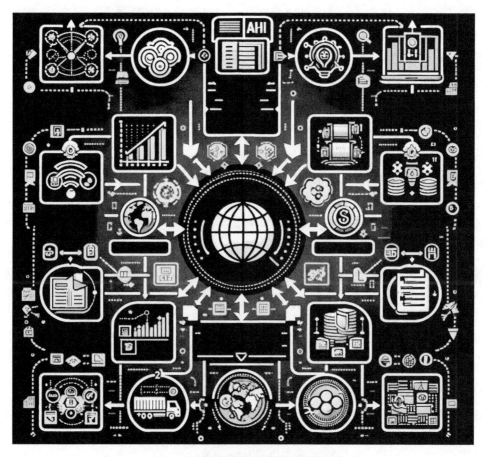

图 2-2　AI 更新的供应链计划流程示意

2.6　AI 对电动汽车（EV）的预测案例

2.6.1　方法与步骤

　　EV 的增长依赖于诸多变量，包括技术进步、政府政策、市场接受率、基础设施发展以及全球社会经济趋势。

　　以下是预测 EV 部署的步骤。

1. 数据收集

●历史数据：收集过去的 EV 销售、生产率和不同地区的使用率数据。

- 外部因素：收集影响 EV 采用因素的数据，如燃油价格、政府激励措施、电池技术进步、充电基础设施和公众对气候变化的态度。

2. 模型选择

鉴于变量众多和预测的固有不确定性，可以利用多种模型组合。

- 时间序列分析：使用历史销售数据预测未来销售。
- ARIMA 时间序列预测模型、指数平滑状态空间模型（ETS）、Prophet 时间序列预测模型。
- 因果模型：使用政府激励、燃油价格等变量预测 EV 销售。
- 多元回归模型、机器学习模型如随机森林、梯度提升等。
- 情景分析：鉴于长期预测的不确定性，可以考虑多种情景。例如："乐观情景"（技术快速进步，强有力的政府支持）、"悲观情景"（技术增长缓慢，基础设施缺乏）和"按现状发展情景"。
- S 曲线（逻辑增长模型）：新技术的采用往往遵循 S 曲线，即最初采用阶段缓慢，然后加速，最终在接近饱和时放缓。

3. 模型训练和验证

- 将历史数据分为训练集和验证集。
- 在训练集上训练选定的模型，并在验证集上验证其准确性。
- 调整参数，并考虑结合模型以提高准确性。

4. 预测

- 使用模型预测未来 10 年的 EV 部署。
- 鉴于时间跨度较长，建议按间隔进行预测，例如，每年预测一次，并随着更多数据的可用性，每年重新访问并调整模型。

5. 敏感性分析

- 鉴于预测的长期性和多个影响因素，理解预测结果对关键变量变化的敏感性至关重要。例如，如果一个主要国家为 EV 行业制定了重大的税收减免政策，预测结果将如何变化？

6. 迭代和持续精细化

- 预测模型应定期回顾。随着形势的发展，新的数据将会进来，初始模型开发时所做的假设可能会改变。

示例：假设我们使用时间序列和回归模型的组合。

- 使用 ARIMA 对历史电动汽车销售数据进行分析，我们预测基线增长趋势。

- 采用一个训练有素的回归模型，考虑到燃油价格和政府激励等因素，可能会指出每增加 0.50 美元的燃油价格，电动汽车销售量增加 10%；每 1000 美元的税收减免，销售量增加 5%。
- 结合两个模型的洞察力，经过任何情景分析的调整，将给出全面的预测。
- 最后，虽然这提供了一个结构化的方法，但在长时间范围内的预测本质上是不确定的。给出预测时附带适当的警告和置信区间是至关重要的。

2.6.2　AI 对未来电动卡车发展的预测

预测 10 年后物流运营中电动卡车的确切数量以及主要国家的份额是一项挑战，因为涉及的变量非常多。然而，可以概述可能会影响电动卡车使用的因素，并在此基础上，根据可用信息提供一个大致的预测。（注：最新数据为 2021 年）

关键因素如下。

1. 政府政策和法规

全球许多政府都在设定更严格的排放标准，并提供激励措施以采用更清洁的运输方式。对减少排放采取积极政策的国家可能会加速电动卡车的普及。

2. 技术进步

电池技术的发展、能量密度的提高、充电时间的缩短和成本的降低将是关键。

3. 基础设施发展

充电基础设施的可用性和分布将显著影响使用率。

4. 总拥有成本

电动卡车在成本上（考虑到车辆成本和运营成本）与传统柴油卡车相比更具竞争力，其使用率将会增加。

5. 制造商举措

主要卡车制造商投资并推广其电动车将促进 EV 的使用。

6. 市场需求

随着企业致力于减少碳足迹，可能会驱动对更清洁物流运营的需求。

对未来电动卡车发展的一般预测如下。

1. 快速增长

鉴于 2021 年的趋势，我们可以预期在未来 10 年内电动卡车的使用将迅速增加，特别是随着更多型号的推出，它们的价格开始与柴油卡车相当。

2. 主要地区和国家的使用预测

● 欧洲：像挪威、英国、德国和荷兰这样的国家有积极的 EV 使用目标和激励措施。可以预期这些国家的物流运营中有相当一部分将过渡到电动车。

● 中国：中国正在大力投资电动车技术和基础设施。具有强大的制造和物流运营能力，很可能拥有相当大的电动卡车份额。

● 美国：步伐可能会有所不同，但随着加利福尼亚等州的引领，可以预期电动卡车的采用将显著增加，尤其是如果联邦政策变得更加支持的话。

● 印度：截至 2021 年，印度处于电动车使用的早期阶段。然而，鉴于该国专注于减少污染和增加国内电动车生产，未来可能会有显著的增长。

结论：虽然没有 2021 年以后的最新数据，很难提供确切的数字，但预测到 2033 年物流运营中电动卡车的使用将会增加数倍是合理的。欧洲、中国和美国等主要地区和国家可能会在使用率上领先。如果能够获得更近期的数据，比如 2022 年或 2023 年的数据，可以使用前面概述的方法开发出更精确的预测模型。

未来 10 年（2023—2033 年）各主要地区和国家电动卡车使用预测如下。

欧洲

● 2023 年：所有物流卡车中有 10% 是电动卡车

● 2028 年：50%

● 2033 年：80%

中国

● 2023 年：所有物流卡车中有 8% 是电动卡车

● 2028 年：55%

● 2033 年：85%

美国

● 2023 年：所有物流卡车中有 7% 是电动卡车

● 2028 年：45%

● 2033 年：75%

印度

● 2023 年：所有物流卡车中有 2% 是电动卡车

● 2028 年：20%

● 2033 年：50%

将以上表述转换为视觉图表，如图 2-3 所示。

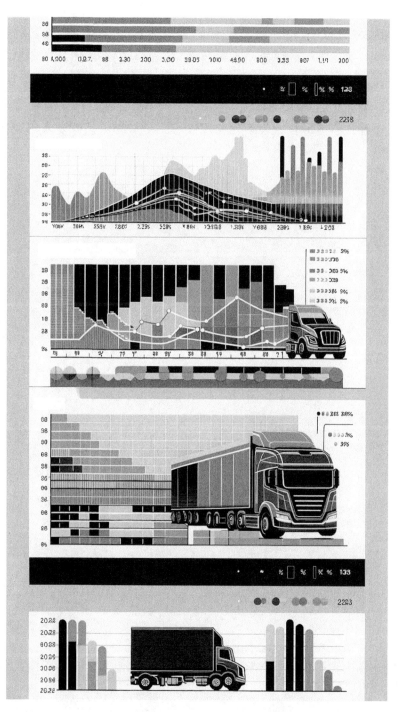

图 2-3　2023—2033 年主要地区和国家 EV 市场份额预测（AI 生成）

结论：

从图 2-3 可以看出，AI 生成的图表只能意向性表达概念和趋势，尚不能准确表达文字中的概念与准确的数字，而且这个图还是不完整的。从供应链管理流程验证的角度，Supply Chain Sage（作者开发的第一个 Chat-GPT 供应链应用）的文字表述，基本上可以满足我们对供应链管理流程的深入理解，但图形化、视频化发展还有一个过程，仍需要人借助其他工具来完成。

第 3 章
AI与大数据分析在采购流程中的应用

本章摘要

采购流程对供应链成本控制和效率具有重要的影响。本章从AI对采购流程的定义和理解入手，在明确流程架构的基础上，重点验证了AI在采购策略制订、供应商管理、采购物料管理等流程应用的实效，探讨了主要应用软件和工具，最后，对照供应链管理流程标准，用AI更新了采购流程，检验了AI与大数据分析应用的价值。

3.1 AI 如何理解采购流程

> AI 在采购流程中的应用从理解采购流程的概念与内涵开始。下面给出的内容，基于 AI 对采购流程标准的理解，增加了原标准中没有提及的数字化技术应用的内容，从技术如何影响流程、技术如何应用的角度进行了说明。AI 理解的概念是准确的，其逻辑和技术应用丰富了流程标准的内涵。

3.1.1 采购流程的概念与内涵

在供应链管理中，采购是一个关键职能，涉及寻找、评估提供商品和服务的供应商并与其合作。其主要活动可以分为如下几个关键流程。

1. 需求分析

- 识别需求：确定需要的产品或服务、规格和数量。
- 利益相关者意见：与利益相关者合作，了解需求和约束条件。

2. 市场研究

- 供应商识别：研究可能提供所需商品或服务的潜在供应商。
- 市场分析：评估市场，了解趋势、风险和机会。

3. 供应商联系与关系建立

- 初次联系：与潜在供应商取得联系，了解其兴趣和能力。
- 社交网络：参加行业活动和贸易展，发现潜在供应商并建立关系。

4. 供应商评估与选择

- 信息征集（RFI）：从潜在供应商那里收集一般信息。
- 提案请求（RFP）/报价请求（RFQ）：向供应商索取详细的提案或报价。
- 供应商评估：根据价格、质量、产能、可靠性和财务稳定性等标准评估供应商。
- 风险评估：评估与每个供应商相关的各种风险，包括地缘政治、财务、运营和声誉风险。

5. 合同谈判

- 条款谈判：讨论支付、交货和服务水平等条款。
- 合同制定：起草详细规定合作关系的合同。

6. 供应商整合

- 流程整合：将供应商整合到企业的采购系统中。
- 信息交流：建立订单处理、沟通和数据交换系统。

7. 绩效管理

- 供应商评分卡：制定衡量供应商绩效的指标。
- 持续改进：与供应商合作，改进绩效和效率。
- 定期审查会议：定期安排会议，讨论绩效并解决问题。

8. 风险管理与合规性

- 监控：跟踪供应商绩效和风险因素。
- 合规检查：确保供应商遵守法规要求和道德标准。

9. 供应商成本管理

- 总体拥有成本（Total Cost of Ownership，TCO）：计算与每个供应商相关的所有成本。
- 降低成本策略：确定并实施降低成本而不影响产品或服务质量的策略。

10. 关系管理与发展

- 战略关系建立：与关键供应商建立长期合作伙伴关系。
- 创新合作：与供应商合作开发新产品或改进现有产品。

11. 可持续性与道德采购

- 可持续采购实践：将环境和社会因素纳入采购决策。
- 供应商多样性：促进供应商群体的多样性。

这些活动确保采购流程支持企业的战略目标，并为整个供应链增值。该流程是一个迭代过程，需要不断监测和适应不断变化的条件和业务需求。有效的采购不仅可以降低成本和风险，还可以通过提高创新、质量和可持续性来创造竞争优势。

3.1.2 AI 与大数据分析如何强化采购流程

首先，在数字时代的背景下，采购领域中的每一个环节都受到技术进步的显著影响。

• 采购战略：通常由先进的数据分析和市场情报软件支持，以更好地了解供应市场和成本驱动因素。

• 供应商管理：供应商门户、区块链用于合同和溯源的技术以及用于风险管理的人工智能等技术正变得越来越常见。

• 购买：电子采购系统和自动化采购工具被用于简化采购流程、管理支出和执行采购政策。

• 入库物料管理：物联网和射频识别技术可以提高库存跟踪的准确性，并实时了解物料流向。

• 数字化可以带来更高效、透明和响应灵活的采购和采购流程，企业通常会投资于更新这些流程，以保持竞争优势。

其次，在数字化和人工智能时代，可以通过整合各种技术来显著增强采购流程。以下是可以添加或考虑用于使采购流程更加现代化的内容。

• 数据分析：利用数据分析处理大量数据，以更好地进行预测、市场分析和决策。

• 人工智能和机器学习：实施人工智能来预测趋势、评估供应商风险，并自动化例行任务，如订单处理和发票对账。

• 电子采购工具：使用在线平台进行 RFP/RFQ 流程、拍卖和投标分析，从而简化采购流程并使其更加透明。

• 供应商门户：开发交互式供应商门户，以更好地与供应商协作、共享文件并监控绩效。

• 区块链：利用区块链技术签订智能合同，以在满足特定条件时自动执行，并提高供应链的透明度和可追溯性。

• 物联网（IoT）：使用物联网设备实时了解供应商运营和物流，提高库存管理和需求预测水平。

• 云计算：采用基于云的采购解决方案，以提高灵活性和可扩展性，实现与其他系统的集成并获取实时数据。

• 网络安全措施：确保建立安全的网络环境，以保护在采购流程中交换的敏感数据。

通过整合这些数字工具和技术，组织可以实现更具战略性和高效的采购流程，适应市场变化，并为保持竞争优势做出贡献。

3.2　采购战略

自制和外购是采购战略的两个主要选择路径，AI 给出了强化的自制/外购选择流程，详细分析了总体拥有成本的计算和参考案例，结合目前贸易摩擦、地区冲突、地缘政治格局变化等现实，AI 给出了全球供应链离岸、近岸、再岸、走势分析和预测，其结论基本符合大众的判断和预期。

3.2.1　采购战略的制定流程

自制和外包是采购战略中的两个主要选择路径。制定采购战略是一个多步骤的过程，涉及分析组织运营和市场状况中的各种因素。采购战略确定了产品或服务的获取方式和地点，对公司的盈利能力、效率和竞争优势都有重要影响。

以下是制定采购战略的分步指南，特别是为在选择内部生产（内部采购）和外包选项之间进行决策提供指导。

1. 定义业务目标和采购目标

• 了解企业的战略目标。

• 使采购目标与整体业务目标协同（如节约成本、提高质量、创新、市场扩张）。

2. 进行成本分析

• 确定正在采购什么商品或服务，以及以什么数量和成本进行采购。

• 将支出分为直接支出（原材料、零部件）和间接支出（服务、非生产材料）。

3. 评估核心能力

• 评估哪些活动对业务至关重要并有助于竞争优势。

• 判断这些核心能力是否最好保留在企业内部。

4. 评估内部能力

• 分析当前内部资源，包括技能、技术和产能。

- 考虑内部能力是否符合长期业务需求。

5. 考虑总体拥有成本（TCO）

- 计算内部生产的总拥有成本，包括管理时间、培训和机会成本等间接成本。
- 对于外包，包括与采购、过渡、管理和潜在风险相关的成本。

6. 进行市场分析

- 研究潜在供应商、市场趋势和创新。
- 评估供应商的稳定性、技术能力和绩效。

7. 评估风险和合规问题

- 确定与内部生产和外包相关的风险。
- 考虑法规合规性、知识产权、质量和声誉风险。

8. 制定采购战略

- 根据上述评估选择内部生产或外包。
- 对于非核心活动，考虑外包以释放资源并专注于核心职能。
- 对于核心活动，制订提升内部能力的计划。

9. 做出自制与外包的决策

- 比较每个选项的优缺点。
- 评估外包供应商是否能够提供更好的规模经济、专业知识和技术。
- 确定保持可控性和保密性是否至关重要，表明是否需要采用自制。

10. 考虑战略伙伴关系

- 寻找形成战略伙伴关系或联盟的机会，可以结合内部自制和外包的优势。

11. 制订采购管理计划

- 对于内部生产，制订优化运营的计划，包括对技术和培训的投资。
- 对于外包，制订关系管理计划，包括服务水平协议（SLA）、关键绩效指标（KPI）和定期评估。

12. 实施采购战略

- 按照选择的战略执行明确的实施计划。
- 向所有利益相关者传达变更信息，并管理过渡过程。

13. 监控和评估绩效

- 定期评估内部团队或外包供应商的绩效。

●确保采购策略达到设定的目标，并根据需要进行调整。

14. 评估并调整采购战略

●定期审查采购战略，确保适应变化中的业务需求和市场状况。

●保持灵活性，根据持续审查过程的需要在内部自制和外包之间进行切换。

制定采购战略涉及对定性和定量因素的仔细考虑。同时，需要注意的是，决策可能不是二元的，公司通常会采用混合模型，将一些生产活动保留在内部，同时外包其他活动。关键是保持灵活性，适应全球供应链的动态特性。

3.2.2 自制或外购——总体拥有成本（TCO）

1. TCO 计算软件工具及示例

在战略采购中，需要使用各种模型、工具和技术来增强决策过程，确保获得商品和服务的最佳结果。以下是主要模型的概述。

模 型

1. Kraljic 矩阵

帮助公司根据利润影响和供应风险将采购项目分类为四类（非关键、杠杆、瓶颈和战略）。

2. Porter 的五力分析模型

分析行业的竞争力量，以确定公司的战略定位。

3. 总体拥有成本（TCO）模型

评估购买和使用产品或服务的整个生命周期中涉及的直接和间接成本。

工具和技术

1. 电子采购软件

自动化采购流程，从供应商选择到合同管理。示例：SAP Ariba、Coupa 和 Jaggaer。

2. 供应商关系管理（SRM）工具

促进与供应商的合作和绩效跟踪。示例：Ivalua 和 Zycus。

3. 支出分析工具

帮助公司对支出进行分类，并识别节约成本的机会。示例：Proactis Spend Analysis 和 Spendency 分析工具。

4. 合同管理系统

管理合同的整个生命周期，从创建到续签。示例：ContractWorks 和 DocuSign CLM。

5. 分析和报告工具

商业智能（BI）平台，如 Tableau 和 Power BI，可实现支出数据和采购趋势可视化。

6. 市场情报工具

像 Thomasnet 和 Beroe LiVE 这样的服务提供有关供应商、价格趋势和市场动态的洞察。

TCO 计算：TCO 是通过考虑购买产品或服务之前、期间和之后发生的所有成本来计算的。以下是一个简化的分解。

- 购置成本：购买价格、税收、运费和安装费。
- 运营成本：用于运营的能源消耗、维护和所需的物资。
- 培训成本：如果使用产品需要新的技能或知识。
- 停机时间成本：如果产品出现故障或正在进行维护，会导致生产力损失。
- 生命周期结束成本：处理、停运或产品转售的费用。

以下是对制造设备进行 TCO 计算的基本示例。

- 购买价格：10 万美元
- 安装成本：1 万美元
- 运营成本（每年）：5000 美元
- 维护成本（每年）：2000 美元
- 停机时间成本（每年）：1000 美元
- 寿命：10 年

10 年的 TCO＝购买价格＋安装成本＋（运营成本＋维护成本＋停机时间成本）×寿命

TCO＝10 万美元＋1 万美元＋（5000 美元＋2000 美元＋1000 美元）×10＝11

万美元+8万美元＝19万美元

　　Microsoft Excel等软件通常用于TCO计算，用户可以使用电子表格模拟产品生命周期内的所有成本因素。

　　除了如Excel的通用工具外，考虑到制造和采购的各种情景和成本驱动因素，还有专门用于提供详细TCO和成本模型的软件包，例如aPriori。

　　使用aPriori这样的工具，企业可以输入设备的规格、运营参数和其他相关数据，然后该软件使用这些数据以及自己的数据库和算法，根据不同的情景（如不同的利用率、不同的维护计划和其他可能影响总体成本的变量）来预测TCO。

　　需要注意的是，虽然软件可以大大帮助计算并提供预测成本建模，但专业洞见对于准确解释数据至关重要，包括理解市场状况、潜在风险因素和战略影响。

2. 主要应用软件和工具的应用比较

　　aPriori和Microsoft Excel是在计算总体拥有成本（TCO）时使用的两种非常不同的工具。每种工具都有其优势，并适用于TCO分析过程的不同阶段。以下是对两者的比较。

aPriori

　　● aPriori是一种专为制造和采购专业人员设计的成本管理软件，用于估算和跟踪产品在其开发和制造生命周期中的成本。

　　● 自动化成本计算：它使用成本模型自动计算产品设计、材料选择、制造过程和采购决策的成本。

　　● 实时分析：提供实时成本信息，有助于做出更快的决策。

　　● 详细的行业特定数据：包含详细的、行业特定的数据和算法，可以反映制造过程、材料和地理成本的细微差别。

　　● 集成：可以与计算机辅助设计（Computer Aided Drafting，CAD）软件和其他企业系统集成，以实现对产品成本的无缝更新和分析。

　　● 预测建模：提供高级的预测性分析，以帮助根据各种情景和变量进行前瞻性成本估算。

Microsoft Excel

　　● 通用工具：Excel是一种多功能的电子表格工具，可用于各种数据分析任务，包括TCO计算。

●手动输入和公式：用户必须手动输入数据并创建公式来计算 TCO，这可能很耗时，但具有灵活性。

●可定制性：允许完全自定义的电子表格，这意味着用户可以根据需要设计 TCO 计算方法，并添加尽可能多的详细信息。

●普及度和熟悉度：Excel 是大多数业务环境中常见的工具，许多人熟悉其基本功能。

●没有实时数据：除非与其他软件或数据库配对，否则 Excel 不提供实时成本数据。

●没有预测能力：Excel 本身不提供预测建模；任何预测性分析都必须使用统计公式或附加插件进行手动设置。

总结

●aPriori 专为制造业而设计，自动化了很多成本估算过程。对于那些需要将复杂的制造过程和供应链考虑到 TCO 计算中的专业人员而言，这是非常强大的。

●Excel 是一种更通用的工具，需要更多的手动设置，但具有高度可定制性，可用于各种分析任务。对于需要一个可以根据特定需求进行定制的灵活工具，或者不需要 aPriori 提供特定制造细节的组织而言，Excel 可能是更经济的 TCO 分析选择。

在实际的使用中，aPriori 可能被用于其深度行业分析和适应不同情景，而 Excel 可能用于执行初始分析、建模较简单的成本结构，或处理 aPriori 在更结构化环境下不直接支持的定制情景。

3.2.3 离岸、近岸与再岸的趋势分析

离岸、近岸和再岸（reshoring）是采购和供应链管理中采用的不同策略，每种策略都有其独特的优势和考虑因素。

1. 概念与关键点

离岸

——概念：离岸涉及将业务流程或制造转移到外国，通常是劳动力成本较低的地方。其主要目标是降低成本。

——关键点

●可提供显著的劳动力成本节省。

- 可以进入新的市场和资源。
- 可能导致供应链变得更长，运输时间增加。
- 潜在挑战包括文化和语言障碍、不同的商业惯例和政治风险。

近岸

——概念：近岸是指将业务流程或制造转移到地理上更近的国家，通常是与本国接壤的国家。

——关键点

- 与离岸相比，减少了相对复杂性，如语言和文化差异。
- 与离岸相比，供应链更短、运输时间更短。
- 成本可能高于离岸，但低于国内生产。
- 由于地理位置近，允许更大的控制和更快的响应时间。

再岸

——概念：再岸是将制造和服务从海外带回公司所在国的过程。

——关键点

- 通常是由对质量和知识产权更紧密控制的愿望所驱动。
- 可能导致与离岸相比的运输成本和时间的减少。
- 支持国内经济，并可以用作重要的市场营销点，吸引那些重视本地制造产品的消费者。
- 相对于离岸，可能会产生更高的劳动力成本，但可以带来效率提升和更快的创新周期。

在做出采购决策时，公司会考虑成本、质量控制、知识产权、法规合规性、政治稳定性、劳动力技能和市场准入等因素。选择离岸、近岸或再岸取决于公司的具体需求、其产品或服务的性质以及所服务市场的动态。

随着 COVID-19 大流行和国际贸易冲突等干扰的出现，存在向更具韧性的供应链转变的趋势，一些公司为避免与长供应链相关的风险而选择再岸。近岸也因为在减少物流复杂性的同时仍然提供成本效益而变得越来越受欢迎。

2. 影响供应链再岸的趋势与决策因素

再岸在全球供应链背景下变得越来越受关注，尤其是在全球供应链受 COVID-19 大流行和贸易紧张局势等因素干扰之后。

以下是与再岸相关的一些趋势和决策因素。

再岸的趋势

● 供应链韧性：COVID-19大流行凸显了全球供应链的脆弱性。企业通过将运营地点靠近本国，以增加供应链的韧性，从而寻求降低这些风险。

● 技术和自动化：机器人技术、人工智能和自动化的进步降低了离岸制造的劳动力成本优势。这使国内生产特别是在先进制造领域更具竞争力。

● 消费者偏好：越来越多的消费者偏好本地制造的产品，认为其质量更高或因运输排放较低而更环保。

● 政治和经济激励：政府提供激励措施，将制造业带回本国以促进本地经济增长并创造就业机会。

● 贸易政策：对进口货物加征关税的保护主义政策可以使本地制造更具成本效益。

● 更短、更灵活的供应链：向精益生产的转变需要更接近最终消费者，以便快速响应市场变化。

再岸的决策因素

● 成本考虑：虽然国内劳动力成本可能较高，但在考虑物流、关税、风险和其他因素时，总拥有成本可能会更低。

● 质量控制：更容易接近生产地点，可以实现更好的质量控制和降低知识产权风险。

● 市场推出速度：与消费者更近，可以显著缩短交货时间，提高应对市场需求的能力。

● 劳动力技能：随着制造业变得越来越先进，对熟练劳动力的需求可能成为再岸的驱动因素。

● 环境影响：减少产品的碳足迹对企业越来越重要，因为它们符合环境要求并降低监管压力。

● 地缘政治和经济稳定性：企业考虑采购国的政治和经济稳定性；不确定的环境可能促使再岸。

● 供应商生态系统：强大的本地供应商生态系统的存在可能影响再岸的决定，因为它确保了零部件和材料的可用性。

●政府政策和激励：减税、补贴和其他政府主导的激励可能成为再岸决策中的重要因素。

再岸是一个涉及各种成本和利益权衡的复杂决策。它不仅是制造方面的问题，还涉及从供应商到最终消费者的整个供应链。企业必须分析其独特的情况和更广泛的经济环境，以就再岸对其运营是否有意义做出明智的决策。

3. 跨国公司的全球布局调整

由于成本上升、关税和贸易战等因素的影响，跨国公司对其采购和制造进行了全球布局的调整，这些调整与下列因素有关。

●减少风险：通过不把所有的制造"鸡蛋"都放在一个篮子里，企业旨在降低与潜在的政治、经济或大规模流行性疾病相关的脆弱性。

●成本优化：企业正在寻找可以降低成本的地点。

●市场准入：在额外的国家设有制造设施可以促进对这些国家市场的准入，并可能提供关税优势。

跨国公司在做区域布局调整时，通常基于其业务的具体需求、与关键市场的接近程度以及熟练劳动力的可用性。一些受欢迎的位置如下。

●越南：由于具有竞争力的劳动力成本和不断增加的工业基地，越来越受到电子和纺织品行业的青睐。

●印度：提供庞大的国内市场，并在改善营商环境方面取得了进展。尤其适合软件、IT 服务和制药领域。

●墨西哥：由于靠近美国市场并且是北美自由贸易协定的成员，成为北美市场准入的首选地点。

●泰国和印度尼西亚：由于汽车和电子制造业而变得受欢迎。

●马来西亚和菲律宾：由于其不断增长的熟练劳动力和支持性政府政策，这两个地方也备受关注。

●东欧：像波兰和捷克共和国这样的国家是那些专注于欧洲市场的企业的选择，它们提供了熟练的劳动力和在欧盟框架内相对较低的成本。

值得注意的是，有些跨国公司的战略调整可能涉及将供应链来源从某个国家转移或扩展到其他国家。

3.3 供应商管理

对供应商关系管理流程主要活动的描述反映了 AI 对供应商关系管理流程的理解是比较充分到位的。对供应商管理技术和工具的讨论，深化了供应链管理流程标准没有涉及的内容，特别是对 SRM（供应商关系管理）软件的选择和应用，深入探讨了基于数据驱动的供应商协作、AI、MR 在供应商管理流程的应用，给出了参考的案例。供应商关系管理流程中新增加的内容包括供应链绩效和供应商风险管理，特别是 AI 在供应商风险管理中的应用，丰富和提升了流程标准的内涵。

3.3.1 供应商关系管理流程的主要活动

SRM 是一种全面的方法，用于管理企业与向其供应货物和服务的组织之间的互动。SRM 的目标是简化和改进企业与供应商之间的流程。SRM 通常分为以下几个关键活动。

1. 供应商分级

根据支出、风险、战略价值和对产品质量或业务增长的影响等各种标准对供应商进行分类。

2. 供应商绩效管理

跟踪和衡量供应商的绩效，确保合同履行，并确定改进的领域。这通常涉及建立关键绩效指标（KPI）。

3. 供应商风险管理

识别、评估和缓解与供应商相关的风险。这包括监测财务稳定性、地缘政治风险和其他可能扰乱供应链的因素。

4. 供应商合作

与供应商紧密合作，进行创新，开发新产品或找到提高供应链效率的方法。这可能包括联合开发计划、共同目标或信息交流的合作平台。

5. 合同管理

管理与供应商的合同，确保所有各方遵守条款，并根据需要重新谈判。

6. 信息共享

向供应商提供预测、库存水平和生产计划，以确保他们能够满足需求，并确保供应链透明度。

7. 供应商发展

企业投资于提高供应商的能力，以确保他们能够满足其需求。这可能包括帮助他们改进其流程、质量或成本结构。

8. 合规管理

确保供应商遵守法规要求和行业标准，包括劳工实践、环境法规和安全标准。

9. 成本管理

与供应商合作，通过谈判、批量折扣、长期合同或成本分享安排控制成本的方法。

10. 可持续发展和企业社会责任（CSR）

通过与供应商合作，将企业社会责任和可持续发展融入供应链，以确保道德实践并减少环境影响。

这些活动得到各种工具和系统的支持，包括 SRM 软件、ERP 模块或专门的应用程序，提供一个集中存储供应商信息、绩效指标、风险数据和沟通历史的地方。

对 SRM 的战略性方法有助于企业与关键供应商建立更紧密、更协作的关系，这可以带来相互利益，包括降低成本、提高质量、提高效率、进行创新。

3.3.2　如何定义战略供应商

"战略供应商"是为客户的业务提供至关重要的产品或服务的供应商。这些供应商对于企业的核心运营和整体成功至关重要。虽然将供应商定义为"战略性"的具体标准因组织而异，但以下是许多企业在对供应商进行分类时考虑的一些常见特征。

1. 对产品/服务的重要影响

供应商提供的产品或服务对用户自己的产品或服务的最终质量具有重要影响，成为客户的产品或服务在市场上独树一帜的关键。

2. 支出占比

该供应商的支出在客户的采购预算中占据了重要比例。它们通常是客户公司采购组合中的头号支出类别之一。

3. 不可替代性

供应商提供的产品或服务是独特的或高度专业化的，替代来源有限或根本不存在，这使在没有考虑成本或对业务运营影响较大的情况下切换供应商变得困难。

4. 整合性

供应商高度融入客户的业务流程，可能涉及共享系统、协作规划和联合开发工作。

5. 战略一致性

供应商的能力、技术、服务与客户的战略业务目标之间存在很强的一致性。他们可能有助于提升客户的竞争优势。

6. 长期关系潜力

供应商被视为长期合作伙伴，有稳定的业务关系，双方对彼此的业务成功有共同的兴趣。

7. 供应商创新贡献

供应商通过研发工作、提供新技术或实现产品改进，为企业的创新做出了重大贡献。

8. 风险和合规性

供应商始终符合法规和合规性要求，并积极管理风险，从而保护企业的品牌和声誉。

9. 地缘政治或经济重要性

由于其地理位置、市场准入或在地缘政治或经济中扮演的战略角色，该供应商可能至关重要。

10. 可持续性和企业社会责任

供应商在可持续性、道德实践和企业社会责任方面与客户公司的价值观和目标保持一致。

识别和培育战略供应商对企业的长期成功和韧性至关重要。这个过程通常包括建立更深层次的关系、创建联合价值主张、参与协作创新和将供应商整合到关键业务流程中。

3.3.3　供应商选择的工具和软件

选择供应商涉及多方面的方法，这些方法须结合战略分析和数据驱动的决策。为了完成这一复杂的任务，企业采用了各种工具、技术和软件。

 工具和技术

1. 供应商关系管理（SRM）软件

SRM 系统有助于管理供应商关系，可以包括供应商选择、绩效管理、风险评估和协作功能。

2. 企业资源计划（ERP）系统

许多 ERP 系统都有集成的采购和供应商管理模块，可以用来收集潜在供应商的数据并做出明智的决策。

3. 电子采购平台

电子采购平台提供创建和发送 RFP、RFQ 和拍卖的工具，以及提供根据回复进行比较和评估供应商的工具。

4. 供应链管理软件

供应链管理软件可以分析供应链数据，根据各种物流和供应链标准识别潜在供应商。

5. 商业智能（BI）工具

BI 工具可以处理大量数据，提供有关供应商绩效、市场趋势、支出分析和风险评估的见解。

6. 分析和报告工具

像 SAS、Tableau 或 Power BI 这样的工具可以提供高级分析和可视化，以帮助理解供应商的能力、绩效以及与企业目标的一致性。

7. 数据聚合器和信用评级服务

像 Dun & Bradstreet 这样的服务提供商提供的财务稳定性、信用评级和业务健康状况的数据。

8. 合规和风险管理软件

合规和风险管理软件监控供应商是否符合法规要求，并评估各种风险因素。

9. 质量管理系统（QMS）

QMS 工具有助于评估和监控供应商生产的过程和产出的质量，这对于保持高质量标准至关重要。

10. 协作和沟通工具

像 Microsoft Teams 或 Slack 这样的平台可用于与潜在供应商在选择过程中的沟通。

11. 可持续性和企业社会责任评级平台

像 EcoVadis 这样的工具根据可持续性和企业社会责任标准评估供应商，在供应商选择中变得越来越重要。

12. 第三方数据库和市场情报服务

第三方数据库和市场情报服务提供有关供应商市场、基准数据和行业报告的信息，在供应商选择中是非常宝贵的。

13. AI 和机器学习工具

新兴技术可以预测供应商行为、评估风险，并模拟各种情景下的供应商绩效。

14. 区块链技术

在某些情况下，区块链技术可以用于提高供应链的透明度，追踪材料来源，确保产品的真实性并验证供应商的声明。

这些工具通常被整合到一个综合的供应商选择过程中，该过程可能从收集数据开始，到选择的供应商进入公司的供应系统结束。这些工具的结合提供了对潜在供应商的全面视图，确保选择与公司的战略目标一致。

3.3.4 供应商关系管理（SRM）软件的应用

选择"最佳"的供应商关系管理（SRM）软件可能是主观的，取决于公司的特定需求、规模、行业和预算。然而，业界公认且经常使用的一些 SRM 解决方案包括 SAP Ariba、Oracle Procurement Cloud 和 Coupa。

以下是对市场领先者之一的 SAP Ariba 软件更详细的介绍。

 工具和技术

SAP Ariba 是一种综合解决方案，允许公司通过 Ariba 网络与供应商建立联系，实现更好的协作、采购流程和关系管理。

主要功能

●供应商发现和资格认定：帮助客户找到并吸引新的供应商。客户可以根据各种标准搜索，并根据他们的资料、对 RFP/RFQ 的回复等评估他们。

●采购集成：与采购流程集成，允许从供应商选择无缝过渡到采购订单和合同管理。

●绩效管理：通过记分卡和反馈机制评估供应商绩效，以确保达到关键绩效指标（KPI）和服务水平协议（SLA）。

●风险管理：通过分析供应商数据和市场信号，提供潜在风险的见解，以确保供应链的韧性。

●协作工具：允许直接与供应商沟通，进行订单管理、发票处理和解决问题，使交易透明化。

●合同管理：存储和管理与供应商的合同，提供续约提醒，并确保遵守约定的条款。

●支出分析：提供在公司范围内与供应商的支出的可见性，以识别可节省的机会并提高谈判能力。

工作原理

●集成：SAP Ariba 与现有的 ERP 系统集成，以集中采购流程和供应商数据。

●供应商接入：供应商加入 Ariba 网络，他们可以在那里管理自己的资料并参与采购活动。

●采购活动：采购人员可以在平台上创建 RFP/RFQ 和拍卖，供应商可以对其进行回复，从而实现竞争性投标。

●供应商选择：通过网络收集的数据，根据价格、交货时间、质量和可靠性等各种因素对供应商进行评分和评估。

●采购和合同管理：一旦被选择，供应商就可以通过平台直接接收采购订单并输入合同，从而简化采购流程。

●绩效跟踪：设定绩效指标并随时间跟踪供应商的绩效，以便持续改进并就合同续签或终止做出明智的决定。

●风险评估：持续监控风险因素，并提供警报和建议以降低风险。

● 协作和工作流管理：促进采购团队和供应商之间的协作，管理订单和发票处理的工作流程。

● 分析和报告：提供供应商绩效、按类别支出等详细的分析和报告，以推动战略决策。

SRM系统的有效性不仅在于它提供的功能，还在于它如何在公司内部实施和采用。对于成功的SRM实施，选择的软件应与组织的采购流程、规模和业务策略保持一致。定期培训、数据维护和供应商参与也是充分利用SRM平台潜力的关键因素。

3.3.5 基于数据驱动的供应商协作

基于数据驱动的供应商协作需要建立一个框架，其中数据是所有与供应商有关的互动和决策的核心。以下是确保基于数据驱动的供应商协作的方法。

1. 确立清晰的目标和指标

● 确定协作目标：确定双方通过协作想要实现的目标，如降低成本、进行创新或提高服务水平等。

● 设定关键绩效指标（KPI）：达成明确且可量化的度量标准，用于衡量协作的成功程度。

2. 采用正确的技术

● 投资于技术领域：利用强大的供应商关系管理（SRM）系统，跟踪供应商的绩效、合规性和风险。

3. 确保数据整合

● 双方使用的系统应能够无缝地进行通信和共享数据，确保数据来源一致。

● 实现数据的可访问性和共享。

● 建立数据共享协议：确定将共享哪些数据、多久共享一次以及通过哪些渠道进行共享，以确保透明度。

● 维护数据安全性：确保敏感数据受到保护，并且数据共享符合相关法规。

4. 发展协作文化

● 促进开放式沟通：鼓励采购方和供应商定期互动，讨论绩效数据和改进策略。

● 培养信任和透明度：开放共享数据可以建立信任，但数据将被用于建设性目的而不是惩罚性目的，这一点很重要。

5. 利用数据驱动决策

• 基于数据的问题解决：利用数据识别问题，并协作解决问题，而不是依赖于轶事证据或假设。

• 持续改进：定期审查 KPI，并利用数据推动流程改进，以适应不断变化的市场条件。

6. 监控和调整

• 实时监控：使用仪表板和警报实时监控供应商绩效，以更快地响应任何问题。

• 定期评审：举行定期评审会议，重点放在数据上，并讨论改善合作伙伴关系的方法。

7. 培训和支持团队

• 培训：为客户自己的团队和供应商的团队提供培训，教他们如何使用数据工具并正确解读数据。

• 支持数据驱动文化：确保组织的各个层面都理解数据驱动决策在供应商协作中的重要性。

8. 共同推动创新

• 联合创新计划：不仅利用数据进行监控，还要确定联合创新的机会，如新产品开发或流程改进。

9. 合规性和道德考虑

• 法规合规：始终确保数据收集和共享实践符合所有相关法律和法规。

• 数据的道德使用：合规地使用数据，尊重供应商的保密性和竞争敏感性。

实施基于数据驱动的供应商协作方法需要双方的承诺、对数据价值的文化认同以及支持数据共享。如果做得正确，它可以带来效率的提高、成本的节约，以及与供应商之间更强大、更富有成效的关系。

3.3.6　AI、MR 在供应商选择中的应用与案例

人工智能和机器学习工具越来越多地被用于供应商选择和管理上。它们可以帮助简化流程、提高决策准确性，并提供预测性见解。以下是使用 AI 工具的概述，以及最佳实践案例。

工具和技术

供应商选择和管理的人工智能和机器学习工具

● 预测性分析：这些工具可以使用历史数据预测供应商的风险和绩效。

● 自然语言处理（NLP）：用于分析供应商的沟通、情感，并监测供应商文件中的合规性。

● 机器学习算法：用于识别供应商数据中难以人工发现的模式和见解，通常使用大型数据集。

● 认知采购顾问：通过学习采购数据，提供供应商选择和类别管理建议的 AI 系统。

● 机器人流程自动化（RPA）：用于自动化例行采购任务和管理供应商数据。

● 供应商风险管理平台：使用 AI 持续监测并提供与供应商相关的潜在风险的实时警报。

● 聊天机器人和虚拟助手：处理与供应商的日常查询和交易，增强沟通并释放人力资源用于更复杂的任务。

最佳实践案例：IBM 的认知采购

IBM 是将 AI 整合到其采购流程中的一个典范。

● IBM 的 Watson 人工智能：通过其先进的认知能力，帮助增强供应商选择和管理。IBM 使用 Watson 分析来自各种来源（如供应商数据库、社交媒体和新闻订阅）的大量结构化和非结构化数据。

● 风险和合规分析：Watson 的人工智能能够通过分析市场趋势、财务报告、信用评分和地缘政治因素来评估供应商风险。

● 供应商见解：AI 提供有关供应商可靠性、财务状况、企业社会责任实践等方面的见解。

● 认知采购：通过分析历史数据，IBM 的 AI 可以推荐采购策略、预测结果，甚至自动与供应商进行谈判。

●采购优化：Watson 平台可以通过预测价格、交货时间，并建议何时购买和购买多少来优化采购。

通过使用 Watson AI，IBM 可以减少风险评估所需的时间，提高预测的准确性，并通过智能采购策略实现成本节约。该系统还通过提供详细的绩效分析来促进与供应商之间的战略关系。

这种集成是一个更大趋势的象征，即企业不仅使用 AI 自动化流程，还使用 AI 深入了解供应商绩效和市场动态，从而在供应链管理中做出更为明智和具有战略性的决策。

3.3.7　供应商绩效管理

供应商绩效审查是供应商关系管理（SRM）的关键组成部分，涉及定期评估供应商的绩效与约定的标准和指标相比的情况。

以下是用于供应商绩效审查的一些常见方法。

1. 分数卡和 KPI

●供应商分数卡是一种工具，根据 KPI（如质量、交货、成本和响应能力）量化绩效。

●每个 KPI 都有一个得分，根据供应商相对于预期标准的表现来确定。

2. 供应商审计

●可以定期对供应商进行审计，以评估并确保其遵守合同协议、行业标准和法规要求。

●这些审计可以是计划好的，也可以是突击检查。

3. 绩效指标分析

●对绩效指标（如准时交货率、质量拒收率和沟通响应时间）进行数据驱动分析，用于衡量供应商的绩效。

4. 反馈机制

●可以使用定期会议、调查和反馈工具来沟通绩效期望、讨论问题，并征求与供应商互动的内部利益相关者的反馈。

●360 度反馈：这涉及从组织内与供应商互动的各个部门（如采购、生产、质量保证和应付账款）获得反馈。

●基准比较：将供应商的绩效与行业基准或最佳实践供应商进行比较，

有助于确定改进的领域并设定现实的绩效目标。

5. 质量事件和退货分析

- 跟踪产品退货或质量事件的频率和原因，可以洞察供应商的生产和质量控制过程。

6. 评估与供应商合作的总成本

- 包括与质量不良或交付延迟相关的成本，可以全面了解财务绩效。

7. 合同合规性

- 审查供应商是否遵守合同条款，包括交货时间表、定价和服务水平协议（SLA），以确保合同义务得到履行。

8. 持续改进计划

- 鼓励供应商参与持续改进计划可以带来更好的绩效。供应商可以参与企业改进流程、减少浪费或提高质量的行动。

9. 供应商关系和文化匹配

- 评估供应商与企业文化和价值观的一致性非常重要，特别是在战略合作伙伴关系中。这可能会影响协作和长期关系的可行性。

10. 风险管理

- 评估供应商管理风险的能力，如供应链中断、财务稳定性和网络安全威胁，对于维持韧性供应链至关重要。

11. 纠正措施计划

- 当发现问题时，与供应商合作实施纠正计划，然后审查这些计划的有效性是改进绩效的关键。

这些方法可以根据组织的具体需求和目标进行定制，并经常集成到整个 SRM 系统中，以保持对供应商管理的一致性。定期的绩效审查不仅确保供应商满足当前标准，还有助于发现改进机会，并促进供应商与企业之间的协作关系。

3.3.8　供应商风险管理

供应商风险缓解对于保护供应链的连续性和完整性至关重要。以下最佳实践可帮助企业管理和减轻与其供应商相关的风险。

1. 供应商尽职调查

- 彻底筛选：对新供应商进行全面的背景调查，包括财务稳定性、声誉和运营能力。

- 认证和标准：确保供应商具有相关的行业认证［如 ISO、OHSAS（职业健康安全管理体系）］并遵守合规和监管标准。
- 多个供应商：通过与多个供应商建立关系，避免关键部件或材料对单一供应商的依赖。
- 地理分布：从不同地理位置的供应商采购，以减少地区性中断带来的风险。

2. 合同协议

- 明确的合同：合同条款中包含规定绩效期望、违规处罚和终止条件。
- 灵活性和可扩展性：谈判条款允许根据需求波动进行订单量或时间表的更改。
- 战略合作伙伴关系：与关键供应商建立战略合作伙伴关系，鼓励共同增长和稳定性。
- 定期沟通：保持开放的沟通渠道，以快速识别和解决问题。

3. 风险评估

- 持续监控：使用风险管理软件或工具定期监控和评估与每个供应商相关的风险。
- 风险评分：根据各种因素为供应商分配风险评分，以优先考虑风险缓解工作。

4. 库存管理

- 安全库存：为关键物品保留安全库存，以缓冲供应中断。
- 准时制调整：重新评估准时制策略，考虑缓冲库存和较长的交货周期。

5. 供应链可视性

- 实时数据：实施提供实时供应商绩效和库存水平可见性的系统。
- 端到端透明度：从原材料到交货的整个供应链实现透明化。

6. 业务连续计划

- 应急计划：制订并定期更新涵盖潜在供应商失败的业务连续计划。
- 情景规划：使用情景规划准备并迅速应对中断。

7. 技术整合

- 数据分析：利用数据分析来预测风险，并识别可能影响供应商的趋势。
- 数字工具：利用数字工具进行供应链映射，并监控政治变化或自然灾害等外部因素。

8. 供应商发展

- 能力建设：投资于供应商的能力发展，以满足需求并提高质量。
- 共同风险管理：与供应商合作，识别其自身运营中的风险，并制订共同的缓解策略。

9. 财务健康监测

- 信用监控：关注供应商的信用状况，以预测财务不稳定性。
- 付款条件：制定既保护双方利益又不会造成财务压力的付款条款。

10. 合规和审计

- 法律合规：确保供应商符合所有相关的法律和环境法规。
- 审计和检查：定期进行审计，验证供应商是否符合约定的标准。

11. 供应商应急基金

- 风险池：建立风险池或应急基金，以在危机时为关键供应商提供财务支持。

实施这些实践的组合有助于创建一个能够抵御各种类型风险的韧性供应链。对于企业来说，保持主动、灵活和适应性的风险缓解策略至关重要，以应对供应链风险不断变化的特性。

3.3.9 AI 在供应商风险管理中的应用

人工智能（AI）在供应商风险评分中发挥着变革性的作用，其提供以下功能。

1. 先进的数据分析

AI 能够处理来自多个来源的大量复杂和多样化的数据（结构化和非结构化），这对于准确评估供应商风险至关重要。它可以处理和分析财务记录、社交媒体、新闻媒体、传感器数据等。

2. 实时风险监测

借助 AI，公司可以实时监测风险。AI 系统可以持续扫描新数据并相应更新风险评分，使公司能够比定期手动评估更快地应对潜在问题。

3. 预测分析

AI 可以通过识别历史数据中的模式和相关性来预测未来风险。机器学习模型可以在事件发生之前预测潜在的供应商中断或失败，从而实现积极的风险管理。

4. 划分风险优先级

AI 算法可以根据各种标准为供应商分配风险评分，包括事件发生的可能性和该事件的潜在影响。这有助于公司优先考虑其风险缓解工作并更有效地分配资源。

5. 动态更新风险分析文件

AI 可以随着时间的推移进行调整和学习，根据新信息的可用性或业务环境的变化调整供应商的风险分析文件。这种动态的风险评分方法确保风险分析文件始终是最新的。

6. 模式识别

AI 擅长识别可能指示风险的非典型模式，例如不规律的采购模式、供应商社交媒体情绪的突然变化或财务报告中的差异。

7. 情感分析

通过自然语言处理（NLP），AI 可以评估有关供应商的新闻文章、社交媒体帖子或其他文本数据的情感，这可能是潜在问题的早期指标。

8. 风险聚合

AI 可以将各个维度的风险（如财务、运营、地缘政治和声誉风险）聚合起来，为每个供应商提供全面的风险评分。

9. 定制化

AI 系统可以根据组织的特定风险偏好和业务需求进行定制，允许定制的风险评分模型与公司的战略目标保持一致。

10. 场景分析

AI 可以模拟各种风险场景，了解对供应链的潜在影响，有助于战略规划和制订应急计划。

11. 与区块链的整合

与区块链技术结合使用时，AI 可以验证交易的真实性和可追溯性，从而为风险评估和评分增加另一层保障，确保数据完整性。

将 AI 整合到供应商风险评分中使其具备了传统方法所缺乏的一种复杂性和远见。这种 AI 驱动的方法可以显著增强决策过程和供应链的韧性。然而，值得注意的是，虽然 AI 可以提供强大的见解，但在更广泛的业务环境中，人类的监督仍然至关重要。

3.4 入库物流和物料管理

本节 AI 细化了入库物流和物料管理流程，重点介绍了管理工具与应用软件，比较了主要软件各自的优势，列举了应用的案例，这是对原流程重要的补充，也对不同行业的读者加深对应用工具的理解有所帮助。未来的发展趋势是这些工具和方法论会融入 AI 之中，实现技术"小白"就能够指挥的入库物流流程。

3.4.1 入库物流和物料管理的主要流程

入库物流和物料管理是供应链的关键组成部分，专注于从供应商到制造或加工厂的原材料和零部件的运输和存储。

入库物流：这个术语指的是进入企业的货物的运输、存储和交付。它涉及管理所需生产资源的进入流动。

入库物流的主要活动包括以下内容。

1. 供应商关系管理

- 与供应商协调，确保货物及时准确地交付。
- 谈判合同和交货条款。

2. 订单和采购管理

- 根据生产要求下订单购买原材料或零部件。
- 管理采购订单和时间表。

3. 运输管理

- 安排从供应商处运输货物。
- 选择运输方式和承运商。
- 跟踪货物并确保及时交付。

4. 收货

- 卸载并检查所收到的货物与采购订单是否相符。
- 进行质量检查，确保材料符合所需标准。

5. 库存管理

- 高效存储材料。
- 记录库存水平。
- 当库存水平低于一定点时补充库存。

6. 退货管理

- 处理次品、过剩或不需要的货物，将其退还给供应商。

7. 物料管理

物料管理指的是整合原材料的采购、处理和库存管理的过程，确保在需要时有适量的材料且以最低成本可用。

物料管理的过程和主要活动包括以下内容。

1. 物料需求计划（MRP）

- 根据客户订单和生产计划确定物料需求。
- 计算物料采购的数量和时间。

2. 采购

- 采购材料并选择供应商。
- 价格谈判和合同管理。

3. 库存控制

- 监控库存水平，并决定何时重新订货。
- 实施库存管理技术（如即时制造，ABC 分析）。

4. 仓库管理

- 材料的存储和保存。
- 可有效处理和检索物料，优化仓库空间和布局。

5. 内部物料运输

- 监督从存储区到生产线的内部材料运输。
- 安排和控制材料的流动，以满足生产需求。

6. 废物管理

- 通过优化材料使用来减少浪费。
- 妥善处置或回收废料和副产品。

入库物流和物料管理必须同步进行，以确保材料在组织内的顺畅流动。这是在保持足够的材料，以防止生产延误和尽量降低库存成本之间的平衡，最终目标是创建一个精益高效的流程，能够灵活应对生产需求，同时控制成本并最大化效率。

3.4.2　入库物料管理工具与软件

在仓库或制造设施内部的物料运动跟踪中，公司通常会使用仓库管理系统（WMS）、企业资源计划（ERP）系统和资产跟踪解决方案等的组合。这些软件系统提供了各种功能，有助于物料的高效流动和跟踪。以下是一些例子。

1. 仓库管理系统（WMS Cloud）

● SAP Extended Warehouse Management（EWM）：提供高级仓库管理、物料流控制和批次管理功能，以跟踪和优化内部物料流动。

● Oracle Warehouse Management Cloud（WMS Cloud）：一种基于云的解决方案，旨在管理库存并提供物料位置的实时信息。

● Manhattan Associates（曼哈顿联合）WMS：提供库存可见性和控制、劳动力管理和货位优化，以简化物料流动。

每种仓库管理系统都有其独特的优势和潜在缺点。以下是 SAP EWM、Oracle WMS Cloud 和 Manhattan Associates WMS 的优缺点概述。

SAP Extended Warehouse Management（EWM）

——优点

● 集成：与其他 SAP 产品无缝集成，为已使用 SAP ERP 系统的公司提供统一解决方案。

● 功能性：针对仓库复杂性的先进功能，包括对各种仓库流程、自动化和资源优化的支持。

● 可扩展性：高度可扩展，可管理大容量操作和复杂的供应链需求。

● 全球覆盖：强大的国际能力，如多语言和多货币支持。

● 创新：持续投资于新技术，如物联网、机器学习和先进分析。

——缺点

● 复杂性：实施和定制可能复杂，需要熟练的 IT 资源，可能导致较长的实施时间。

● 成本：由于许可、实施和维护成本相对高，可能比其他解决方案更昂贵。

● 用户界面：用户发现 SAP 界面不太直观，尽管在较新版本中已经有所改善。

Oracle Warehouse Management Cloud（WMS Cloud）

——优点

● 基于云：作为基于云的平台，它节省了基础设施和维护的成本，并且易于扩展。

● 定期更新：作为云原生，确保了定期更新和新功能，无须大量停机或干预。

● 全球能力：像 SAP 一样，它支持具有多种语言和货币的全球操作。

● 集成：可以与其他 Oracle 产品和第三方系统集成，提供在混合 IT 环境中的灵活性。

——缺点

● 对互联网的依赖：作为云服务，需要恒定且可靠的互联网连接。

● 定制：虽然提供配置，但与本地解决方案相比，广泛的定制可能受到限制。

● 数据控制：一些公司可能担心将敏感数据存储在云中的风险，尽管 Oracle 提供了强大的安全措施。

Manhattan Associates WMS

——优点

● 专业化：以 WMS 为重点，提供丰富功能的产品，专为仓库操作量身定制。

● 用户体验：提供用户友好的界面和体验。

● 创新：常常处于 WMS 创新的前沿，引入诸如机器学习和人工智能等技术来提高效率。

● 客户服务：以良好的客户支持和强大的用户社区而闻名。

——缺点

● 集成：虽然可以与其他系统集成，但如果不在其生态系统内，可能不像 SAP 或 Oracle 那样无缝。

● 成本：虽然对中型企业来说成本效益较高，但对较小的操作而言，成本仍可能是一个障碍。

● 复杂的实施：高级功能带来的复杂性可能使实施具有挑战性，没有合适的专业知识。

每种 WMS 都需要根据业务的具体环境进行评估，包括现有的 IT 基础设施、业务规模、复杂性、行业和长期战略目标。企业通常会与顾问合作或使用全面的 RFP 流程，以确保选择最适合其需求的系统。

2. 企业资源计划（ERP）系统

• Microsoft Dynamics 365 供应链管理：结合了 ERP 和 WMS 功能，提供库存的全面概述，并允组织许详细跟踪物料流动。

• Infor CloudSuite Industrial（Syteline）：一种具有强大库存和仓库管理功能的 ERP 系统，允许组织精确跟踪和控制内部物料流动。

3. 资产跟踪解决方案

IBM Maximo：一个集成资产管理工具，包括库存和采购管理，通常用于公用事业和制造等大型行业。

Asset Panda：提供资产跟踪和管理，允许组织实时跟踪资产的位置、状态和移动过程。

IBM Maximo 和 Asset Panda 的主要区别分析如下。

IBM Maximo 和 Asset Panda 都是资产管理系统，但它们满足不同的业务需求，并提供不同的功能。

IBM Maximo

• 概述：IBM Maximo 是一个企业资产管理平台，旨在监控和管理企业资产的生命周期，包括工厂、设备和设施。它是 IBM 商业解决方案套件的一部分，非常适合具有复杂资产管理需求的大型组织。

• 主要功能：

○ 全面的资产生命周期管理

○ 工单管理

○ 服务管理

○ 合同管理

○ 库存管理

○ 采购管理

○ 高级分析和报告功能

○ 与物联网的集成，用于预测性维护

使用案例示例：一家拥有多个工厂的大型制造公司使用 IBM Maximo 来维护其设备。Maximo 跟踪每台机器的性能和维护计划，并使用预测性分析来预测潜在的故障发生。系统安排预防性维护，管理工单，确保符合安全标准，并为备件优化库存水平。

● 优点：

具有资产管理所需的强大和全面的功能集；

适用于大型和复杂操作的可扩展性；

强大的分析和预测性维护功能。

● 缺点：

实施可能复杂且成本高昂；

可能需要对用户进行专门培训；

对于较小的操作而言，具有的功能可能过多。

Asset Panda

● 概述：Asset Panda 是一个高度可定制的基于云的资产跟踪和管理平台。它适用于多个行业，并可从移动设备和桌面访问。它以用户友好性和灵活性而闻名，非常适合中小型企业。

● 主要功能：

○ 使用条形码或 QR 码进行资产跟踪

○ 可定制的资产记录

○ 维护跟踪

○ 签入/签出状态

○ 移动应用程序访问

○ 自定义报告

○ 与 G Suite 和 Microsoft 365 等第三方软件的集成

使用案例示例：一家中小型教育机构使用 Asset Panda 来管理其各个校区的 IT 设备和家具。Asset Panda 帮助他们跟踪哪些资产正在使用，它们的位置在哪里，上次服务时间是什么时候，以及谁负责它们。它还便于资产的轻松审计，并生成保险和监管目的的报告。

● 优点：

灵活性和易于定制；

用户友好的界面，学习曲线较低；

支持从各种设备访问，包括强大的移动功能。

● 缺点：

虽然功能多样，但可能缺乏管理大型或工业资产所需的一些高级功能；

作为基于云的系统，需要互联网连接才能访问全部功能。

总之，IBM Maximo 更适用于具有复杂资产管理需求的大型组织，其需要在各个位置进行深入跟踪、维护和分析。Asset Panda 更适合于寻求易于使用和可定制的系统来跟踪和管理资产，并对价格有灵活要求的中小型企业。

4. 射频识别（RFID）解决方案

Zebra Technologies：提供用于资产跟踪的 RFID 解决方案，可与 WMS 和 ERP 系统集成，实现对设施内物料的实时跟踪。

5. 条形码和扫描解决方案

● Honeywell Intelligrated：提供条形码和扫描解决方案，是一个更大的仓库自动化和跟踪系统套件的一部分。

● 物联网（IoT）平台：

PTC ThingWorx：一种物联网平台，可用于通过连接的传感器和设备跟踪物料和资产。

● 物料需求计划（MRP）软件：

NetSuite：提供全面的 MRP 解决方案，有助于规划、安排和管理内部物料运动和生产过程。

所有这些软件解决方案提供了一系列功能，以确保物料从接收到生产使用的整个内部供应链过程得到高效跟踪和管理。软件选择通常取决于组织的具体需求，例如操作规模、供应链复杂性、与其他系统的集成能力和所需的自动化水平。

3.5 采购流程使用的工具和软件

前面入库流程涉及软件的应用，实际上很多技术应用是比较难划分环节的，所以这里又探讨了采购流程所使用的工具和软件。对主要采购软件的进一步说明可以看出，AI 对软件应用的理解具有一定的深度，AI 给出的案例也具有参考价值。本节的内容对管理者来说可以更好地理解技术，对技术专业人员来说可以加深对管理流程的认识。作者尝试了一下，AI 对技术的说明还可以进一步深化，这也有助于读者自己去做进一步的验证。

3.5.1　采购流程主要应用的技术、工具和软件

采购流程涵盖了供应商评估、采购订单处理、发票处理和合同管理在内的各种活动。为了简化和增强这些活动，可以使用各种工具、技术和软件解决方案。

 工具和技术

1. 企业资源计划（ERP）系统

- SAP Ariba
- Oracle Procurement Cloud
- 微软 Dynamics 365 财务和运营
- Infor CloudSuite 供应链管理

这些系统将各种采购流程与业务运营的其他方面集成在一起，为管理采购任务、财务和供应链活动提供了一个集中平台。

2. 电子采购软件

- Coupa
- Jaggaer
- Ivalua
- Procurify

这些平台提供了一系列采购功能，如供应商管理、电子招标、目录管理、采购订单集成和支出分析。

3. 供应链管理（SCM）软件

- IBM Sterling 供应链
- Epicor SCM
- JDA 软件（现为 Blue Yonder 的一部分）

SCM 软件提供了管理供应商关系的工具，可以是一个更大套件的一部分，其中包括采购功能。

4. 合同管理工具

- DocuSign
- ContractWorks
- Agiloft

这些工具帮助管理合同的生命周期，从创建到执行、续订和存档。

5. 支出分析工具

- SpendHQ
- Basware Analytics
- SynerTrade Accelerate

这些工具帮助组织分析和了解其支出模式，以识别节省机会并改善采购策略。

6. 发票和支付处理工具

- Bill. com
- Concur（SAP）
- Zycus

它们自动化了发票接收、批准工作流程和向供应商的直接支付处理流程。

7. 供应商管理平台

- HICX
- GEP SMART
- Determine（现为 Corcentric 的一部分）

这些平台促进了供应商信息、绩效、风险和合规性的管理。

8. 采购分析和报告工具

- Tableau
- Power BI
- Qlik

这些工具为采购数据提供了高级可视化和分析能力。

9. 电子数据交换（EDI）软件

- TrueCommerce
- DiCentral
- SPS Commerce

EDI 软件使企业间能够电子化交换采购相关文档，例如采购订单和发票。

10. RFP 自动化工具

- RFP360

- Scout RFP （Workday）

这些工具通过简化 RFP 流程，促进了 RFP 的创建、分发和分析。

11. 采购和竞标平台

- Bonfire
- Biddingo
- BidNet

这些平台用于寻找供应商并管理竞标流程。

企业可能会使用这些工具的组合来处理采购过程的不同方面，工具的选择取决于业务的具体需求、规模和性质。这些系统之间的整合也至关重要，它确保了信息的无缝流动，并支持基于数据的决策制定。

3.5.2 主要采购软件的进一步说明与应用案例

电子采购软件简化和自动化采购流程，帮助企业管理支出、简化采购，并实现成本节约。以下分别是 Coupa、Jaggaer、Ivalua 和 Procurify 软件的概述和使用案例。

1. Coupa

- 概述：Coupa 是一款全面的基于云的支出管理平台，提供各种采购模块，包括电子采购、发票处理、费用管理和供应商风险管理。它以友好的用户界面和社区智能而闻名，通过汇总所有用户的匿名数据来帮助企业进行支出管理的基准化和提供改进方案。

- 使用案例：一家跨国公司需要在全球各分支机构之间标准化其采购流程。通过实施 Coupa，他们将采购运营集中化，实时掌握支出情况，利用 Coupa 的社区智能获取更好的交易，并简化供应商合作。

2. Jaggaer

- 概述：Jaggaer 提供先进的支出管理解决方案，特别擅长于采购和供应商管理。该平台可以处理复杂的采购流程，在制造业和高等教育等拥有复杂供应链运营的行业广泛使用。

- 使用案例：一所大学希望现代化其采购系统，以管理广泛的供应商和复杂的服务合同。Jaggaer 的解决方案使该机构能够自动化其采购活动、有效管理合同，并确保符合行业法规。

3. Ivalua

- 概述：Ivalua 以其端到端的采购解决方案而闻名，提供了一整套集成工具，用于支出分析、合同管理、供应商关系管理和采购。它提供了强大的配置选项，被那些寻求可定制采购解决方案的企业所使用。

- 使用案例：一家采购流程分散的大型企业需要一个能够根据其特定需求定制的解决方案。该企业选择 Ivalua，因为它具有可定制性，允许企业配置采购工作流程以适应其独特的流程，从而提高合规性和支出可见性。

4. Procurify

- 概述：Procurify 是一款面向中小型企业的用户友好的基于云的采购软件。它提供了采购订单创建、审批、实时预算跟踪和支出分析等功能，强调用户体验和易用性。

- 使用案例：一家不断增长的初创公司需要实施一个其员工易于接受且不需要大量培训的采购系统。Procurify 直观的界面和简单的采购订单管理流程使其成为理想的选择，可以快速实现采购，并在没有陡峭学习曲线的情况下实现更好的支出管理。

每个电子采购软件都有其优势，并在特定领域进行专业化建设。企业通常选择与其行业、规模和特定采购需求最符合的软件。使用这些平台的目标是提高效率、降低成本，并实现对整个采购流程进行更好的控制和获得可见性。

3.6 AI 采购流程标准检验

本章前面几节的探讨，实际上就是为检验 AI 在采购全流程的应用打下基础，也就相当于对模型的训练。而基于训练再输入流程标准的文字，得出了 AI 对所有流程的对照理解和强化提升的建议，甚至对二级流程的表述也进行了对照说明。这个内容表明，AI 对流程标准的提升没有脱离流程标准的架构，所增加的内容是有参考价值的；在 AI 和大数据时代，流程标准更新的方向就是强化每一个环节的人工智能和大数据分析应用。

3.6.1 AI 和大数据应用如何强化采购流程

采购流程，如供应链管理专业协会（CSCMP）所述，是供应链的关键组成部分。在大数据分析的背景下，这一阶段可以得到显著增强，具体如下。

1. 供应商选择和评估

大数据分析工具可以通过分析与供应商绩效、可靠性和合规性相关的大量数据，帮助评估和选择供应商。这包括历史绩效数据、质量指标、交货时间和对市场变化的反应。

2. 风险管理

通过分析来自各种来源的数据，包括市场趋势、政治和经济指标以及社交媒体，企业可以识别供应链中的潜在风险。这种积极的方法可以促使企业制订风险缓解策略。

3. 成本优化

大数据可以通过分析支出模式、供应商定价和合同条款来识别节省成本的机会。这还包括对运输成本、材料成本和其他运营费用的分析。

4. 需求预测和库存管理

准确预测需求可以确保采购适量的库存。大数据分析可以通过分析市场趋势、销售数据和消费者行为模式更准确地预测需求。

5. 供应商关系管理（SRM）

大数据使企业对供应商的能力和绩效有了更深入的了解。这种洞察力可以改善合作，推动创新，并增加从供应商关系中获得的整体价值。

6. 质量控制

可以通过分析生产过程、供应商材料和质量检查的数据来监控和改善产品质量。

7. 合规性和可持续性

借助大数据，监督供应商遵守法规和可持续性相关标准变得更加容易。企业可以分析与其供应网络相关的环境影响、劳工实践和法规合规的数据。

8. 与物联网和人工智能的整合

在智能供应链中，物联网设备可以提供来自供应商的实时数据，如库存水平、生产速率和装运状态。这些数据与人工智能算法相结合，可以优化采购决策并预测潜在的中断。

总之，在供应链的源过程中，大数据分析在增强供应商选择、风险管理、成本优化、需求预测、供应商关系管理、质量控制和合规性监测方面发挥着关键作用。这些数据与人工智能和物联网等先进技术的整合进一步简化了采购操作，使其更加高效和能够响应市场需求。

3.6.2　AI 对采购战略的理解

根据输入的采购战略流程，AI 具体聚焦在"战略采购"上，对三个关键领域中建议的最低标准与典型的最佳实践流程进行对比，形成以下主要结论。

1. 成本分析

• 建议的最低标准：侧重于质量和价格作为主要组成部分，同时考虑交货时间的变异性和保证供应来源。还包括物流和库存成本的分析。

• 最佳实践：扩展到优化整个供应链的总成本，包括所有成本削减举措和供应商服务成本的影响。它强调一个包括质量故障成本、交货时间和变异性成本在内的全面视角。

2. 采购策略

• 建议的最低标准：鼓励与供应商共享详细的成本分解以确定降低成本的机会，并且仅将可以合理增加成本的部分应用到价格上。

• 最佳实践：涉及系统性的改进举措、联合服务协议，并使用拍卖方式进行间接材料和商品项目的采购。建议利用自动化采购方法和市场情报来进行产品开发。

3. 采购合同管理

• 建议的最低标准：建议与供应商签订合同，要求供应商进行成本改进，并通过持续改进和长期协议来降低采购总成本。

• 最佳实践：建议与供应商建立战略伙伴关系，使用标准化合同以保持一致性，并在合同中包含绩效标准。还建议在合同谈判期间使用具有标记和交换功能的电子文件。

这些标准为企业评估其采购流程与行业最佳实践提供了框架。它们强调了在采购中使用战略性方法的重要性，这种方法超越了直接成本，考虑了通过先进的合同管理、供应商整合和利用技术进行采购，以及采购活动所能实现的总价值和效率改进。

3.6.3 AI 对供应商管理流程标准的理解

供应链中战略采购的标准，重点关注供应商选择、整合、自制与外购决策和团购。以下是简要概述。

1. 供应商选择标准和过程

•建议的最低标准：在 RFI/RFP 流程之前定义选择标准，使用供应商认证计划，并分析供应商能力。

•最佳实践：与潜在供应商共享选择标准，保持选择流程与未来需求的一致性，并让跨职能团队参与供应商资格认定和选择过程。

2. 供应商整合

•建议的最低标准：对单一供应商的数量根据供应商的能力做出限制，并为零部件/物品确定备用来源。

•最佳实践：寻找具有相似能力的单一来源供应商或重复来源，用于不同的零部件/物品，并在整合策略中考虑地理需求和风险评估。

3. 自制与外购

•建议的最低标准：进行年度审查，比较内部制造物品的总成本与采购物品的总采购成本，包括利润贡献分析。

•最佳实践：分析自制物品的 ABC 分类（基于活动的成本核算）和利润，并在自制与外购决策中考虑内部产能利用率和固定开销的影响。

4. 团购

•建议的最低标准：为高价值材料实施团购协议，在内部实施集中采购，并对非战略活动进行外包。

•最佳实践：通过精心协调的所有材料的采购、协作网络和外部"竞合"，最大限度地发挥规模经济和协同效应。

大数据分析可以通过提供对供应商绩效、成本结构、市场趋势和风险概况的深入洞察来进一步提升这些实践。

通过分析大数据，组织可以做出更为明智的决策，预测市场变化，并调整其采购策略，既具有成本效益，又能规避风险。数据驱动的方法还可以识别传统方法无法识别的整合和协作机会。

以下是对供应商管理策略每个要点的详细说明。

1. 供应商策略

● 建议的最低标准：根据绩效目标衡量供应商，进行基准评估以评估流程浪费，并使用供应商评级来确定服务级别协议。

● 最佳实践：培养供应商以履行供应/价值链中的关键角色，使用供应商管理库存（VMI）和寄售协议来优化库存和成本，并利用共享的预测/需求数据。

2. 供应商参与

● 建议的最低标准：鼓励联合改进举措和与头部供应商的积极参与，包括共同开发新产品。

● 最佳实践：认可和奖励供应商的专业知识，在客户满意度方面让所有主要供应商参与，并通过对产品创新的贡献来衡量关系的有效性。

3. 供应商评估

● 建议的最低标准：定期举行评估论坛，设定明确的报告要求，并沟通绩效指标。

● 最佳实践：根据采购总成本和服务水平评估供应商，进行季度审查，并使用实时更新的绩效指标/评分卡。

4. 供应商绩效

● 建议的最低标准：处理延迟或不完整的发货和缺陷，并建立质量保证程序，其中包括质量、成本、时间和服务等绩效指标。

● 最佳实践：力争实现 99.9% 的完整和准时交付，将供应商评级与绩效挂钩，进行相应奖惩。

● 大数据分析可以在增强以下供应商管理流程中发挥重要作用。例如，大数据分析可以用于优化供应商评估，通过收集和分析来自各种来源的数据，公司可以实时、更全面地了解供应商绩效，从而可以更快地进行调整并做出更具战略性的决策；改进供应商绩效监控，大数据可以提供更深入的洞察，包括交货时间、缺陷率和整体供应商绩效，使公司能够主动解决问题；战略性获利分享计划，通过分析绩效数据，公司可以确定可以与供应商共享成本节约或绩效改进的领域，促进双方的合作关系。

5. 供应商关系

● 建议的最低标准：保持双赢理念，根据战略价值区分关系，并在问题发生时应用专业知识，在所有层面保持定期联系。

●最佳实践：在现场拥有供应商专家，建立双方之间的参访项目计划，建立涉及首席执行官和首席财务官级别参与的战略联盟。

6. 工作说明书（SOW）

●建议的最低标准：为主要客户使用标准的 SOW 和当地创建的 SOW。

●最佳实践：有标准化的 SOW 流程，经过各方正式认同，提供流程架构和基于全球视角的指引。

7. 供应商审计

●建议的最低标准：由谈判和批准流程之外的各方进行审计，问题通常在发生时得到解决。

●最佳实践：要求关键供应商完全获得认证，并接受持续的审计，建立结构化的审计流程。

3.6.4 AI 对购买流程标准的理解

1. 重复购买

●建议的最低标准：根据周期性需求使用一揽子采购订单和叫货订单，明确了解供应商的能力。

●最佳实践：自动化日常采购，消除加急需求，并与供应商共享生产计划以确保准确性。

2. 离散采购的授权

●建议的最低标准：根据一套正式的业务规则，允许个人、采购员或管理层授权购买。

●最佳实践：具有系统定义的授权参数，使用购买卡（P 卡）进行控制，并在系统上自动进行授权。

3. 采购功能的有效性

●建议的最低标准：涉及跨职能团队进行采购决策，采购人员进行合同谈判。

●最佳实践：采购人员专注于战略采购，包括参与产品和流程创新，并将整体生产率表达为总成本的百分比。

4. 支付系统

●建议的最低标准：对高交易量供应商使用每月汇总发票和自助开票。

●最佳实践：实施各种结算和支付方法，如自助开票、价格稳定和在线支付，支付基于使用点的消费量。

5. 信息交换、电子商务

●建议的最低标准：主要依赖于自动化系统，采用行业标准格式进行信息交换。

●最佳实践：通过互联网进行全面自动化，使用基于 XML 的标准，并采用兼容条形码和 RFID 系统形成数据格式，输出标签。

大数据分析可以通过以下方式大大影响这些标准。

●通过数据驱动的洞察力更加细致地管理供应商关系，包括供应商绩效、风险和战略价值。

●使用预测分析优化工作说明书，预测未来需求并相应地调整条款。

●利用实时数据和分析提高供应商审计的效率，快速识别和解决问题。

●通过预测分析简化重复采购，更准确地预测需求，减少加急订单的需求。

●利用数据分析，根据市场波动和内部需求动态设置授权级别，自动化采购授权流程。

大数据分析在这些领域的整合可以实现更具战略性的采购、改善供应商合作关系、进行高效的采购操作，最终促进精益和更具响应性的供应链。

3.6.5　AI 对入库物料管理流程标准的理解

1. 信息同步计划

●建议的最低标准：按计划向越库（Cross Docking）设施交付，并在班次结束时直接交付到生产线。

●最佳实践：实施直接入库和按需入库的交付以提高效率，在交付过程中，对产品单元进行顺序排列以便使用。

2. 批量大小、交货时间

●建议的最低标准：优化批量大小和叫货周期以提高存储和运输效率。

●最佳实践：平衡库存、空间、运输和包装成本，并使供应商物流与企业的流程协同。

3. 整体交付协调

• 建议的最低标准：供应商按约定的时间、批量大小和销售条款交付。

• 最佳实践：确保供应商在使用点交付，与生产同步，并控制入库货物的路由决策。

大数据分析可以通过提供方案和预测能力显著增强这些实践，例如：

• 更准确地预测需求，以指导同步计划和批量大小，减少浪费和低效；

• 使用预测分析，基于消费模式和市场波动优化支付系统；

• 通过 RFID 和条形码系统实施高级跟踪和质量控制，确保入库材料的实时可见性；

• 通过分析交通模式、天气数据和其他与物流相关的大数据源更有效地协调交付计划。

这些增强措施有助于实现更具战略意义的采购决策、优化库存管理，并降低整个供应链的成本。

3.6.6　AI 对采购流程标准的更新建议

审查采购流程标准并提供更新建议，需要全面了解人工智能和新数字技术如何应用于提升每个标准流程。以下是各个领域的更新建议。

1. 战略采购

• 人工智能应用：使用人工智能进行预测市场分析，识别未来趋势和风险。这可以通过融入预测性见解来提高供应商选择标准。

• 新工具：引入区块链进行供应商认证和确保绩效历史及安全记录的透明。

2. 供应商管理

• 人工智能应用：部署高级分析实时监测供应商绩效。人工智能还可以促进动态供应商评级系统，根据持续的绩效指标进行调整。

• 新工具：利用集成人工智能的供应商平台为供应商提供预测订单和绩效反馈。

3. 采购

• 人工智能应用：引入机器学习算法建立动态定价模型，确保采购功能根据历史数据和市场情况获得最佳价格。

●新工具：采用数字孪生技术模拟采购生态系统，实现场景分析和战略决策。

4. 支付系统

●人工智能应用：使用人工智能自动化处理发票和对账，减少错误并加快支付周期。

●新工具：实施智能合同，根据交付确认自动执行支付，提高效率和信任。

5. 入库物料管理

●人工智能应用：利用物联网和人工智能进行更智能的库存管理，利用传感器和分析来优化库存水平和预测补货需求。

●新工具：采用与供应链管理平台集成的先进仓储管理系统，实现无缝运营。

6. 供应商审计

●人工智能应用：使用人工智能驱动的审计工具持续分析供应商数据流，实时识别异常或合规问题。

●新工具：使用基于云的审计平台，实现与供应商的协作审计，减少现场审计的需求。

7. 重复采购

●人工智能应用：实施需求预测工具，利用人工智能优化订单数量和频率，最小化过剩库存和短缺情况。

●新工具：数字采购平台可以集中重复采购，提供一站式自动重新订货服务。

8. 离散采购授权

●人工智能应用：使用人工智能根据预算和政策限制分析采购请求，自动批准日常采购。

●新工具：移动采购应用程序可以实现随时随地的授权，具有内置的合规检查和支出分析功能。

9. 供应商关系

●人工智能应用：使用自然语言处理分析与供应商的通信和互动数据，增强关系管理。

●新工具：集成项目管理和供应商互动的协作平台，理顺联合行动。

10. 整体交付协调

●人工智能应用：利用人工智能进行路线优化和预测交货时间，考虑交通、天气和承运商绩效等因素。

●新工具：实时运输可见性平台可以提供端到端的跟踪和交付协调。

实施这些更新建议需要对当前的流程和系统进行彻底评估，确保对数字化转型做好兼容性和准备工作。最终目标是创建一个具有韧性、响应灵活、智能化的供应链，充分利用人工智能和数字技术的优势，以满足市场需求并推动运营卓越。

3.6.7　AI 对采购流程二级流程标准的更新建议

供应链管理中的采购流程结合人工智能、大数据分析和可持续性考虑因素，将会对其子流程进行一些战略性的增强。以下是根据 CSCMP 标准，将这些技术和考虑因素整合到采购的每个子流程中的详细说明。

1. 供应商识别与选择

●人工智能和大数据：利用先进的数据分析更全面地评估潜在供应商。这可能包括分析历史绩效数据和市场趋势，进行风险评估。人工智能算法可以预测供应商的可靠性、财务稳定性以及与公司需求的兼容性。

●可持续性：将可持续性指标纳入选择标准。根据其环境影响、碳足迹和遵守道德劳工实践等方面评估供应商。

2. 供应商评估与合同谈判

●人工智能和大数据：实施预测性分析来预测供应商的绩效和风险。根据市场情况和历史数据，使用人工智能驱动的工具建立动态定价模型和进行合同优化。

●可持续性：对可持续性条款的合同进行谈判。确保供应商致力于可持续的实践，并在能源效率、减少废物和道德采购等方面持续改进。

3. 供应商关系管理

●人工智能和大数据：部署人工智能实时监控供应商绩效。利用大数据深入了解供应商运营、质量控制和遵守协议标准的情况。

●可持续性：定期评估并与供应商合作，实现可持续发展目标。利用数据驱动的理念确定环境改进和联合倡议的领域。

4. 供应商绩效评估

• 人工智能和大数据：使用先进的分析方法持续监测和评估供应商的绩效。实施基于人工智能的工具进行实时反馈和积极解决问题。

• 可持续性：纳入可持续性绩效指标。定期审计供应商的环境和社会影响，并通过数据驱动的促进改进。

5. 供应商发展

• 人工智能和大数据：与供应商合作，在其流程中实施人工智能和大数据解决方案，提升整体供应链效率。分享见解和分析方法，实现互惠互利。

• 可持续性：与供应商合作发展更可持续的实践。分享减少环境影响和促进循环经济原则的最佳实践和技术。

6. 采购执行

• 人工智能和大数据：利用人工智能自动化采购流程，提高效率并减少错误。利用大数据进行更好的需求预测和库存管理。

• 可持续性：选择可持续的采购选项，如环保材料和节能产品。鼓励供应商采用绿色包装和物流解决方案。

总之，在采购流程中整合人工智能和大数据分析可增强决策、提高效率、进行风险管理，而对可持续性的关注则确保供应链对环境和社会目标产生积极影响。这种全面的方法不仅提高了采购的有效性，还将其与更广泛的企业责任和可持续性目标保持一致。

3.6.8 AI 和大数据在采购流程应用的流程图

基于 AI 给出的十点采购流程标准更新建议创建一幅图像。这是一张示意图（见图 3-1），概括了人工智能和数字技术在供应链管理的各个方面的整合。每个部分都以相关的图标和插图进行视觉呈现，与我们讨论的十个要点相吻合，并针对业务背景进行了定制。

需要指出的是，这个流程图只能表达一个大致的方向，还是一个"模糊概念"，所以图形演化还需要一个过程。

图 3-1　AI 生成的采购流程示意

第 4 章
AI在供应链制造流程中的应用

本章摘要

本章从AI对制造流程的理解和定义入手，检验了AI在新产品开发流程、精益制造流程的应用，特别是更新了丰田精益制造的典型案例，介绍了制造流程主要应用的关键与技术工具，预测了包括3D打印、区块链技术应用等制造业自动化对未来制造流程的影响，基于供应链流程标准，AI提出了流程更新的具体建议。AI对制造流程的理解超出了制造过程本身的范畴，但对主要流程和定义的理解是符合供应链流程标准的，AI更侧重技术应用和工具，给出的主要提示和建议丰富了流程标准的内涵，具有较强的前瞻性和应用参考价值。

4.1　AI 对制造流程的定义和理解

> 本节检验了 AI 对供应链流程标准中制造流程的理解和定义。从中可以发现，AI 的理解基本符合流程标准原文的解释。从技术应用的角度，对于每个制造流程，数字技术和人工智能都可以在提高效率、质量和灵活性方面发挥重要作用。例如，产品工程可以通过计算机辅助设计（CAD）和仿真软件来增强，而合作伙伴关系则可以通过协作平台和虚拟项目管理工具来促进。

4.1.1　AI 如何理解制造流程

按照 CSCMP 供应链流程标准，制造流程包括产品工程（3.1）、合作与协作（3.2）、产品或服务定制（3.3）、制造过程（3.4）、精益制造（3.5）、制造基础设施（3.6）、支持流程（3.7）7 个二级流程。

AI 给出的流程理解如下。

供应链的制造阶段指的是实际产品的生产，涵盖了以下几个关键组成部分。

（1）产品工程（3.1）：涉及产品的设计和开发，侧重于满足客户需求的规格，同时满足成本效益要求。

（2）合作与协作（3.2）：这是与供应商、合作伙伴甚至客户密切合作，优化制造流程、加强产品开发的过程。

（3）产品或服务定制（3.3）：这是定制产品或服务以满足特定客户需求的过程，可能涉及模块化设计或灵活的制造系统。

（4）制造过程（3.4）：这是指用于生产特定产品的操作或流程序列，可能包括装配、加工、处理和测试。

（5）精益制造（3.5）：一种方法论，侧重于在生产系统内最小化浪费，同时最大化生产效率。

（6）制造基础设施（3.6）：这包括制造所需的物理和组织结构，如设施、设备和技术系统。

（7）支持流程（3.7）：这些是辅助核心制造活动的额外流程，包括维护、排程、库存控制和质量保证。

数字制造技术（如3D打印）使定制变得更容易，这种技术可以实现具有成本效益的小批量生产。人工智能可以通过预测性维护和质量控制来优化制造过程，而精益制造倡议可以通过实时数据分析来支持持续过程改进。

制造产品的基础设施可以通过物联网（IoT）的集成得到显著改善，实现智能化工厂，其中设备和机器能够相互连接并进行通信。支持流程通过自动化常规任务和先进的排程算法来获益，确保资源的有效利用。

总之，数字化和人工智能时代为供应链管理的"制造"阶段提供了大量机会。实施这些技术可以带来更具响应性、适应性和高效的生产系统。

4.1.2　AI 对制造流程定义的更新

在供应链管理中，制造流程也称为制造或生产过程，指的是将原材料或零部件转化为成品的所有活动。这包括生产活动的规划、调度和控制，确保产品按规格、数量、时间正确地制造，并且资源利用效率高。

制造流程的关键组成部分可能包括以下内容。

（1）生产计划：确定生产什么、生产多少以及生产顺序。

（2）调度：为生产所需的资源（如机器和劳动力）和时间进行分配。

（3）制造：创造产品的物理过程，可以包括流水线、批量生产或一次性生产。

（4）质量控制：确保产品符合要求的标准和规格。

（5）维护：保持机器和设备良好的工作状态，以避免停机和低效。

（6）库存管理：控制材料和产品的存货，以满足生产需要，而且不会过量。

考虑到数字化和人工智能时代，可以将以下几个方面融入制造流程中。

（1）预测性分析和人工智能：利用数据分析和机器学习来预测维护需求、优化生产计划和提高质量控制。

（2）工业物联网（IIoT）：将机器和设备连接起来，收集它们的运行和性能数据，以便进行更好的监测和优化。

（3）3D打印：用于快速原型制作和灵活生产，可以实现具有成本效益的定制化生产或复杂零部件的生产。

（4）机器人技术和自动化：实施先进的机器人技术来处理重复性任务，提高生产速度，减少人为错误。

（5）数字孪生技术：创建物理资产的数字副本，通过虚拟试验模拟、预测和优化制造过程。

（6）智能工厂：完全集成和连接的制造环境，利用数据、人工智能和自动化进行自我优化。

（7）高级人机界面（HMI）：直观的界面，以实现操作员和设备之间更好的交互。

（8）网络安全：强大的安全协议，保护制造运营的完整性和连续性，免受网络威胁。

将这些元素融入"制造"流程可以提高运营效率、降低成本、提高产品质量，并在制造操作中提供更大的灵活性。这种转变是更广泛地向工业 4.0 转变的一部分，工业 4.0 以数据和机器学习为驱动力，具有智能和自主系统。

4.2 AI 如何在新产品开发流程中应用

在数字化时代，AI 和大数据分析如何应用于新产品开发全流程，本节的内容具有重要的参考价值。如何让新产品在"出生"之前就做一个全生命周期的模拟，这个只有凭借 AI 和大数据分析来实现。记得以前某品牌手机的新产品开发部，专门请了一批"体验专家"完成客户体验。现在看来，使用 AI 和大数据分析的客户体验就不是几个人能替代的了。软件和工具具有更高的效率，可以看到 AI 给出了新产品开发的技术工具和软件。需要说明的是，目前作者的检验只是停留在概念说明的浅层次阶段，这些内容还可以进一步深入探讨。

4.2.1 AI 在新产品开发流程中的应用及案例

人工智能（AI）已经成为各行各业新产品开发（NPD）中的一股变革力量。利用人工智能，企业可以加速开发过程，根据消费者偏好定制产品，并优化设计和功能。以下是人工智能在新产品开发中的应用及一些最佳实践案例。

（1）市场分析和趋势预测：AI算法可以筛选海量市场数据，识别新兴趋势，帮助企业开发符合未来市场需求的产品。

（2）客户偏好：AI工具可以分析客户反馈、社交媒体和网站评论，收集消费者偏好，这些信息可以指导新产品的设计。

（3）设计优化：由AI驱动的设计探索所有可能的解决方案，快速生成设计替代方案，并从每个迭代中学习，以识别最佳设计选项。

（4）原型和模拟：AI可以模拟新产品在各种条件下的性能，减少需要建立和测试的物理原型数量，节省时间和资源。

（5）开发工具的预测性维护：AI可以预测用于产品开发的设备何时可能会出现故障或需要维护，从而最小化停机时间和开发过程中的中断。

（6）新产品上市的供应链协调：AI可以预测新产品库存的最佳数量、预测最佳分销渠道，并规划新产品上市的供应链。

AI在新产品开发流程中的最佳实践案例如下。

1. 汽车行业

一家主要的汽车制造商使用AI分析客户数据和市场趋势，预测未来汽车模型中最受欢迎的功能和设计。AI还协助优化车辆的设计，以实现空气动力学、燃油效率和安全性，同时缩短从概念到生产的时间。

2. 消费电子

一家领先的智能手机公司利用AI处理全球销售数据、社交媒体情绪和移动应用程序使用趋势，确定客户最想要的功能。这些信息用于优先考虑NPD项目，确保新型号符合市场预期的需求。

3. 时尚零售

一家国际时尚品牌应用AI分析社交媒体、当前时尚展示和消费者行为数据，预测未来的时尚趋势。这些洞察力指导新的服装系列的设计和生产，与预测的趋势保持一致，增加市场成功的可能性。

4. 制药业

一家制药公司利用 AI 驱动的数据分析来识别潜在的药物候选者，并预测它们的功效和安全性特征，显著加速了药物发现和开发过程。

5. 食品和饮料

一家食品和饮料公司采用 AI 分析消费者的饮食习惯、配料趋势和口味特点，开发符合新兴饮食偏好和健康趋势的新产品。

在这些案例中，AI 不仅有助于创建更受欢迎的产品，还降低了将这些产品推向市场所需的时间和成本。通过在 NPD 过程中实施 AI，这些公司展示了他们在各自行业中的敏捷性、效率性和竞争力的提升。

4.2.2　AI 在新产品开发中用于市场分析与预测

新产品开发（NPD）中的人工智能市场分析和趋势预测涉及收集和分析大量数据，以发现能够指导产品战略的模式、相关性和趋势。这个过程通常利用机器学习算法、自然语言处理（NLP）和预测性分析。以下是它的一般概述，然后是一个案例研究。

人工智能如何进行市场分析和趋势预测？

1. 数据收集

AI 系统从各种来源收集数据，如社交媒体、搜索引擎、在线论坛、消费者评论、销售数据等。

2. 自然语言处理（NLP）

AI 利用 NLP 来理解和解释数据中的人类语言，识别情感、讨论主题和消费者意见。

3. 模式识别

机器学习算法分析数据，以识别可能指示新兴趋势或消费者行为变化的模式。

4. 预测性分析

利用历史数据，AI 可以预测未来的市场趋势，帮助企业预见消费者需求的变化。

5. 高级数据可视化

高级数据可视化工具将复杂的数据集转化为可理解的视觉格式，使决策者更容易理解。

案例研究：欧莱雅利用 AI 进行市场分析和趋势预测

1. 背景

● 全球化妆品品牌欧莱雅利用 AI 进行市场分析和趋势预测，以引领美容流行趋势和消费者偏好。

2. 数据收集和分析

● 欧莱雅收集各种数据，包括社交媒体平台、美容论坛和客户评论。

● 该公司使用 AI 工具筛选数据，识别美容行业的热门关键词、标签和短语。

3. 预测建模

● 借助预测模型，欧莱雅可以预测新兴美容趋势，甚至预测未来的色彩偏好或护肤需求。

4. 产品开发

● 从 AI 分析中获得的洞见直接用于产品开发，指导新产品的设计，以满足预测的消费者需求。

5. 市场营销策略

● AI 为欧莱雅的营销策略提供洞见，确保营销活动与当前和未来的市场趋势保持一致。

6. 结果

● 欧莱雅基于人工智能的市场分析使公司能够在产品开发方面保持积极性，它往往是第一个推出符合最新流行趋势产品的公司。这有助于欧莱雅在竞争激烈的美容行业中保持其市场领先地位。

7. 主要优点

● 使用人工智能缩短了趋势分析的过程，从几个月缩短到几天，为欧莱雅带来了显著的竞争优势。

- 公司可以根据消费者情绪和市场变化迅速调整其产品组合。
- 通过率先进入市场，欧莱雅可以在趋势出现时抓住机会，而不是被动跟随。

这个案例研究展示了人工智能在识别和预测市场趋势方面的强大能力，使欧莱雅等公司能够创新并保持行业领先地位。

4.2.3　新产品开发中使用的技术和工具

新产品开发（NPD）是一个复杂的过程，结合了商业战略、创造力和先进技术，将新产品推向市场。以下是在 NPD 中使用的一些关键工具和技术。

 工具和技术

1. 项目管理软件

- Atlassian JIRA、Asana 或 Microsoft Project 等工具帮助管理时间表、资源和从构思到推出的项目阶段。
- 产品生命周期管理（Product Lifecycle Management, PLM）系统：

Siemens Teamcenter、PTC Windchill 或 Autodesk Fusion Lifecycle 等 PLM 软件提供了管理产品整个生命周期的框架。

2. CAD 软件

- Autodesk AutoCAD、SolidWorks 或 Creo 等软件用于设计产品和创建数字原型。

3. 计算机辅助工程（Computer Aided Engineering, CAE）工具

- CAE 软件用于产品的模拟、验证和优化。ANSYS、COMSOL Multiphysics 和 Siemens NX 是常用的选择。
- 3D 打印和快速原型制作：

光固化和熔融沉积建模等技术可快速制作原型，进行测试和验证。

4. 客户关系管理（CRM）系统

- Salesforce 或 HubSpot CRM 等工具用于收集客户反馈和洞察，

这些洞察对 NPD 决策至关重要。

5. 市场研究工具

● Nielsen 或 Kantar 等平台提供市场数据，可以突出潜在机会或客户需求。

● 数据分析和商业智能平台：

Tableau、Qlik 或 Power BI 等工具用于分析市场趋势、客户行为，并预测新产品的潜在成功。

6. 客户之声（Voice of Customer，VoC）计划

● Qualtrics XM、Medallia 或 Confirmit 捕获客户反馈和情感，对产品设计和改进至关重要。

7. 创新管理软件

● Spigit 或 Brightidea 等平台帮助管理创新过程，允许员工或客户提出和评估想法。

8. 协作和沟通工具

● Slack、Microsoft Teams 或 Google Workspace 促进跨不同团队和地理位置的沟通与协作。

9. 供应链管理（SCM）软件

● SAP SCM 或 Oracle SCM Cloud 等解决方案帮助规划产品开发早期的生产和分销。

10. 原型软件

● Adobe XD、Sketch 和 InVision 用于创建产品设计和模型，特别适用于数字产品。

11. 人工智能和机器学习平台

● IBM Watson、Google AI 或 Microsoft Azure AI 等人工智能工具可以分析数据并预测趋势，从而指导产品开发过程。

12. 环境影响软件

● 生命周期评估（Life Cycle Assessment，LCA）软件等工具可用于评估新产品的环境影响，这对可持续产品开发越来越重要。

13. 法规合规工具

● 对于医疗保健和金融等行业，像 Master Control 或 Veeva Systems 这样的工具确保新产品符合法律和监管标准。

这些工具和技术的结合促进了更高效、数据驱动和以客户为中心的 NPD 过程，使企业能够有效创新并更快地将成功的产品推向市场。

4.3 AI 在精益制造中的应用

当年，在与供应链流程标准第一版主要起草者凯特维塔舍克（Kate Vitashek）交流的时候，我曾问她搞物流的人如何定义制造流程的标准，她说这部分主要借鉴了大野耐一的丰田生产方式，将"精益"的哲学渗透到整合流程。到了 20 年之后的今天，数字化时代的"精益"会是怎样一番景象？本节的验证中，AI 给出了"精益哲学"在数字化时代演进的解释，给出了数字化精益的概念、工具和应用案例，也说明了丰田数字化精益的最佳实践体现了数字化精益流程的"与时俱进"。

4.3.1 精益哲学在 AI 和大数据时代的演进

在制造供应链中，使用了各种管理工具和技术来提高效率、优化运营并确保产品质量。以下是对精益哲学如何融入其中以及即将出现的新发展的概述。

制造中的精益哲学和方法论：精益生产原则侧重于以更少的工作为客户创造价值，并消除浪费。

- 确定价值：从客户的角度了解客户所重视的内容。
- 绘制价值流：分析当前为将产品带给客户所需的材料和信息流，消除任何不增加价值的内容。
- 创建流程：确保增加价值的步骤按照紧密的顺序进行，以减少交货时间和浪费。
- 建立拉动：建立只在客户需要的数量和时间上进行生产的系统。
- 追求完美：不断寻找接近理想状态的方法，其中每项活动都增加价值并消除浪费。

精益制造的最新发展如下。

1. 数字化精益

将精益原则与 ERP、MES 和数据分析等数字工具相结合，以获得更好的洞见并进一步消除浪费。

2. 精益六西格玛

将精益生产技术与六西格玛对质量控制的关注相结合，以提高流程速度并减少变异性。

3. 智能制造

使用人工智能、机器学习和机器人技术等工业 4.0 技术自动化和优化制造过程，使其更加高效。

4. 可持续精益

将精益哲学扩展到包含可持续发展目标，减少环境影响的同时提高运营效率。

5. 敏捷制造

将敏捷开发原则应用于制造，提高灵活性、适应性和对客户需求变化的响应能力。

精益方法的不断演进和技术的整合有助于企业在动态制造环境中保持竞争力和灵活性。有效地将精益思维与最新的技术趋势相结合的组织通常更易于满足市场不断变化的需求并保持运营卓越。

4.3.2 AI 如何定义数字化精益

数字化精益是一种将传统精益原则与数字技术相结合的方法。它本质上是将专注于消除浪费和提高效率的精益方法与现代数字工具和实践相结合，以增强精益计划的能力。

以下是数字化精益的一些关键组成部分和优势。

1. 数字化精益的组成部分

- 数据分析和大数据：利用大型数据集来获取有关运营效率和客户行为的见解。

- 物联网（IoT）：使用连接的传感器和设备从机器和设备收集实时数据。

- 云计算：利用云端提供的灵活、可伸缩的计算资源，可随需求访问。

- 人工智能和机器学习：应用人工智能算法优化流程并预测未来结果。

- 自动化和机器人技术：实施机器人流程自动化（RPA）和其他形式的

自动化，以代替重复性任务。

- 先进的仿真和数字孪生：创建物理资产或系统的数字副本，以模拟和分析性能。

2. 数字化精益的优势

- 增强决策能力：实时数据和高级分析支持更加明智和更快速的决策。
- 提高可见性和透明度：数字工具清晰地显示从供应链到生产车间的运营情况。
- 更高的灵活性：数字精益组织可以更快地对客户需求变化或供应中断做出响应。
- 提高质量和一致性：数字技术有助于保持高质量并减少产品和流程的变异。
- 减少浪费：数字解决方案更有效地识别和消除浪费，无论是在材料、时间还是人力方面。
- 持续改进：数字技术提供的反馈循环促进持续改进和创新。

数字化精益代表了传统精益的运营重点与数字技术的变革力量之间的协同作用。通过将这两个领域结合起来，组织可以创建一个更具响应性、高效率和客户关注度的运营模式。

4.3.3　数字化精益工具及示例

数字化精益工具是利用数字化技术来强化精益管理原则的应用，旨在优化流程、减少浪费，并提高各项业务操作的效率和生产率。

数字化精益将传统的精益生产原则（侧重于减少浪费和改善生产流程）与现代数字技术相结合。这种协同作用旨在进一步提高效率、降低成本并简化流程。数字化精益整合了数据分析、物联网（IoT）、自动化和机器学习等工具，以实现这些目标。

数字化精益的详细解释如下。

1. 数据驱动的决策

- 数字工具捕获和分析大量数据，以识别模式和效率低下之处。
- 实时数据有助于做出明智的决策，减少浪费并改进流程。

2. 自动化和机器人技术

- 机器人和自动化系统接管重复性任务，使工人可以专注于复杂和增值的活动。

- 自动化用于优化流程并减少生产中的变异性，这是精益原则的关键。

3. 预测性维护

- 物联网设备监视机器的状况，预测可能出现的故障。
- 这减少了停机时间，并符合精益目标中的"一次性完美质量"。

4. 定制和灵活性

- 数字技术提供了适应客户需求变化的敏捷性，且交货周期最短。
- 先进的数字调度工具支持精益的"及时生产所需"（Just-In-Time production）原则。

5. 增强的协作

- 基于云的平台和协作工具改进了团队和部门之间的沟通，这对精益的持续改进至关重要。

以下是这类工具及示例。

工具和技术

1. 制造执行系统（MES）

- 目的：实时跟踪和控制制造过程。
- 示例：西门子 SIMATIC IT、GE Proficy、Rockwell FactoryTalk。

2. 企业资源计划（ERP）系统

- 目的：集成核心业务流程，通常由数据库管理系统实时维护。
- 示例：SAP ERP、Oracle NetSuite、Microsoft Dynamics 365。

3. 客户关系管理（CRM）系统

- 目的：管理公司与现有和潜在客户的互动。
- 示例：Salesforce、Microsoft Dynamics CRM、HubSpot CRM。

4. 供应链管理系统

- 目的：改善和自动化供应链；提供对供应链的可视化控制，以改善预测和资源分配。
- 示例：JDA Software（Blue Yonder）、Kinaxis RapidResponse、Epicor SCM。

5. 物联网（IoT）平台

- 目的：连接设备以收集和交换数据，以实现更好的监控和决策。

- 示例：PTC ThingWorx、GE Predix、西门子 MindSphere。

6. 产品生命周期管理（PLM）工具

- 目的：管理整个产品生命周期。

4.3.4　丰田数字化精益的最佳实践

丰田因其丰田生产体系（TPS）而闻名——这是精益生产的前身，同时也是数字化精益实践的先驱。

1. 智能物流

- 丰田在其物流和供应链中实施了先进的实时跟踪系统。这大大降低了库存水平，并改善了物料流动。

2. 预测性分析

- 通过使用传感器和数据分析，丰田实现了预测性维护，减少了意外的设备故障和维护成本。

3. 自动化

- 采用自主机器人完成物料搬运和精密装配任务，提高了效率并减少了浪费，这是精益目标的核心。

4. 人机协同

- 丰田开发了与人类工作者一起工作的协作机器人，将人类的灵活性和解决问题的能力与机器的精确性和耐力相结合。

5. 改善2.0

- 将数字工具纳入其改善（Kaizen）实践中，使其能够更有效地收集和分析数据，从而实现更明智和更快速的改进周期。

丰田成功实施数字化精益后，其运营效率、生产率和质量均取得了显著提高，同时保持了灵活性和对客户需求的响应能力——这证明了将精益原则与数字技术相结合的有效性。

4.4　制造流程使用的软件工具与技术

AI和大数据分析在制造流程甚至是全部供应链流程中的应用，都离不开软件工具和技术。AI列举了制造流程中的主要工具，特别是对不同的 ERP 系统进行了对照评价，也对主要的设计、制造和工程软件进行了对照评价。在大数据时代，供应链管理者必须对技术有所了解和把握，虽然未来的时代我们的大脑能指挥 AI 就行，但这个时代还有一段时间才能来临。所以，还是跟着 AI 去学点"技术"吧。

4.4.1　高级分析和机器学习在制造供应链管理中的应用

高级分析和机器学习（ML）在制造供应链管理中变得日益重要，用于优化运营、预测维护需求和完善产品设计。

以下是它们的应用方式以及三个主要系统的概述：IBM Watson、Google Cloud AI 和 Microsoft Azure AI。

应用方式如下。

（1）高级分析和机器学习的应用。

（2）预测性维护：通过分析操作数据、传感器读数和历史维护记录，ML 模型可以预测设备何时可能需要维护，从而减少停机时间和维护成本。

（3）供应链优化：ML 算法分析供应链数据，优化库存水平、预测交货时间、改进需求预测并识别风险，确保高效和及时的运营。

（4）产品设计改进：通过分析客户反馈和产品性能数据，ML 可以提供洞见，以改进产品设计、根据客户需求定制产品，并识别可以指导未来开发的趋势。

主要系统的概述如下。

1. IBM Watson

——概念

● IBM Watson 提供一套 AI 和机器学习服务，可以分析复杂数据、理解自然语言，并提供洞见，以增强制造供应链管理中的决策过程。

——优点

● 强大的自然语言处理能力。

● 面向各个部门的行业特定解决方案，包括制造业。

● 强大的安全性和数据治理功能。

——缺点

● 非技术用户的学习曲线可能较陡。

● 实施和运营成本可能较高。

——最佳实践案例

● 汽车制造商可能使用 IBM Watson 来分析保修数据，检测与故障相关的模式，并将该信息反馈到设计和生产中，以减少未来的缺陷。

2. Google Cloud AI

——概念

● Google Cloud AI 提供一系列机器学习服务和预训练模型，可以进行定制，有助于分析制造数据，以预测趋势、优化运营并增强产品设计。

——优点

● 可以快速部署的高级 AI 工具和预训练模型。

● 结合谷歌的大数据工具，具有强大的分析能力。

● 高度可扩展且按需付费的定价模型。

——缺点

● 与非谷歌服务的集成可能需要额外的工作量。

● 在规模化时，平台可能成为成本密集型。

——最佳实践案例

● 一家消费电子公司使用 Google Cloud AI 来预测不同地区的产品需求，从而实现更好的库存管理和供应链规划。

3. Microsoft Azure AI

——概念

Microsoft Azure AI 提供了一套全面的 AI 工具和服务，包括机器学习、知识挖掘、AI 应用和代理，可用于增强制造流程。

——优点

- 与其他许多组织已经使用的 Microsoft 产品很好地集成。
- 提供 Azure 机器学习工作室友好的用户界面。
- 对于制造业至关重要的 IoT 应用提供强大支持。

——缺点

- 在构建自定义机器学习模型时可能变得复杂。
- 使用的服务越多，成本可能会越高。

——最佳实践案例

- 一家工业机械制造商可以利用 Azure AI 分析传感器数据来预测机器故障，从而实现主动维护并减少计划外停机时间。

总之，高级分析和机器学习为制造供应链带来了转变的可能性，提到的每个系统都具有强大的功能，但也可能存在潜在的限制。在 IBM Watson、Google Cloud AI 和 Microsoft Azure AI 之间的选择将取决于具体的业务需求、现有基础设施、专业知识和组织的战略方向。最佳实践案例展示了这些系统的实际应用，展示了它们如何应用于解决实际问题，并为制造业的运营增加价值。

4.4.2　制造供应链中的管理软件工具和技术

 工具和技术

1. 企业资源计划（ERP）系统

- SAP ERP、Oracle NetSuite 或 Microsoft Dynamics 365 等解决方案提供了整个业务流程的全面概览，集成了库存管理、订单处理和生产计划等功能。

2. 制造执行系统（MES）

- 像西门子 SIMATIC IT、达索系统 DELMIA Apriso 或 Rockwell Automation FactoryTalk 这样的 MES 用于实时跟踪工厂车间，监控生产并确保质量控制。

3. 供应链管理（SCM）软件

- JDA Software（现在是 Blue Yonder 的一部分）、Epicor SCM 或 Kinaxis RapidResponse 等工具有助于需求规划、供应商管理和物流。

4. 仓库管理系统 (WMS)

● 这些系统控制和管理仓库的日常运营。WMS 指导库存的接收和上架，优化订单的拣选和发货，并提供建议进行库存补充。主要 WMS 软件包括 SAP Extended Warehouse Management（EWM）、Oracle Warehouse Management、Manhattan Associates WMS。

5. 运输管理系统 (TMS)

● Blue Yonder TMS（前身为 JDA TMS）或 SAP TM 等软件在管理运输方面优化交货路线和货运。

6. 客户关系管理 (CRM) 系统

● Salesforce 等 CRM 平台跟踪客户互动，并可以用于需求规划。

7. 质量管理系统 (QMS)

● ISO 9001 认证系统或 MasterControl 等工具管理合规性并保持标准化。

8. 工业物联网 (IIoT) 平台

● GE Predix 或西门子 MindSphere 等 IIoT 平台从连接设备收集和分析数据，以优化运营并预测维护需求。

9. 精益生产工具

● 价值流映射（VSM）、5S、看板和改善等工具用于消除浪费、改善流程并提高效率。

10. 产品生命周期管理系统

● PTC Windchill、西门子 Teamcenter、Autodesk Fusion Lifecycle。

11. 计算机辅助设计 (CAD) 和计算机辅助制造 (CAM) 软件

● Autodesk AutoCAD、SolidWorks、Mastercam、Fusion 360。

12. 高级分析和机器学习

● 制造商使用高级分析和机器学习平台来预测维护需求、优化供应链并改进产品设计。用于此目的的工具包括：IBM Watson、Google Cloud AI、Microsoft Azure AI。

这些工具和技术的使用在很大程度上取决于制造过程的具体需求、生产的产品及操作的规模。使用趋势是向更高的集成度发展，ERP、MES 和 PLM 等系统共享数据，更加无缝地协同工作，以优化生产计划、执行和分析。

4.4.3　主要 ERP 系统的对照评价

以下是每个 ERP 系统的简要概述，以及它们各自的优缺点。

1. SAP ERP

——概念

· SAP ERP 是由 SAP SE 开发的企业资源计划软件。SAP ERP 包含组织的关键业务功能。它是较旧的版本，通常被称为 SAP ECC，已经在很大程度上被 SAP S/4HANA 取代。

——优点

· 全面的功能：SAP ERP 为几乎每个业务部分提供了广泛的功能和行业特定模块。

· 集成能力：与其他 SAP 产品和第三方系统的无缝集成。

· 可扩展性：非常适合需要复杂数据管理和报告的大型企业。

· 全球认可：作为一个广泛认可的解决方案，拥有全球客户群，有助于跨国组织标准化业务流程。

——缺点

· 复杂性和成本：通常被认为实施和使用复杂，需要专门的人员，这可能会增加成本。

· 实施时间长：由于规模和复杂性，SAP ERP 项目可能需要更长的时间来实施。

· 用户界面：与新版 ERP 解决方案相比，历史版本的用户界面较不直观，这已在 SAP S/4HANA 中得到解决。

2. Oracle NetSuite

——概念

· Oracle NetSuite 是一款基于云的 ERP 解决方案，集成了财务、客户关系管理、电子商务、库存等功能，主要面向中小型企业。

——优点

· 基于云：作为原生云解决方案，减少了对内部 IT 资源和基础设施的需求。

· 实时可见性：通过仪表板和报告提供对业务绩效的实时可见性。

· 可扩展性：随着业务的增长而轻松扩展，并且添加新功能相对简单。

· 多样的行业解决方案：提供多种行业特定解决方案。

——缺点

• 成本：对于小型企业来说可能成本较高，随着增加模块和用户，成本会增加。

• 定制：虽然可定制，但广泛的定制可能会使升级和集成更具挑战性。

• 支持：一些用户报告称客户支持服务可能不稳定。

3. Microsoft Dynamics 365

——概念

• Microsoft Dynamics 365 是一系列企业资源计划（ERP）和客户关系管理（CRM）软件应用程序，其组件与 Office 365 集成，并可通过共享数据服务进行定制。

——优点

• 与 Microsoft 产品的集成：提供与其他 Microsoft 服务和应用程序的强大集成，如 Office 365、SharePoint 和 Azure。

• 灵活性：提供云端和本地两种部署方式，为企业提供选择。

• 模块化应用程序：允许企业购买并仅使用所需的应用程序，还可以根据需要添加更多的应用程序。

• 用户体验：通常提供更现代和用户友好的界面。

——缺点

• 对用户的复杂性：对于不熟悉微软工作方式的用户而言可能会很复杂。

• 成本：定价可能较高，特别是随着企业规模的扩大和需要更多的应用程序或更多的定制化。

• 实施：一些用户报告实施可能具有挑战性，可能需要合作伙伴的协助。

4. Infor CloudSuite Industrial

——概念

• Infor CloudSuite Industrial（原名 Infor SyteLine）是一款专注于复杂制造、供应链管理和售后服务的 ERP 解决方案。

——优点

• 行业特定解决方案：为制造和分销提供强大的能力，具有针对特定行业需求的功能。

• 灵活性：支持混合模式和复杂制造流程，并可在云端或本地部署。

• 现代用户界面：通过 Infor 的专有操作服务 Infor OS 提供现代用户体验。

● 高级分析：通过 Birst——一款本地业务智能平台，提供强大的分析和报告功能。

——缺点

● 实施时间：可能需要大量时间来实施，取决于业务的复杂性。

● 定制成本：定制系统以适应特定流程，可能成本高昂。

● 较少的全球性：虽然拥有强大的影响力，但可能不像 SAP 或 Oracle 那样全球认可，这可能是跨国公司需要考虑的一个因素。

选择适合公司的 ERP 系统将取决于各种因素，包括企业的规模、行业、业务操作的复杂性、地理分布以及需要管理的具体业务流程。重要的是要考虑总体拥有成本，而不仅仅关注初始价格，因为实施、定制、培训和维护可能会带来额外的成本。

4.4.4 主要设计、制造和工程软件的对照评价

Autodesk AutoCAD、SolidWorks、Mastercam 和 Fusion 360 都是应用于设计、制造和工程的不同方面的强大软件。以下是它们之间的区别，以及每个软件的一些优缺点。

1. Autodesk AutoCAD

——概念

● AutoCAD 是一款用于 2D 和 3D 设计与绘图的计算机辅助设计（CAD）软件。

——优点

● 广泛认可为 CAD 的行业标准。

● 具有广泛的工具和定制功能，用途多样。

● 在建筑和工程 2D 绘图方面表现强劲。

——缺点

● 对于小型公司或个人来说可能成本较高。

● 对于初学者来说学习曲线较陡。

● 与专门的 3D 建模软件相比，3D 建模功能不够强大。

2. SolidWorks

——概念

● SolidWorks 是一款计算机辅助设计（CAD）和计算机辅助工程（CAE）程序。

——优点

- 强大的 3D 设计功能，适用于机械和工业设计。
- 集成了仿真、成本估算和产品数据管理等工具。
- 社区庞大，拥有丰富的培训资源。

——缺点

- 主要基于 Windows，没有 macOS 或 Linux 版本，需要虚拟化。
- 可能成本较高，订阅模式可能不适合所有人。
- 一些用户报告在性能较弱的计算机上可能会占用较多资源。

3. Mastercam

——概念

- Mastercam 是一套用于各种制造过程的 CAD/CAM 软件程序。

——优点

- CAM 的行业标准，在数控编程方面表现出色。
- 提供从基础到高级的广泛加工能力。
- 与 SolidWorks 等 CAD 程序集成。

——缺点

- 学习曲线可能相当陡峭，尤其是对于复杂的加工任务。
- 与新软件相比，一些用户认为界面不够直观。
- 主要侧重于制造方面，对于初步设计阶段不够全面。

4. Fusion 360

——概念

- Fusion 360 是一款基于云的产品设计和制造的 3D 建模、CAD、CAM、CAE 和 PCB 软件平台。

——优点

- 基于云端，可实现协作和从各种设备访问。
- 在一个平台上提供 CAD、CAM 和 CAE 功能。
- 使用基于订阅的定价模式，价格更为实惠，适合中小企业和爱好者。

——缺点

- 如果在网络连接较差的区域工作，基于云端的应用会有一些不足。
- 一些用户可能更喜欢专门的更有深度的 CAD 或 CAM 软件。
- 与专门软件相比，在非常复杂的仿真和分析方面功能有限。

5. 总体评价

● 主要优势：AutoCAD 传统上用于 2D 绘图，SolidWorks 用于 3D CAD，Mastercam 用于 CAM，Fusion 360 则是一站式解决方案。

● 行业应用：某些特定工具具有行业偏好，例如，机械工程领域中流行 SolidWorks，建筑和施工领域中常用 AutoCAD，加工领域中则偏好 Mastercam。

● 集成和协作：Fusion 360 的云端平台提供了比其他三者更好的协作功能。

● 可访问性：由于 Autodesk 灵活的订阅模式和基于云的提供方式，Fusion 360 和 AutoCAD 具有更广泛的可访问性选项。

● 学习曲线：由于其复杂性和功能深度，Mastercam 和 SolidWorks 通常具有较陡的学习曲线。

选择合适的软件取决于具体需求，如设计工作类型、涉及的制造流程、协作需求和预算限制。

4.4.5　主要供应链管理软件的对照评价

制造流程在每个供应链管理中起着主导作用，是以制造企业为核心的供应链体系，会采用覆盖完全供应链的软件体系。

以下对覆盖供应链全流程的主要软件进行概述与对照评价。

JDA Software（现在更名为 Blue Yonder），Epicor SCM 和 Kinaxis RapidResponse 都是全面的供应链管理解决方案，帮助企业规划和执行供应链操作。以下是对每个系统的解释，以及它们的优缺点。

1. Blue Yonder（原名 JDA Software）

——概念

● Blue Yonder 提供基于云的 AI 驱动的供应链管理解决方案，提供规划、执行、交付和人力资源管理等功能。

——优点

● 集成 AI 和机器学习功能，改善预测和决策。

● 提供广泛的功能，涵盖供应链的各个方面。

● 强调自动化，减少手动任务，提高效率。

——缺点

● 过渡到基于云的服务可能需要公司进行重大的变革来管理过程。

● 功能的深度和广度可能会对不需要这种复杂性的小型企业来说有些压力。

● 成本可能成为中小型企业的一道门槛。

2. Epicor SCM

——概念

● Epicor SCM 是 Epicor ERP 系统的一部分，包括供应链规划、采购和分销等功能。

——优点

● 与 Epicor 的 ERP 系统紧密集成，实现业务流程间信息的无缝流动。

● 灵活的部署选项，既有本地部署也有基于云的解决方案。

● 良好的客户支持和用户友好的界面。

——缺点

● 一些客户发现在业务迅速增长时，系统的可扩展性不如其他系统。

● 定制可能较为复杂，需要专业服务或支持。

● 界面虽然用户友好，但与更现代的解决方案相比可能显得过时。

3. Kinaxis RapidResponse

——概念

● Kinaxis RapidResponse 是一款基于云的供应链管理和销售与运营计划软件，帮助企业提高规划过程的速度和质量。

——优点

● 实时数据处理和方案分析，支持快速决策。

● 强调销售与运营计划（S&OP）和假设情景规划，管理和减轻风险。

● 提升供应链全程透明度和团队合作效率。

——缺点

● 可能被认为价格较高，特别是对于较小的公司或那些供应链需求较简单的公司。

● 由于其复杂的功能，学习曲线可能较陡峭。

● 一些企业可能没有充分利用所提供的广泛功能，导致投资被低估。

在比较这些系统时，需要考虑以下方面。

1. 运营规模和复杂性

较大的公司或具有复杂供应链网络的公司可能更倾向于 Blue Yonder 或

Kinaxis RapidResponse，而 Epicor SCM 可能更适合中型公司。

2. 集成需求

如果公司已经使用 Epicor ERP，Epicor SCM 可以顺利集成。

3. 规划和执行重点

如果重点放在规划上而不是执行上，Kinaxis RapidResponse 可能更有益。

4. 预算限制

Epicor SCM 可能为预算较紧张的公司提供更具成本效益的解决方案，尽管这三种系统通常针对中型到大型企业。

5. 对实时数据的需求

Kinaxis RapidResponse 在实时数据处理和分析方面特别强大，这对于动态和敏捷的供应链运营至关重要。

选择合适的供应链管理系统至关重要，这取决于企业的具体需求，包括供应链的复杂性、组织的规模和成本等因素。

4.5　制造自动化及对制造供应链流程的变革

人类历史上第一次"机器革命"实现了人造机器，蒸汽机取代人力畜力实现了生产力的变革和爆发式增长。在数字化和 AI 时代，或者说第二次"机器革命"时代，机器将制造机器，制造业的自动化将颠覆供应链流程，而机器之间如何协同、如何实现价值交换，我在之前的书《区块供应链》中也有专门的论述。本节给出的 AI 基于制造业自动化对流程的影响是具有前瞻性的，而且可以在不远的将来呈现在我们眼前。

4.5.1　制造业自动化趋势

制造业的自动化趋势，通常被称为工业 4.0，其特点是增加了技术和系统，允许在制造过程中实现更大规模的自动化和数据交换。预计这一趋势将继续甚至加速发展，从而导致制造业供应链流程发生重大变化。

对自动化的趋势预测如下。

1. 智能工厂

智能工厂的兴起带来了技术互通，从而帮助企业做出明智的、去中心化的决策。

2. 物联网（IoT）

增加物联网设备的使用，以在整个供应链中收集和分析数据，从而实现更高效的运营和预测性维护。

3. 先进的机器人技术

更广泛地实施机器人，不仅用于重复性任务，还用于复杂操作，由人工智能定制以适应不同的任务，无须人类干预。

4. 人工智能和机器学习

人工智能和机器学习将被广泛应用于需求预测、生产计划和优化物流，从而实现更具响应性和高效的供应链。

5. 增材制造（3D 打印）

增材制造将从原型制作发展到全面生产，实现按需制造，减少库存需求。

6. 物理网络系统

将数字孪生体与实体操作集成，实现虚拟投产和测试，缩短新产品上市时间。

7. 增强现实（AR）

增强现实技术将有助于维护、培训和装配过程，提高准确性，减少执行复杂任务所需的时间。

8. 区块链技术

区块链技术将用于增强供应链交易的透明度、可追溯性和安全性。

4.5.2　自动化对制造流程的影响

自动化对制造流程的影响主要包括以下几个方面。

1. 供应链透明度

实时跟踪和可视化所有供应链活动，从原材料采购到最终客户交付。

2. 缩短交货周期

由于更准确的需求预测和即时生产，生产周期更短，减少了库存缓冲需求。

3. 定制化

更轻松地定制产品，以满足特定客户需求，而不会在供应链中引起重大中断或成本增加。

4. 韧性和灵活性

能够快速适应市场变化或供应链中的干扰，例如，由地缘政治因素或大规模流行病引起的干扰。

5. 更少的库存

通过按需生产和改进的预测，库存可以减少，释放资金并减少浪费。

6. 供应链集成

供应商、制造商和分销商之间更紧密的集成，通常是由基于云的平台和协作工具促进的。

7. 可持续性

通过优化资源利用、节约能源和减少废物实现更可持续的运营。

8. 人力资源的演变

从手工任务转向更具战略性、分析性和维护性的角色需求。

随着自动化和数字技术的不断发展，制造业供应链将变得更具前瞻性和预测性，而不是被动应对。能够有效整合新技术的公司可能会看到效率提高、成本节约和竞争力的提高。然而，这将需要对新技术和培训持续进行投资，以及对不断发展的数字化格局持续适应。

4.5.3　区块链技术在制造供应链中的应用及案例

区块链技术是比特币等加密货币的基础，越来越被认为有可能彻底改变供应链管理。该技术提供了一个分散和不可变的账本系统，非常适合以透明的方式记录产品的生产、装运和收货过程。以下是区块链技术如何增强供应链交易的透明度、可追溯性和安全性的详细解释。

1. 增加供应链透明度

- 共享账本：所有供应链参与者都可以访问相同的区块链账本，确保交易和产品移动的透明度。
- 实时更新：随着产品在供应链中的流动，每笔交易都会实时记录在区块链上，所有参与方都可见。
- 去中心化：没有单一实体控制区块链，有助于确保数据透明，所有参与方都能信任。

2. 提高可追溯性

● 产品溯源：每个产品都可以从原产地追踪到最终用户，其整个历史都记录在区块链上。这对于产品真实性和来源至关重要，如食品安全或制药业。

● 批次追踪：可以追踪单个产品批次，这对于召回和质量控制至关重要。

● 序列化：区块链可以对产品进行序列化，为每个项目创建一个唯一的数字身份，大大提高了可追溯性。

3. 提高供应链安全性

● 不可篡改性：一旦交易记录在区块链上，就无法更改或删除，这可以防止篡改和欺诈。

● 加密技术：区块链使用先进的加密技术来确保数据安全，并验证交易的真实性。

● 智能合约：这些是可以直接编写协议条款的自动执行合约。它们可以自动化和安全地执行复杂的供应链流程。

以下是详细应用案例。

1. 食品供应链

像沃尔玛这样的公司使用区块链跟踪产品从农场到商店的过程。该过程的每一个步骤，从收获、加工、运输到商店货架上的展示，都有记录。

2. 制药业

区块链被用于通过跟踪合法药品在供应链中的流动来对抗假药，确保只有经过认证的药品到达消费者手中。

3. 奢侈品

高价值产品往往受到假冒和欺诈的困扰。当奢侈品通过供应链时，区块链可以证明它们的真实性和监管性。

4. 航空航天和汽车业

用于飞机和汽车的零部件可以通过区块链进行跟踪，以确保它们符合安全和质量标准。

5. 国际贸易

区块链可以简化和保护海关文件流程，缩短货物在运输和海关的时间。

区块链的应用面临的挑战和需考虑的因素如下。

1. 技术采用

区块链的广泛应用需要供应链中所有利益相关者的支持，这可能是一个重大障碍。

2. 与现有系统的整合

将区块链技术与现有的供应链管理系统整合可能会导致系统变得复杂，产生高昂的费用。

3. 规范和标准

区块链的监管环境仍在不断发展，可能需要跨行业的标准化。

4. 可扩展性

传统的区块链可能存在可扩展性和速度方面的限制，需要解决大规模供应链应用的问题。

总之，区块链有可能大大改善供应链交易的透明度、可追溯性和安全性。然而，成功的实施将需要仔细规划，确保供应链中所有各方的协作，以及提出应对技术和监管挑战的解决方案。

4.6　AI 制造流程标准检验

本节在 ChatGPT4.0 升级之后输入原标准，得到了对照版的更新，也进一步探讨了 AI 和大数据分析在制造流程应用的重点领域，包括未来 3D 打印、自动化和区块链技术对流程变革的影响。这些更新具有时代意义，也将会在未来一段时间经受现实的检验。

4.6.1　AI 对制造流程标准的更新建议

供应链制造流程（MAKE）部分将包括制造、生产计划、排程和质量控制等详细信息。

以下是一些如何利用先进技术、人工智能和大数据更新 MAKE 流程的一般建议。

1. 生产计划与排程

• 实施利用人工智能优化生产运行的高级计划与排程（APS）系统，需要考虑机器可用性、劳动力和材料等约束因素。

●利用大数据更好地预测维护需求，并安排生产以适应预期停机时间。

2. 质量控制

●整合人工智能以增强实时监控和自动化质量检查系统，检测缺陷或标准偏差，从而减少浪费和返工。

●利用大数据分析供应链质量数据，以识别可能需要改进的流程。

3. 库存管理

●利用物联网进行实时库存跟踪，提供更准确的库存水平图。

●利用大数据更准确地预测库存需求，从而减少持有成本和库存缺货。

4. 制造执行系统（MES）

●将人工智能纳入 MES，优化现场的实时决策，从机器设置到工作流程按优先级排序。

●使用大数据工具分析生产数据，以提高流程效率和吞吐量。

5. 预防性维护

●利用预测分析进行维护，预测设备故障的发生，以最小化计划外的停机时间。

●收集和分析机器使用和性能数据，优化维护计划。

6. 供应链协调与合作

●整合区块链技术以增加制造过程中的透明度和追溯性。

●利用人工智能驱动的平台与供应商更好地合作，提高响应时间，并同步生产计划。

7. 可持续性与减少浪费

●利用人工智能优化生产过程，减少浪费和能源消耗。

●利用数据分析评估制造活动的环境影响，并制订减少碳足迹的策略。

这些都是一般性的建议，为了获得更详细的建议，需要对 MAKE 制造流程进行彻底评估。

4.6.2 AI 与大数据技术应用强化制造流程

使用人工智能、大数据、物联网和软件应用的最新技术，可以起到对制造流程的强化作用。

1. 制造执行系统（MES）

●集成物联网设备，实时跟踪生产进度和设备状况。

- 利用人工智能进行预测性质量控制，允许对制造过程进行动态调整。
- 应用大数据进行运营分析，识别可能导致流程改进的模式。

2. 制造周期

- 实施人工智能算法优化生产排程，缩短制造周期。
- 利用大数据更准确地预测需求，确保根据预测分析及时启动制造过程。

3. 制造资源计划（MRP-Ⅱ）

- 利用人工智能增强需求预测和物料需求计划。
- 整合物联网数据，提供实时库存水平、生产状态和供应链操作的可见性。

4. 大规模定制

- 利用人工智能配置定制订单，实现高度个性化，同时保持低生产成本。
- 应用大数据分析了解客户偏好，并相应地调整制造流程。

5. 物料需求计划（MRP）

- 整合人工智能以提高物料计划的准确性，确保最佳库存水平。
- 利用大数据分析供应商绩效和物料质量，从而做出更好的采购决策。

6. 绩效评估计划

- 利用人工智能驱动的分析来衡量关键绩效指标（KPI），为持续改进提供见解。
- 实施仪表板系统，集成来自车间 IoT 传感器的数据，实现实时绩效跟踪。

7. 供应链管理（SCM）

- 利用人工智能实现端到端的供应链可见性和控制。
- 实施大数据系统，实现复杂的供应链分析，推动战略决策和运营效率。

8. 制造总周期

- 利用大数据分析缩短制造过程中的周期。
- 集成物联网，实现生产流程的持续监控和优化。

这些更新旨在利用尖端技术打造更具响应性、高效和以客户为中心的制造过程。人工智能和大数据分析使决策更加智能化，流程更优化，而物联网提供了必要的实时数据和连接性。这将使 MAKE 过程不但更加高效，而且更能适应市场和客户需求的变化。

4.6.3 3D 打印、自动化和区块链技术对制造流程的影响

考虑到 3D 打印、自动化和区块链技术的影响，供应链管理中的制造流程

可以得到显著增强。

以下是这些技术如何改变制造流程每个阶段的情况。

1. 产品设计与原型制作

- 利用 3D 打印进行快速原型制作，减少与传统方法相关的时间和成本。
- 实施具有人工智能功能的设计软件，优化设计以适应 3D 打印工艺。

2. 制造执行系统（MES)

- 将自动化纳入任务，如物料处理、装配和产品检验，以提高效率和一致性。
- 利用区块链安全地存储和共享 MES 内的生产数据，提高可追溯性。

3. 库存管理

- 应用 3D 打印按需生产零件，潜在地降低库存持有成本并减少浪费。
- 整合由人工智能驱动的自动化存取系统（AS/RS)，有效管理库存。

4. 供应商整合

- 利用区块链与供应商签订智能合同，自动化采购和付款，确保透明度并增强信任。
- 采用物联网和人工智能同步实时生产数据与供应商输入的数据，创建响应式和整合的供应链。

5. 质量保证

- 实施具有机器学习功能的自动化检验系统，进行实时质量控制。
- 采用 3D 打印制作精确的夹具和工装，用于质量保证流程。

6. 定制和延迟

- 利用 3D 打印在靠近消费的地点定制产品，缩短交货周期，提高客户满意度。
- 利用自动化实现灵活的制造系统，可以轻松地在产品类型和变体之间切换。

7. 生产排程

- 集成基于人工智能的排程工具，动态调整生产计划并根据实时需求优先处理订单。
- 利用区块链创建生产排程的不可变记录，增强不同部门之间的协调。

8. 维护

- 利用人工智能和物联网实施预测性维护，预测并预防设备故障。

- 利用 3D 打印快速生产替代零件，减少停机时间。

9. 废物管理

- 与传统的制造工艺相比，应用 3D 打印制造具有较少材料浪费的产品。
- 自动化废物分类和回收过程，整合人工智能识别和分类废物，以便进行妥善处置或再利用。

10. 供应链合作

- 部署基于区块链的平台，与供应链合作伙伴分享实时制造数据，确保透明度并改善合作。
- 利用人工智能分析区块链上的数据，了解供应链效率和改进领域。

4.6.4　AI 对未来工厂的想象图

图 4-1 是 AI 生成的未来工厂的视觉图片，3D 打印机器在制造定制化的部件，自动机器人在用机械臂组装产品，数字化看板实时显示数据和进程。

图 4-1　未来工厂（AI 想象图）

第 5 章
AI在供应链交付流程中的应用

本章摘要

本章从AI对交付流程的理解入手，探讨了AI在订单管理流程、客户关系管理流程、运输、WMS和TMS应用、电子商务交付流程、"最后一公里"配送等流程的应用，最后按照流程标准的架构，提出了AI对子流程全面升级的建议。全流程贯穿了AI和大数据应用这条主线，注重AI工具和软件的使用。在电子商务交付部分，特别介绍了亚马逊AWS的引擎作用，在"最后一公里"配送方面探讨了无人机、地铁的应用可行性。AI对交付流程的理解符合流程标准的释义，AI对全流程进行的全面更新，可以作为运作参考。

5.1 AI 对交付流程的理解

交付流程是指产品从生产到终端客户的过程，包括了从接受和处理订单到售后服务支持的完整过程，本节给出了交付流程的定义，也对主要流程进行了解释和说明，这是对主要流程细节对照分析的"前奏"，并不是全流程的检验。最后一节给出了流程标准的对照检验。

在供应链管理中，"交付"过程指的是经过一系列步骤，将最终产品或服务交付给客户。这包括从订单管理开始，即接收和处理订单，到将产品实际物理交付到客户位置的一切。这个过程至关重要，因为它直接影响客户满意度，并对公司的服务质量形象产生重大影响。

以下是传统交付流程的分解，以及在数字化和人工智能时代如何进对其行更新。

1. 订单管理

● 传统方式：通过各种渠道接收订单，处理订单，并确保充分理解和满足客户的需求。

● 数字工具/人工智能更新：利用人工智能根据历史数据、趋势和客户行为预测订单，从而更主动地管理库存和履行订单。

2. 仓储/操作

● 传统方式：存储商品，然后根据订单进行拣选、包装和发货。

● 数字工具/人工智能更新：利用机器人以及自动化存储和检索系统可以加速拣选和包装过程，同时人工智能可以优化仓库内的操作路线。

3. 定制/延迟

● 传统方式：延迟最终制造步骤或产品定制，以更好地满足客户需求。

● 数字工具/人工智能更新：利用数字制造技术如 3D 打印可以实现快速按需生产，与延迟策略相适应。

4. 交付基础设施

• 传统方式：物理和组织结构，允许货物运送给客户。

• 数字工具/人工智能更新：利用数字平台可以更有效地进行路线规划，而自动驾驶车辆则可以整合进行交付。

5. 运输

• 传统方式：包括运输公司的选择、路线规划以及从仓库到客户的实际货物运输。

• 数字工具/人工智能更新：人工智能可以增强路线的优化，以减少交付时间和成本，而物联网设备可以提供货物的实时跟踪。

6. 电子商务交付

• 传统方式：开发了特定的流程，用于处理网上订购的货物，可能与其他渠道订购的货物不同。

• 数字工具/人工智能更新：增强的跟踪系统、动态交付时间预估和个性化交付选项可以改善客户的在线购买体验。

7. 管理客户/客户伙伴关系

• 传统方式：通过各种接触点与客户建立关系，并保持高水平的服务。

• 数字/人工智能更新：带有人工智能功能的客户关系管理（CRM）系统可以根据客户数据分析提供个性化交互，增强客户满意度和忠诚度。

8. 售后技术支持

• 传统方式：提供给客户的支持通常涉及呼叫中心和服务技术人员。

• 数字工具/人工智能更新：人工智能聊天机器人和虚拟代理人可以提供 7×24 的一线支持，提高响应时效和客户满意度。

9. 客户数据管理

• 传统方式：收集和存储来自客户互动和交易的数据。

• 数字工具/人工智能更新：利用先进的数据分析和机器学习算法，可以更深入地了解客户行为和偏好，并预测未来的购买模式，以及调整营销和销售策略。

数字化和人工智能的进步为企业提供了机会来优化"交付"流程，以提供更好的客户服务，同时降低成本，并最终增加供应链的竞争力和敏捷性。

5.2 订单管理流程

接收和管理订单是交付产品的开始，订单管理从人工接收客户电话、传真和邮件的时代，到系统自动接收和确认，技术工具已经发生了很大的变化。AI 在本节给出了主要管理工具和技术的清单，简要说明了典型企业技术应用的案例，也对专用订单管理系统（Order Management System，OMS），一个作为专门设计用于跨多个渠道跟踪销售、订单、库存和履行的软件解决方案，做了技术说明。

5.2.1 订单管理流程使用的技术工具及实践案例

订单管理和处理涉及一系列旨在简化运营、提高准确性并增强客户满意度的工具和技术。以下是常用的工具和技术类型概述，以及一些以最佳实践而闻名的公司示例。

🖱 工具和技术

1. 企业资源计划（ERP）系统

- SAP
- Oracle NetSuite
- 微软动力

2. 专用订单管理系统（OMS）

- IBM Sterling OMS
- Magento（Adobe Commerce）
- Shopify Plus

3. 客户关系管理（CRM）软件

- Salesforce
- HubSpot
- Zoho CRM

4. 供应链管理（SCM）解决方案

- Infor SCM
- JDA Software（现在是 Blue Yonder）
- 曼哈顿联合公司

5. 库存管理工具

- Fishbowl Inventory
- Cin7
- TradeGecko（现在是 QuickBooks Commerce）

6. 电子商务平台

- WooCommerce
- BigCommerce
- PrestaShop

7. 仓库管理系统（WMS）

- HighJump
- Oracle Warehouse Management Cloud
- SAP Extended Warehouse Management

8. 数据分析和商业智能工具

- Tableau
- Power BI
- Qlik

9. 人工智能和机器学习平台

- Google AI Platform
- IBM Watson
- AWS Machine Learning

10. 客户服务和支持软件

- Zendesk
- Freshdesk
- Intercom

1. 亚马逊

- 以其高度复杂和以客户为中心的订单管理流程而闻名，包括先进的仓储技术、广泛的物流网络以及对速度和效率的关注。

2. Zappos

- 由亚马逊拥有，以出色的客户服务和无忧退货流程而闻名，这是其订单管理系统的核心部分。

3. 戴尔

- 使用准时制（JIT）库存和定制组装制造流程有效管理订单，允许客户定制其计算机。

4. 沃尔玛

- 利用集成的订单管理系统，进行跨线上和线下渠道协调，提供无缝的客户体验和高效的库存管理。

5. 苹果

- 提供简化的在线订购流程和高质量的客户服务。苹果还在产品需求规划和库存控制之间保持紧密的整合。

6. 丰田

- 丰田生产体系是供应链和订单管理的基准，注重效率和精益库存，常被引用为最佳实践模型。

这些公司通常为订单管理和处理设定行业标准，利用先进技术提供卓越的客户服务，同时保持高效、具成本效益的运营。采用类似的工具和策略可以帮助其他企业增强其订单管理系统。

5.2.2 专用订单管理系统对照评价

专用订单管理系统是专门设计用于跨多个渠道跟踪销售、订单、库存和履行的软件解决方案。无论销售发生在何处或产品如何交付，它们在帮助企业提供无缝客户体验方面发挥着关键作用。以下是所提及的三个系统的概述

1. IBM Sterling OMS

——优点

- 可扩展性：处理大量订单而不影响性能，适用于企业级业务。
- 定制化：高度可定制以适应复杂的业务流程。
- 整合性：易于与现有的 ERP、WMS 和 CRM 系统集成。
- 多渠道支持：管理跨电子商务、实体店和呼叫中心的订单。
- 全球部署：通过本地化功能支持全球销售和供应链运营。

——缺点

- 复杂性：设置可能复杂，并需要技术专业知识。
- 成本：对于中小型企业来说可能成本高，因为需要支付许可和维护费用。
- 资源密集型：需要大量资源来实施和维护。

2. Magento（Adobe Commerce）

——优点

- 可定制性：具有庞大的扩展市场，高可定制性。
- 社区支持：具有广泛的第三方开发人员支持的强大社区。
- 电子商务集成：最初构建为电子商务平台，确保深度电子商务功能。
- 灵活性：提供云端和本地部署选项。
- 内容管理：出色的商品管理功能。

——缺点

- 学习曲线：对于没有专业技术知识的用户来说，可能学习曲线陡峭。
- 性能：如果没有适当优化，特别是在本地版本上，性能可能会变慢。
- 成本：企业版可能价格昂贵，而扩展的额外成本可能会累积。

3. Shopify Plus

——优点

- 用户友好：以易用性和用户友好界面而闻名。
- 维护：作为托管解决方案，需要用户方面的技术维护较少。
- 可靠性：提供强大的基础设施和良好的运行时间记录，适用于高交易量的商家。
- 可扩展性：能够处理大量流量和交易，适用于成长型企业。
- 集成：具有大量应用生态系统以扩展功能。

——缺点

- 定制限制：虽然可定制，但与开源平台相比存在限制。
- 成本：尽管提供了高水平的服务，但由于收取交易费用，对于高交易量的企业来说成本可能很高。

· 控制较少：作为托管平台，对托管环境的控制较少，并且可能存在与其他系统深度集成的潜在限制。

这些 OMS 解决方案各有优缺点，公司选择最佳方案将取决于其特定需求，如企业规模、技术能力、预算和所需的定制程度。

5.3 客户关系管理系统

客户关系管理系统能够造就全球知名的软件公司赛富时（Salesforce），可见该系统应用的价值。本节中，AI 对主要客户关系管理软件进行了对照评价，读者也可以结合自己的应用效果对 AI 的评价结论给出自己的判断。

5.3.1 客户关系管理的概念与流程

客户关系管理（CRM）是一种管理公司与现有客户和潜在客户之间所有关系和互动活动的技术。其目标很简单——改善业务关系。CRM 系统帮助公司与客户保持联系，简化流程并提高盈利能力。

CRM 中的主要流程如下。

（1）潜在客户跟踪和管理：识别和添加新的潜在客户，跟踪他们的活动和行为。

（2）联系管理：将客户信息（如联系方式和互动历史）存储在可搜索的数据库中。

（3）销售管理：监督销售渠道、管理销售订单，并分析销售预测和业绩。

（4）客户服务：处理客户查询、投诉，并提供支持服务。

（5）市场营销自动化：简化和自动化市场营销任务，如活动管理、电子邮件营销和潜在客户培养。

（6）报告和分析：提供关于销售、客户服务、营销效果和预测的详细报告。

（7）客户细分：根据各种标准对客户进行分类，以进行有针对性的市场和销售工作。

（8）工作流自动化：自动化执行重复性任务，以提高效率并减少人为错误。

（9）社交媒体管理：跟踪并参加与品牌相关的社交话题。

（10）客户参与：管理和改善跨不同渠道的客户互动。

5.3.2　主要客户关系管理软件的对照评价

CRM 软件的比较如下。

1. Salesforce

——优点

- 全面的功能集：提供各种 CRM 流程的广泛功能。
- 可定制性：高定制化，适合任何规模和行业的企业。
- 集成：通过其 AppExchange 拥有大量的第三方应用程序生态系统。
- 分析：具有强大的报告和分析功能，通过 Einstein Analytics 提供 AI 驱动的见解。

——缺点

- 复杂性：对于小型企业或需求较简单的企业来说可能有些复杂。
- 成本：添加多个模块和定制时可能会更昂贵。
- 学习曲线：可能需要专业人员或培训来充分利用其功能。

2. HubSpot

——优点

- 易用性：以用户友好的界面和简单的设置而闻名。
- 免费版本：提供功能强大的免费版本，非常适合中小型企业。
- 集成：易于与各种平台集成，并具有一系列本地工具。
- 入站营销：专注于入站营销，具有出色的内容管理和 SEO 工具。

——缺点

- 可扩展性成本：随着扩展和需要更多高级功能，成本可能会大幅上升。
- 定制性：虽然易于使用，但与大型企业可能需要的定制深度相比也许不够。
- 功能：高级 CRM 功能可能不及 Salesforce 全面。

3. Zoho CRM

——优点

- 价格合理：提供具有竞争力的价格，非常适合中小型企业。
- 集成：作为 Zoho 应用程序的较大套件的一部分，允许无缝集成。
- 用户体验：提供简洁的界面和直观的导航。

- 定制：提供良好的字段和模块定制水平。

——缺点

- 功能：一些功能可能不及 Salesforce 提供的高级或有深度。

- 支持：客户服务和支持可能不及其他大型供应商。

- 第三方集成：虽然 Zoho 有许多集成，但可能没有 Salesforce 那样广泛的生态系统。

每个 CRM 平台最适合不同的业务需求。Salesforce 通常受到有复杂 CRM 需求和预算支持的大型企业的青睐。HubSpot 非常适合专注于入站营销并希望拥有简单而强大工具的中小型企业。Zoho CRM 通常会被需要具有基本 CRM 功能并希望与其他 Zoho 应用程序集成的企业所选择。

5.4 TMS 和 WMS 在交付过程中的应用

作为运输和仓储管理最常用的软件系统，TMS 和 WMS 如何应用、有谁在用，AI 在本节给出了提示。系统集成是未来这两个应用主要的发展方向，作者也尝试让 AI 对 TMS 和 WMS 之间的系统集成所面临的挑战进行分析探讨。

5.4.1 TMS 和 WMS 在交付过程中的使用

运输管理系统（TMS）和仓库管理系统（WMS）是物流和供应链流程的重要组成部分，特别是在交付过程中。它们通过更有效地管理货物的移动和存储，帮助简化操作、降低成本并提高客户服务质量。

TMS 在交付过程中的使用方式如下。

TMS 帮助公司以高效、可靠和经济的方式从起点将货物运送到目的地。在交付过程中，它用于以下方面。

（1）选择承运商：TMS 可以比较不同承运商的费率和服务，选择最具成本效益的运输方法。

（2）路线优化：确定最有效的交付路线，可以降低燃料成本并提高交付时效。

（3）装载优化：TMS 有助于合并装运，使货车满载，从而优化运输成本并减少碳足迹。

（4）货运审计和付款：它自动化了货运审计和付款流程，确保准确性并减少行政工作量。

（5）跟踪和可见性：提供货物实时跟踪并主动管理任何在途问题。

（6）分析和报告：TMS 提供报告功能，分析运输数据并改善决策。

TMS 软件示例

- SAP Transportation Management
- Oracle Transportation Management
- JDA Transportation Management（现在是 Blue Yonder）
- Manhattan Associates（曼哈顿联合）的 Transportation Management Solutions
- Descartes Systems Group

TMS 的最佳实践

- 与其他系统集成：确保 TMS 与您的 WMS、ERP 和订单管理系统集成，实现数据流的无缝连接。
- 自动化流程：使用 TMS 自动化货物预订、结算和文档等手工任务。
- 数据分析：利用数据分析优化路线，降低成本并提高服务水平。
- 合作：与承运商和供应商共享数据，提高供应链的可见性和效率。

WMS 在交付过程中的使用方式

仓库管理系统（WMS）是一种软件解决方案，提供对公司整个库存的可见性，并管理从配送中心到商店货架的供应链执行操作。在交付过程中，WMS 用于以下方面。

（1）库存管理：跟踪仓库内的库存水平和位置。

（2）拣货和包装：为仓库员工规划高效的拣选路线，并验证正确的物品已打包。

（3）发货：与运输系统集成，生成运输标签、装箱清单和提单。

（4）劳动力管理：监控仓库操作和员工绩效，优化劳动力利用率。

（5）退货处理：管理接收、评估和将退货商品重新入库的流程。

WMS 软件示例

- HighJump WMS

- Manhattan Associates 的 Warehouse Management
- SAP Extended Warehouse Management
- Oracle Warehouse Management Cloud
- Infor CloudSuite WMS

WMS 的最佳实践

- 实时运营：利用实时数据管理库存，因为它提供了对库存水平和位置的最准确的视图。

- 持续改进：定期分析 WMS 提供的数据，找到仓库操作的改进空间。

- 培训：确保对员工进行良好的 WMS 培训，以最大程度地发挥系统功能并提高效率。

- 集成：与 TMS 一样，WMS 应与其他业务系统完全集成，以简化供应链。

TMS 和 WMS 对于优化交付过程至关重要，它们能更好地控制货物的移动和存储。软件选择应取决于企业的具体需求，包括操作规模、供应链复杂性和任何行业特定要求。

5.4.2   WMS 和 TMS 集成面临的挑战

集成 WMS 和 TMS 可以实现高效的供应链，但这个过程也伴随着挑战。
以下是企业在集成过程中可能面临的一些常见问题。

1. 数据一致性和质量

- 挑战：确保两个系统能够有效通信需要一致和高质量的数据，数据不一致可能导致重大的操作问题。

- 解决方案：建立强大的数据治理实践，确保跨平台的数据准确性和一致性。

2. 系统兼容性

- 挑战：不同系统可能使用不同的数据格式或标准，这可能会使集成变得复杂。

- 解决方案：利用中间件或集成平台，可以在系统之间转换和映射数据。

3. 变化管理

- 挑战：系统集成通常需要对业务流程进行更改，并可能遇到员工的阻力。

●解决方案：实施全面的变更管理和培训计划，以顺利过渡。

4. 业务规则的复杂性

●挑战：物流流程可能很复杂，将其转换为自动化工作流可能具有挑战性。

●解决方案：在设计阶段涉及关键利益相关者，以确保业务规则被准确捕捉和实施。

5. 实时信息流

●挑战：两个系统都需要实时运行，以确保供应链的效率。

●解决方案：确保集成平台能够支持实时数据交换。

6. 可延展性

●挑战：随着业务的增长，集成系统必须能够相应地扩展而不产生性能问题。

●解决方案：从一开始就规划可扩展性，并选择可以处理增长的解决方案。

7. 成本

●挑战：集成可能很昂贵，尤其是对于中小型企业而言。

●解决方案：进行彻底的成本效益分析，并考虑分阶段集成以分摊费用。

8. 定制与标准化

●挑战：需要平衡定制解决方案适合特定业务流程的需求和标准化流程的好处。

●解决方案：优先考虑哪些定制是必要的，哪些标准流程可以采用。

9. 技术专长需求

●挑战：WMS 和 TMS 的集成通常需要深入的技术专业知识。

●解决方案：利用内部专业人员或合作伙伴的熟练的 IT 专业人员。

10. 维护和升级

●挑战：集成系统需要定期维护和更新，这可能很复杂。

●解决方案：与供应商和内部 IT 团队建立清晰的维护和升级政策。

11. 安全和合规性

●挑战：确保集成系统安全并符合所有法规合规标准。

●解决方案：实施健全的安全协议和定期的合规性审计。

解决这些挑战需要仔细的规划、专业知识和愿意随着时间的推移进行调整和改进的态度。成功的集成通常涉及分阶段的方法，从试点项目开始，逐渐扩展，直到问题得到解决并对集成系统的信心增强。

5.5　电子商务交付和订单履行

在第一版供应链管理流程标准制定的时候，电子商务刚开始发展，电商占批发零售的比例还很低。随着数字化进程的加速，电商平台迅猛发展，而所有平台争夺的主战场实际是背后的物流交付体系。从简单的流程表述到数字化的应用，AI给出了电商交付的升级版，作者也有针对性地让AI分析了驱动亚马逊电商平台的驱动力量AWS（亚马逊网络服务）。最新的数据表明，AWS收入已经占到了亚马逊收入的50%左右。

5.5.1　电子商务交付的主要活动

电子商务交付是指从客户在线下订单开始，直到产品被送到客户指定位置结束的整个流程。这是电子商务体验的关键因素，因为及时准确的交付显著影响客户满意度和忠诚度。

订单履行流程涉及在收到订单后准备和交付产品给客户的步骤。这是一个复杂的过程，包括以下几个主要活动。

1. 接收库存

- 接收并在仓库或订单履行中心存储库存。
- 记录和跟踪库存水平，包括SKU编号、批号和数量。

2. 存储

- 在仓库内有效地组织库存，以便轻松访问和跟踪。
- 以最大限度地减少拣选时间为目标维护库存。

3. 订单处理

- 从各自的存储位置检索订购的商品。
- 检查和扫描商品，以确保订单准确无误。

4. 包装

- 使用适当的材料安全地包装产品以防止在运输过程中损坏。

- 包括必要的文件，如包装单、发票与退货信息。

5. 运输

- 根据成本、交付速度和客户偏好选择承运人和运输方式。
- 打印和粘贴运输标签与跟踪信息。

6. 交付

- 将包裹从仓库运送到客户的交付地址。
- 可能包括额外的服务，如交付确认和加急送货选项。

7. 退货处理

- 处理退回的商品，包括接收退回产品、评估其状况、适当时重新进货，并处理退款或换货。

8. 客户服务

- 在整个过程中提供支持、回答问题、解决问题，并确保客户满意度。

5.5.2　电子商务订单履行的主要流程

1. 承运人管理

- 与运输承运人谈判合同和费率。
- 选择最高效和成本效益最高的运输方式。

2. 实时订单跟踪

- 为客户提供实时跟踪订单交付状态的能力。

3. 末端交付

- 交付过程的最后一步，产品送到客户的门口。这通常是交付过程中最复杂和最昂贵的部分。

4. 交付选项

- 提供不同的交付选项，包括标准、加急、当天或预定进行交付。

5. 国际运输

- 管理跨境交付的海关、关税和国际法规。

电子商务交付和订单履行流程的效率对于客户满意度至关重要，并直接影响电子商务业务的声誉。公司不断寻求改进这些流程，以使其更快、更可靠和成本效益更高，同时保持高准确度。

5.5.3　亚马逊 AWS 系统如何支持电子商务运作

亚马逊网络服务（AWS）通过提供高度可扩展、灵活和可靠的云计算基础设施，支持亚马逊电子商务平台的各个方面。

从数据的存储和处理到托管网站的流量，AWS 支持亚马逊业务运营的广泛范围。以下是 AWS 促进亚马逊电子商务能力的方式。

1. 可扩展性

AWS 提供了根据需求扩展计算资源的能力。在像黑色星期五或网络星期一这样的高峰购物时段，亚马逊可以调整其资源以处理网站流量和订单处理量的增加。

2. 数据库管理

亚马逊利用 AWS 数据库服务，如 Amazon RDS（关系数据库服务）和 DynamoDB（NoSQL 数据库服务）来管理和存储数据。这些数据库可以处理亚马逊每天产生的大量交易和产品信息。

3. 存储

亚马逊 S3（简单存储服务）用于存储和检索任意量的数据。这对于一个处理大量数字内容、产品图片和用户数据的电子商务平台来说是至关重要的。

4. 内容传递

亚马逊使用 Amazon CloudFront，一个快速内容传递网络（CDN）服务，以低延迟和高传输速度在全球分发内容，确保用户在访问亚马逊的网站时有一个快速和可靠的体验。

5. 机器学习和分析

AWS 提供机器学习服务和工具，如 Amazon SageMaker，使亚马逊能够根据浏览和购买历史为用户提供个性化的购物体验。

6. 强大的 IT 基础设施

AWS 提供强大的 IT 基础设施，支持亚马逊电子商务平台的后端，包括计算能力、数据库存储、内容传递和其他功能。

7. 微服务架构

亚马逊采用了微服务架构，使公司能够快速高效地部署更新和优化功能，而不会干扰整个系统。AWS 通过 AWS Lambda、ECS（弹性容器服务）和 EKS（弹性 Kubernetes 服务）等服务支持此架构。

8. 安全和合规性

AWS 通过符合行业标准的全面安全功能确保亚马逊的数据安全。AWS 身份和访问管理（IAM）与 AWS 密钥管理服务（KMS）等服务帮助管理访问和加密密钥。

9. 全球覆盖

AWS 的全球数据中心网络使亚马逊能够将其电子商务站点托管在靠近客户的区域，从而减少延迟并改善客户体验。

总之，AWS 通过提供一套云服务来支持亚马逊的电子商务运营，实现了在线零售业务的可扩展、安全和高效处理。AWS 与亚马逊电子商务平台之间的合作是云服务如何被利用来支持全球在线市场动态需求的一个典范。

5.6 "最后一公里"配送

最初的供应链管理流程标准并没有特别关注"最后一公里"配送，所以补充"最后一公里"配送的应用工具和场景示例、分析"最后一公里"配送应用软件和平台对完善原有标准的缺失是有价值的。在这里也探讨了无人机在"最后一公里"配送的应用场景，结合作者正在研究的"地铁城市物流商业模式"，也让 AI 做了说明——结果当然符合现实：目前还没有成熟的商业模式。

5.6.1 "最后一公里"配送的主要技术和软件

由于技术的进步，"最后一公里"（英里）配送，即将货物从运输枢纽运送到最终交付目的地的最后一步，正在经历重大变革。

以下是目前正在使用的一些创新技术和软件解决方案。

 工具和技术

1. 路线优化软件

● 示例：Routific、Onfleet、Route4Me。

● 目的：这些平台使用算法确定最有效的配送路线，考虑因素包括交通、距离、配送时间窗口和停靠数量。

2. 交付管理平台

● 示例：Bringg、Shipox、DispatchTrack。

●目的：这些综合平台管理交付生命周期，提供路线规划、调度、实时跟踪和交付证明等工具。

3. 自动交付车辆

●示例：Nuro、Starship Technologies。

●目的：这些车辆设计为在没有人类驾驶员的情况下交付货物，可能降低成本并提高交付速度。

4. 无人机

●示例：Amazon Prime Air、Wing（由 Alphabet 提供）。

●目的：无人机被探索用于快速交付小型物品，特别是在拥挤的城市地区或偏远地区。

5. 电动自行车和滑板车

●示例：UPS 电动自行车交付计划。

●目的：这提供了一种环保的交付选项，可以比传统的交付货车更轻松地应对交通状况。

6. 众包交付网络

●示例：Postmates、Deliv、UberRUSH。

●目的：这些网络使用本地快递员，可以快速交付货物，通常在同一天内，采用类似于顺风车服务的模式。

7. 智能储物柜

●示例：Amazon Hub Locker、Parcel Pending。

●目的：智能储物柜为包裹提供安全的存放地点，允许客户在方便的时候取件，减少交付失败的尝试。

8. 物联网和智能包装

●目的：物联网设备可以监控包裹的内环境（如温度或湿度），而智能包装可以包含传感器，提供数据以改进对易碎或敏感物品的处理。

9. 移动应用程序

●目的：为交付人员提供导航、客户沟通和交付确认等功能的应用程序，通常包括照片和签名捕获。

10. 客户沟通平台

●示例：Twilio、MessageBird。

●目的：这些平台通过短信、电子邮件或应用程序通知向客户发送自动更新和交付通知。

11. 高级分析和机器学习

●目的：通过分析交付数据，这些技术可以预测最佳交付时间，管理库存水平，甚至预测未来订单，以实现更积极的交付安排。

12. 机器人和自动化物料处理

●示例：波士顿动力公司的 Stretch。

●目的：机器人可以自动化完成车辆中货物的装载和卸载，从而简化流程并减少人工劳动。

13. 区块链

●目的：虽然区块链技术在"最后一公里"配送方面还处于初级阶段，但可以提供一种安全和透明的方式来跟踪物品的责任链，这对于高价值或敏感货物特别有用。

随着技术的不断进步，这些工具的采用越来越广泛，导致了更快、更有效和更具成本效益的"最后一公里"配送服务。公司不断尝试这些技术，以克服"最后一公里"配送的挑战，并满足对快速和可靠服务不断增长的客户期望。

5.6.2　"最后一公里"配送的主要软件和平台

送货管理平台是设计用来简化向最终客户交付货物的软件解决方案。它们通常包括路线规划、实时跟踪、送货调度、客户沟通和分析等功能。

以下是关于三种此类平台的详细信息。

1. Bringg

Bringg 是一个送货运营平台，为企业提供了有效管理其送货生态系统的方式。它提供了可帮助来自各个行业（如零售、食品和医疗）的企业的功能，且这些功能可扩展。

——关键特点

●统一送货运营：Bringg 的平台将所有送货运营整合到一个系统中，无论是由第三方承运商还是内部车队执行的送货。

- **实时跟踪**：它为客户和企业提供送货的实时跟踪，为整个送货过程提供透明度。
- **优化路线**：Bringg 使用算法创建高效的路线，节省时间并降低成本。
- **客户体验管理**：该平台包括驾驶员与客户之间的沟通工具、预计到达时间更新和客户反馈收集。
- **集成能力**：Bringg 可以与现有系统（如 WMS、OMS 和 CRM）集成。

——优点

- 为大型运营提供全面的功能。
- 可定制以适应特定业务需求。
- 强大的分析功能以获取运营洞察。

——缺点

- 可能过于复杂，需要培训才能有效使用。
- 对于较小的运营可能功能过于丰富。

2. Shipox

Shipox 是一个为快递服务、食品配送和电子商务物流设计的具有完整功能套件的送货管理软件。

——关键特点

- **驾驶员应用程序**：用于管理接送和交付任务，具有内置导航和交付确认功能。
- **送货调度**：基于位置、可用性和负载能力自动分配驾驶员的自动调度系统。
- **交付证明**：捕获电子签名或照片作为交付证明。
- **路线优化**：Shipox 计算最有效的路线以节省时间和燃料。
- **分析仪表板**：提供实时分析仪表板，以跟踪绩效并管理运营。

——优点

- 用户界面友好，可快速上手。
- 适用于中小型企业。
- 对于交付量较低的公司来说，价格实惠。

——缺点

- 可能缺乏一些大型企业所需的高级功能。
- 与较大平台相比，定制性有限。

3. Dispatch Track

Dispatch Track 是一个旨在为企业提供无缝送货管理能力的软件解决方案，重点放在家具、家电和重货行业。

——关键特点

●自动路由和调度：使用先进的算法自动规划和调度路线，考虑客户偏好和特殊处理要求。

●动态预计到达时间：根据交通状况、驾驶员速度等连续计算预计到达时间。

●客户沟通：自动的交付前、途中和交付后通知，以保持客户知情。

●移动 POS：驾驶员可以使用移动应用程序作为货到付款订单的销售点或增值服务。

●分析和报告：提供详细的交付绩效、客户满意度和驾驶员效率报告。

——优点

●对于具有复杂送货需求的企业来说是理想选择，例如大件物品处理。

●全面的沟通工具以提高客户满意度。

●强大的分析功能以改善交付绩效。

——缺点

●对特定行业的关注可能不适合所有业务类型。

●功能集可能对于一般包裹送货服务来说过于专业化。

在选择送货管理平台时，企业需要考虑到诸如其运营规模、行业特定需求、与其他系统的集成能力以及希望提供的客户服务水平等因素。每个平台提供不同的功能和定价组合，因此企业应仔细评估哪个平台与其运营工作流程和战略目标最符合。

5.6.3 无人机在"最后一公里"配送中的应用

作为提高效率、缩短交付时间以及解决难以到达地点问题等挑战的手段，无人机正在被用于"最后一公里"的交付。以下是目前无人机的使用情况以及对未来使用的预测。

无人机在"最后一公里"交付中的当前用途如下。

（1）快速交付：无人机可以显著加快交付时间，特别适用于小型、轻量级物品。它们比传统的交付车辆更快，因为它们可以直线飞行，避开道路交通和障碍物。

（2）访问偏远地区：无人机可以到达传统交付服务可能受限或速度较慢的偏远或农村地区。

（3）减少碳排放：与交付卡车相比，电动无人机可以减少碳排放，特别是对于小包裹而言。

（4）医疗和紧急用途：无人机正在用于向医院和偏远地区交付关键的医疗用品，如药物、血液和疫苗。

测试项目：亚马逊（Prime Air）、谷歌的母公司 Alphabet 旗下公司 Wing 和 UPS 正在进行试点项目，评估无人机交付服务的可行性。

无人机在"最后一公里"配送中面临如下挑战和限制。

（1）重量限制：无人机只能携带一定重量的物品，限制了可交付物品的类型。

（2）电池寿命和航程：当前的无人机技术在飞行持续时间和航程上存在限制，这影响了无人机的飞行范围。

（3）管理障碍：在空域和隐私方面存在重大的管理障碍。

（4）安全与保障：确保地面人员的安全和正在交付的包裹的安全至关重要。

（5）天气依赖性：无人机对天气条件敏感，这可能限制了交付机会。

对未来无人机在交付中的使用预测如下。

（1）先进的无人机中心：无人机可能由先进的无人机中心运营，或者由移动发射中心部署，例如装备有无人机发射平台的货车驶入社区，并为本地的交付调度无人机。

（2）提高的自主性：技术进步可能会提高无人机的自主性，减少对人工监控和控制的需求。

（3）更好的电池技术：电池技术的创新可能会扩大无人机的航程和有效载荷能力，使其适用于更广泛的用途。

（4）融入空中交通：无人机将成为空中交通的一部分，须配备先进的系统来管理无人机飞行，并确保安全和隐私。

（5）扩大的管理框架：政府和航空管理当局将制定更全面的框架，以促进无人机在商业交付服务中的更广泛使用。

（6）集群技术：无人机集群的使用，可以完成更大的交付量和提高效率。

（7）公众接受：随着无人机交付变得更加普遍，公众的看法将发生变化，导致对这种交付方式的接受和依赖增加。

（8）定制化无人机：可能会开发针对特定交付类型的专门无人机，例如用于食品交付的绝缘无人机或用于高价值物品的超安全无人机。

总的来说，随着技术的成熟和管理挑战的解决，无人机可能会彻底改变"最后一公里"的交付，特别是对于轻量级和高优先级的物品。未来可能会看到无人机完全融入物流网络，与传统的交付方法并行，提供更快、更经济、更环保的服务。

5.6.4　城市地铁用于城市物流和"最后一公里"交付

地铁可以用于城市物流和"最后一公里"交付，尽管这在目前并不常见。一些概念模型和试点项目正在探索利用现有的地铁系统运输货物，利用这些大众交通解决方案的速度和效率优势。

以下是地铁用于城市物流和"最后一公里"交付可能的运作方式。

1. 非高峰利用

地铁在非高峰时段通常不太拥挤。这段时间可以用于运输货物，而不会干扰乘客服务。可以在乘客列车上增加专门用于货物的车厢，或者在这些时间运行专门的货运列车。

2. 空间优化利用

修改或设计可以容纳货物但在高峰时期仍允许乘客乘坐的特定车厢是另一种方法。这最大限度地利用了地铁系统内的空间。

3. 自动交付系统

在地铁站点加载和卸载货物的自动系统可以简化流程。这些系统需要快速和高效，以匹配地铁列车的快速周转。

4. "最后一公里"交付整合

到达指定的地铁站后，货物可以交给"最后一公里"的交付服务，例如骑自行车、电动车甚至无人机，以完成交付流程。

5. 与电商平台合作

电商公司可以与地铁运营商合作，利用网络进行包裹交付。在地铁站点可以安装储物柜，顾客可以方便地在那里取货。

6. 温控物流

对于交付易腐坏物品，可以在地铁系统内使用温控容器。这将需要额外投资于专门的基础设施。

7. 货物预定位

地铁可以在非高峰时段将货物预先定位到更接近最终交付目的地的位置，从而在繁忙时减少"最后一公里"交付的距离。

面临的挑战和考虑因素如下。

- 安全性：货物的运输不能影响地铁系统及其乘客的安全。
- 法规批准：将公共交通系统用于货物运输将需要进行法规的变更和批准。
- 物流协调：必须进行精确的协调，以确保货物运输不会干扰地铁的主要功能，即运送人员。
- 基础设施投资：可能需要对列车、站台和车站进行修改，以容纳货物而不影响乘客服务。
- 公众接受度：人们必须习惯于与货物共享地铁空间。

利用地铁进行城市物流运作是多模式城市交通解决方案的一部分，可以减少交通拥堵、减少排放和交付时间。随着城市变得更加拥挤，对快速交付的需求增加，像利用地铁这样的创新解决方案可能会变得更具吸引力和可行性。

在未来，随着物流技术的进步和更加综合的交通规划，地铁系统可能会在城市供应链中发挥重要作用，尤其是如果它们能够适应处理货物运输而不影响其乘客运输的主要功能。

关于使用地铁系统进行城市物流和"最后一公里"交付的具体试点项目并没有广泛报道。这个概念具有创新性，并且存在着需要解决的实际挑战。然而，在城市物流领域，已经有许多试点项目致力于提高效率和可持续性。

以下是一些示例，虽然它们并不直接涉及地铁，但展示了城市物流创新精神。

1. 货运电车

德累斯顿和苏黎世等城市尝试使用电车进行货物交付。这些货运电车用于将货物运送到城市中心，然后由更小、环保的车辆进行"最后一公里"的交付。

2. 城市集运中心（UCCs）

这些是位于所服务城市区域内的物流设施。货物被送到这些中心，然后使用更可持续的交通方式（如电动车或电动货车）在城市内进行分发。例如，伦敦已经实施了 UCCs 以减少拥堵和污染。

3. 自动化地下物流

在英国，像 Mole Solutions 这样的项目探索了使用自动化地下胶囊运输货物的概念。这与使用地铁的概念类似，但需要一个单独的、专用的基础设施。

4. 公共交通站点的包裹柜

虽然没有直接使用地铁本身，但一些公共交通系统已经在其车站内集成了包裹柜系统，顾客可以在这里取走他们的电子商务快递。这个概念已经在世界各地以各种形式得到采纳，包括日本和韩国等国家。

5. 专用的交付地铁线路

虽然还没有成为现实，但已经有提议创建专用的交付地铁线路，与公共地铁系统平行运行，或者在非高峰时段利用现有基础设施。

利用现有的地铁系统进行货运的想法面临着操作、安全和物流等问题，但上述示例显示了将物流解决方案整合到城市环境中的趋势。如果利用地铁进行货物运输的想法变得可行，它很可能会从小规模试点项目开始，以测试该概念并确定最佳实践。这将涉及城市管理机构、地铁运营商、物流公司和其他利益相关者之间的紧密合作。

5.7 AI 交付流程标准检验

> 本节对交付流程标准进行了一对一的检验。应该说前面主要部分的对照训练，对 AI 进行交付流程全过程对照检验提供了良好的基础。在 ChatGPT 升级能够阅读解析图片中的文字信息之后，可以对照流程的要点和二级流程进行更详细的检验。实际上得出的结果基本符合作者的预期，当然这与模型的训练是分不开的。本节也关注了 AI 在交付流程应用的技术要点，生成了未来图景。

5.7.1 AI 对交付流程标准的更新建议

让我们看看如何将人工智能、大数据分析和可持续性考虑因素整合到供应链的交付流程中。这个流程通常涉及运输管理、物流协调，以及确保货物以高效和及时的方式到达目的地。

1. 路线优化

• 人工智能和大数据：使用人工智能算法分析交通模式、天气条件和交付时间表，优化交付路线。这可以减少行程时间和燃料消耗，从而节省成本并减少碳排放。

• 可持续性：选择最小化环境影响的路线。在可能的情况下，采用环保的运输模式，如电动车或混合动力车。

2. 车队管理

• 人工智能和大数据：利用人工智能进行预测性维护，防止故障并延长车辆的使用寿命。分析车辆数据，提高燃油效率并监控驾驶员的行为，确保安全和效率。

• 可持续性：逐步过渡到使用更环保的车队，例如使用电动车或替代燃料车辆。减少怠速并优化装载能力，以减少碳足迹。

3. 实时跟踪和可见性

• 人工智能和大数据：利用 GPS 和 RFID 技术实时跟踪货物。人工智能可以提供关于潜在延误的预测性见解，并允许动态规划路由。

• 可持续性：实时监测交付的环境影响，并进行调整以减少环境影响。向客户提供有关其货物环境足迹的透明度。

4. 交付计划

• 人工智能和大数据：利用人工智能预测最佳交付时间，减少等待时间和失败的交付尝试。分析客户偏好和历史数据，优化交付计划。

• 可持续性：安排交付方式，以集运货物减少行程次数，从而降低排放。

5. 客户沟通和反馈

• 人工智能和大数据：利用人工智能驱动的聊天机器人和自动化系统，有效地与客户沟通有关交付状态和收集反馈。

• 可持续性：向客户介绍交付流程的可持续性方面，并鼓励客户提出如何进一步减少环境影响的反馈。

6. 退货和逆向物流

• 人工智能和大数据：利用数据分析有效地管理退货，了解退货趋势并减少浪费。使用人工智能找到处理退货的最有效方式。

- 可持续性：翻新、回收或负责任地处置退回产品，减少浪费，并促进循环经济。

将这些技术和可持续性实践纳入交付流程中，可以显著提高效率、降低成本，并减少供应链的环境影响。这种方法不仅改善了运营绩效，还与日益重要的环境和社会责任目标相一致。

5.7.2 AI 对交付子流程标准的更新建议

结合更新的技术应用，包括人工智能、大数据、软件应用，以下是每个子流程可以考虑的更新和技术应用要点。

1. 订单管理（4.1）

- 订单接收和录入：集成人工智能和机器学习以提高数据准确性和多语言支持。使用区块链提高跨多个数据库的数据完整性。

- 订单验证：通过人工智能系统进行自动实时信用检查和合规性验证，并进行欺诈检测的预测分析。

- 订单确认：使用人工智能动态分配库存，并使用人工智能聊天机器人进行自动化的客户确认，实现即时通信。

2. 仓储/配送（4.2）

- 库存管理：应用物联网设备进行实时库存跟踪，应用人工智能进行预测性库存管理。

- 订单拣选：自主机器人和增强现实技术应用于高效拣选，减少错误。

- 包装和发货：使用机器学习算法确定最佳包装材料和方法，减少浪费，提高可持续性。

3. 定制/延迟（4.3）

- 产品定制：利用人工智能根据客户数据提供个性化产品。

- 订单延迟：利用大数据分析确定产品定制的最佳时机，降低库存和储存成本。

4. 交付基础设施（4.4）

- 运输管理：应用人工智能和大数据进行路线优化和承运商选择，应用物联网进行车辆跟踪和维护。

●网络优化：高级分析用于网络设计和容量规划，确保在运输选择中可持续性。

5. 运输（4.5）

●承运商选择：根据成本、性能和可持续性评级，使用人工智能算法选择最佳承运商。

●货物整合：机器学习用于改善货物装载和整合，最小化行程，减少碳排放。

6. 电子商务交付（4.6）

●"最后一公里"交付：由人工智能驱动的无人机和自主车辆进行高效的"最后一公里"交付。

●客户体验：使用人工智能提供个性化的交付选项，并利用预测分析确定交付时间窗口。

7. 客户/客户合作管理（4.7）

●账户管理：具有人工智能功能的 CRM 系统，用于更好地了解客户见解和服务。

●协作平台：区块链和增强现实技术增强协作平台，以安全智能地与合作伙伴共享供应链数据。

8. 售后技术支持（4.8）

●问题解决：由人工智能驱动的支持系统，用于快速诊断和解决技术问题。

●退货管理：利用大数据分析了解和改进退货流程，通过翻新和回收减少浪费。

9. 客户数据管理（4.9）

●数据集成：云平台用于统一查看供应链中的客户数据。

●数据分析：利用人工智能从客户数据中提取可操作见解，以支持战略决策。

这些更新旨在利用现代技术使每个子流程更加高效、响应迅速、数据驱动和可持续，以确保交付流程优化以满足当前和未来供应链的需求。

5.7.3 AI 时代的交付流程和未来物流图景

这是一个展示供应链中更新后的交付流程图景（见图 5-1），呈现了一个高科技的配送中心，配有自主机器人、戴着增强现实头盔的工人、用于"最后一公里"交付的无人机、电动卡车以及配备人工智能物流分析的中央控制室。背景显示了区块链网络的可视化，该设施由可再生能源驱动。

图 5-1 AI 生成的未来交付流程图景

这是 AI 生成的未来物流图景（见图 5-2），包括 AI 指挥的无人驾驶卡车、无人机队和数字化的实时可视看板。

图 5-2　AI 生成的未来物流图景

第6章
AI在退货流程中的
应用

本章摘要

　　退货流程对提高退货效率、改善客户服务、改变客户预期、进行缺陷分析、提高产品质量至关重要。本章从AI对退货流程的理解出发，分析了AI和相关技术在退货流程中的应用，对物联网、区块链技术应用进行了案例检验，并对照供应链流程标准，生成了升级版的退货流程，展示了未来图景。退货流程的更新和AI应用的解读达到了流程更新的目标，因而具有指导意义和参考价值。

6.1 AI 如何定义退货流程

对退货流程标准的对照检查分成了 ChatGPT 升级前和升级后两个部分。第一步的验证是宽泛的没有输入标准文本的检验，探讨了数字化分析技术和 AI 如何应用于退货流程。可以看到，最初的理解也基本符合流程标准架构，对数字化时代的退货流程也增加了新的内容。

6.1.1 AI 对退货流程的理解

供应链管理中的退货流程，通常称为逆向物流，是涉及商品从最终客户退回供应商、制造商或零售商的一系列活动。这个流程是供应链的一个重要组成部分，因为它处理了商品在销售后的流动。

以下是退货流程通常包括的内容。

1. 收货和仓储

• 这一步涉及对退回商品的实际收货。通常会对到货的商品进行检查，以确定它们的状态。根据评估结果，它们可能会被退回库存、送往维修或翻新，进行回收，或者被处理掉。

• 高效的仓储操作对于顺利处理退货并控制成本至关重要。

2. 运输

• 退货流程中的运输包括将产品从客户处运送回公司的物流。

• 它必须以具有成本效益和及时的方式进行组织，并考虑到环境影响。

3. 维修和翻新

• 退回的产品如果被发现有缺陷或损坏，可能会经过维修或翻新过程。

• 通过修复产品、翻新产品或重新使用其零件的形式恢复价值。

4. 沟通

• 在退货流程中，有效的沟通至关重要，以协调不同部门之间的行动，例如客户服务、仓储和维修中心。

• 此外，与客户就退货政策、程序和状态进行清晰的沟通，可以确保透明度和客户满意度。

5. 管理客户期望

• 管理客户期望涉及提供清晰而简明的退货政策，确保客户在退货时有一个无压力的体验，并专业地处理客户的询问和投诉，以维护良好的业务关系。

在现代供应链运营中，退货流程不仅是业务必不可少的部分，也是展示优秀客户服务、获取产品质量信息和客户偏好见解的机会。高效处理退货的公司可以增强其服务声誉，鼓励再次购买，并收集有价值的数据，用于改进产品和服务。

6.1.2　数字化和人工智能时代的退货流程

在数字化和人工智能时代，供应链管理中的退货流程变得更加具有数据驱动性、高效和以客户为中心，这要归功于先进技术的整合。

以下是 AI 时代人工智能等技术在标准流程中的应用。

1. 收货和仓储

• 引入物联网传感器和 RFID 标签可以极大提高对退回产品的跟踪和处理能力。

• 使用以人工智能驱动的系统自动化仓储操作，预测退货量并相应地优化空间和资源。

2. 运输

• 人工智能和机器学习可以优化退货的提取和送货路线，最小化运输时间和成本。

• 区块链技术可以用于更好地追踪产品在整个退货流程中的透明度和可追溯性。

3. 维修和翻新

• 由人工智能支持的高级诊断可以快速确定产品的状态及其是否适合维修、翻新或回收。

• 机器人流程自动化可以用于自动化翻新过程中的重复性任务。

4. 沟通

• 聊天机器人和人工智能驱动的沟通工具可以为客户提供关于其退货的即时支持，减少人为干预并加快沟通流程。

5. 管理客户期望

• 数据分析和人工智能可以帮助预测退货趋势和理解客户行为，从而实现更准确的预测和库存管理。

• 机器学习还可以为客户定制个性化退货流程，提高客户满意度和忠诚度。

总的来说，数字工具和人工智能的引入可以带来以下好处。

• 增加的可见性：实时跟踪退货，使所有利益相关者即时获得最新动态。

• 增强的决策能力：数据分析提供见解，有助于完善退货政策和流程。

• 运营效率：自动化和人工智能简化了操作、减少了错误、降低了成本。

• 可持续性：人工智能可以改进退货商品的运输路由，减少排放、减少碳足迹。

• 客户体验：更快、更透明的退货流程提高了客户满意度和保留率。

在数字化和人工智能时代，要实现标准的退货流程，公司需要不断投资和更新其技术，以跟上技术的进步和不断变化的消费者期望。

6.2 退货流程中使用的新技术

对技术应用的探讨是 AI 对退货流程更新的主要方面，AI 首先回答了哪些技术可以应用于退货流程，作者重点探讨了物联网技术、区块链技术在退货流程中的应用，也让 AI 给出了示例。

6.2.1 退货流程可以使用哪些技术

退货流程，也称为逆向物流。技术在使这一流程尽可能高效和顾客友好方面起着至关重要的作用。以下是退货流程中常用的一些技术。

工具和技术

1. 退货商品授权（Return Merchandise Authorization，RMA）系统

• 这些系统管理退货的发起、处理和跟踪。它们通常包括供客户在线请求退货、打印运输标签以及企业跟踪退货返回仓库的功能。

2. 仓库管理系统（WMS）

●WMS 解决方案在管理退货商品的接收、检查和处理方面至关重要。它们可以帮助决定产品是否应重新上架、维修、回收或处理掉。

3. 运输管理系统（TMS）

●TMS 可用于管理和优化退货商品的运输，包括承运商选择和路线优化。

4. 客户关系管理（CRM）系统

●CRM 系统有助于管理与退货相关的客户互动，包括沟通、退货政策和客户反馈。

5. 企业资源计划（ERP）系统

●ERP 系统将退货流程与财务和库存管理系统集成，确保退款、替换和库存调整都准确记录。

6. 条形码和 RFID 扫描

●扫描技术通过快速识别产品并确定它们在退货流程中的下一步骤，有助于高效处理退货。

●自动分类系统：在较大的操作中，自动分类系统可以帮助快速将退货商品分为重新上架、维修或其他操作的类别。

7. 数据分析和报告工具

●分析工具可以处理退货数据，识别趋势、衡量退货对成本的影响，并为产品质量和退货政策的决策提供支持。

●人工智能（AI）和机器学习（ML）：AI/ML 可以预测退货概率、优化退货流程，并提供客户个性化退货体验。它还可以通过识别退货产品中的缺陷或问题来协助质量控制。

8. 聊天机器人和虚拟助手

●这些 AI 驱动的工具可以为客户提供关于退货政策、流程和状态更新的即时帮助。

●移动应用程序：零售商或第三方应用程序可以为客户提供更简单的退货流程，包括退货请求和跟踪。

9. 物联网（IoT）

●IoT 设备可以跟踪退货商品的状态和位置，尤其适用于处理敏感或高价值商品。

- 电子商务平台：许多电子商务平台现在包括集成的退货管理功能，实现无缝的退货流程。

10. 区块链技术

- 虽然区块链目前在退货中尚未被广泛采用，但可以用于跟踪产品的生命周期和验证退货商品的真实性，尤其适用于奢侈品市场。

实施这些技术有助于企业简化退货流程、降低成本并保持客户满意度。随着技术的发展，我们可以期待在供应链管理这一领域出现更加复杂的解决方案。

6.2.2 物联网技术在退货流程中的应用

物联网（IoT）越来越多地被应用于供应链管理中的退货流程，其为退货流程提供了几个重要的好处。

1. 增强的可见性和跟踪

IoT设备可以提供退货商品的实时跟踪数据，使公司可以在退货流程中的任何时刻准确了解产品的位置。

2. 改进的库存管理

通过物联网更好地跟踪退货，公司可以快速将退货商品重新纳入库存，最大限度地减少产品处于销售周期外的时间。

3. 状态监测

IoT传感器可以在运输过程中监测产品的状态。对于对环境条件（如温度或湿度）敏感的产品，将有助于确保它们在可接受的参数内退货。

4. 自动处理

IoT可以使自动化系统在退货商品到达仓库时立即识别和分类，加快处理时间，减少人工处理的需求。

5. 预测性维护和质量控制

对于内嵌IoT的产品，可以分析数据以确定产品是否可能很快出现故障或需要维护，从而预防由于故障而导致的退货。

6. 诈骗检测

IoT技术可以帮助验证退货商品的真实性，并防止退货欺诈，这对于零售商来说是一个重大成本。

7. 客户服务的改进

IoT 提供的实时数据可用于向客户提供有关其退货状态的信息,改善客户体验。

8. 效率高的召回

在产品召回的情况下,物联网可以帮助高效地识别和检索需要退货的特定商品。

9. 可持续性

通过优化退货流程,物联网可以帮助减少废物的产生和能源的使用,促进更可持续的运营。

10. 数据分析

通过物联网设备收集的数据可以分析退货趋势,有助于了解产品改进并减少未来的退货。

11. 动态重新调度

IoT 系统可以根据客户的可用时间和最佳路由动态重新安排退货的提取,从而降低物流成本。

将物联网整合到退货流程中可以实现显著的成本节约、效率提高和增强客户满意度。随着越来越多的产品具有智能功能及物联网技术的普及,IoT 系统在供应链管理逆向物流方面的作用将进一步增强。

6.2.3 区块链在退货流程中的应用及示例

区块链技术在产品退货的背景下仍然是一个新概念,广为人知的真实案例相对较少。然而,因其在改善退货流程的透明度、追溯性和效率方面的潜力,有关区块链在该领域的应用已经在讨论中。

以下是区块链如何在这一背景下应用的虚拟示例。

示例场景:奢侈品退货。

一家奢侈时尚品牌希望确保其产品在整个供应链流程中的真实性;在奢侈品市场上,仿冒品是一个主要问题,该品牌希望通过退货防止仿冒产品进入供应链。

实施过程如下。

1. 产品标记

- 每个产品都标有唯一的数字标识符，例如 RFID 芯片，并记录在区块链上。
- 该标识符包含有关产品来源、材料、制造日期和完整交易记录的信息。

2. 客户购买

- 当客户购买产品时，销售记录将记录在区块链上，安全地将产品与客户联系起来。

3. 退货发起

- 如果客户决定退货，他们通过品牌的退货门户发起流程。
- 区块链系统将更新退货请求，触发智能合约。

4. 验证

- 收到退货后，扫描产品的 RFID 芯片，并将信息与区块链记录进行匹配。这验证了产品的真实性以及历史记录中的产品状态。

5. 退款流程

- 如果产品经过验证符合退货条件，智能合约自动将退款转给客户。
- 如果产品与区块链记录不符（表明可能是假冒品或未作为新品销售），则将暂停退款以进行进一步调查。

6. 重新上架或回收

- 如果退回的产品是真实的且处于可销售状态，则更新区块链记录，并重新上架该产品。
- 如果产品不再可销售，则区块链可以跟踪其回收或处理情况。

该场景应用区块链的好处有哪些？

- 减少欺诈：使用区块链大大减少了退货欺诈和假冒商品进入供应链的风险。
- 增加透明度：由于产品历史记录的不可变性，所有各方都可以信任该流程。
- 效率：智能合约可以自动化部分退货流程，降低行政开支。
- 增强客户信任：客户对产品的真实性和退货流程的公平性有了更多的信心。

面临的挑战有哪些？

- 实施成本：为退货设置区块链系统可能成本高昂且复杂。
- 技术采用：客户和供应链合作伙伴都需要且愿意采用这种新技术。

●法规合规：该系统必须符合数据保护和隐私法律，这在去中心化的区块链记录中可能具有挑战性。

总而言之，虽然在退货中使用区块链尚未普及，但它为某些市场，特别是容易受到仿冒和欺诈影响的市场，提供的潜在好处是显著的。随着区块链技术的成熟和普及，更多公司可能会探索这样的系统，以强化其逆向物流流程。

6.3 AI 退货流程标准检验

> 第二阶段的对照验证是在输入流程标准文本的情况下进行的。这个也基于前面部分的讨论，成为模型训练的一部分。在输入标准后，作者让 AI 进行了重新表述，可以看到 AI 对标准文本的理解是基本准确的，而对照的更新，则基于原标准给出了系统性的说明，也相应生成了示意图片。

6.3.1 AI 对退货流程标准的更新

更新供应链管理中的退货流程意味着整合最新的技术和管理实践，以提高效率、成本效益、客户满意度和环境可持续性。

1. 退货政策和流程设计

●制定一个以客户为中心的退货政策，清晰、简明、易于访问，利用人工智能驱动的用户友好界面引导客户完成退货流程。

●运行自动处理退货请求并生成运输标签、说明和文件的软件。

2. 退货授权（RMA）

●使用基于人工智能的系统评估退回产品，根据退货原因和产品状况对其进行分类，并确定退货周期中的下一步。

●区块链可用于创建透明且不可变的退货记录，提高追溯性和解决争议能力。

3. 逆向物流

●利用人工智能和分析优化产品退货的运输路线和物流操作，进行路线优化和库存管理。

- 集成物联网设备跟踪退回产品，并实时提供其状况和位置数据。

4. 检验与处置

- 利用基于人工智能的图像识别和扫描技术自动化检验流程，快速评估产品状况。
- 实施决策算法，确定退回产品是否应重新进货、翻新或回收。

5. 维修和翻新

- 利用机器人和自动化技术在维修或翻新过程中进行高效的拆解和重新组装。
- 利用预测性分析管理维修零件库存，确保可用性并减少浪费。

6. 进货和转售

- 使用软件系统自动更新库存水平，并在退货产品可重新销售时通知销售渠道。
- 大数据可以提供对翻新商品需求的见解，优化定价和销售策略。

7. 信用和退款管理

- 实施无缝自动化的退款和店铺积分系统，提高客户满意度和忠诚度。
- 利用人工智能根据客户历史信息定制退款选项，潜在地将退货转化为换货或未来的销售机会。

8. 数据分析和报告

- 分析退货数据以识别退货的趋势和根本原因，并利用这些见解来改善产品质量和客户体验。
- 通过由数据整合的仪表板报告和退货流程 KPI，给管理层提供可行性行动建议。

9. 退货可持续性

- 通过维修、翻新和转售鼓励产品生命周期的延长，减少废物的产生和与新产品制造相关的碳足迹。
- 利用人工智能优化物流，减少运输退货产品的环境影响。

10. 客户服务和沟通

- 使用聊天机器人和自动化工具向客户及时通报其退货状态并处理常见问题。
- 使用人工智能辅助工具培训客服代表提供个性化服务并解决与退货相关的复杂问题。

　　通过整合这些技术和管理的增强功能，公司可以将其退货流程变得更高效、更具响应性，并符合现代消费者期望和环境可持续性目标的流程。

6.3.2　AI 生成的退货流程场景图

　　根据 AI 更新的退货流程，AI 生成了未来退货流程的场景（见图 6-1）。该图像展示了供应链环境中先进的退货流程，说明了技术和可持续性的整合。

图 6-1　AI 生成的未来退货流程场景

　　该场景呈现出以下信息。

　　• 自主机器人对退回的产品进行分类，展示了自动化在简化退货流程中的运用。

- 携带平板电脑的工人，象征着人类监督与基于人工智能的软件进行数据分析和决策的结合。

- 配备人工智能摄像头和扫描仪的自动化检验站，展示了技术在评估退货产品状况中的运用。

- 专门用于维修和翻新的区域，凸显了延长产品生命周期和减少浪费的重点。

- 显示物流分析和退货数据趋势的大型数字显示屏，代表了利用大数据优化退货流程的运用。

- 明显的回收箱和标志，促进环境责任感，强调了对可持续实践的承诺。

这种视觉呈现概括了在供应链中管理退货的现代、高效和技术驱动方法，平衡了技术进步与可持续性。

第 7 章
AI在供应链绩效管理中的应用

本章摘要

供应链绩效管理是衡量供应链运作效率和效果的过程，内容涉及供应链全流程的测算体系，作者之前的著作《供应链绩效管理实战》专门做了详细阐述。本章主要通过AI对供应链绩效管理流程的理解，重点关注AI和大数据分析技术如何在供应链全流程绩效管理中应用，包括主要工具和方法论，对照得出了AI对供应链绩效管理流程更新的建议。

7.1 供应链绩效管理流程及面临的挑战

供应链绩效管理的效果是通过对全流程进行绩效考核来实现的。本节首先让 AI 给出了供应链绩效管理的一般性表述，以及 AI 对供应链绩效管理流程的理解，探讨了供应链绩效管理面临的挑战和实践应用。读者可以发现，在没有输入流程和架构之前，AI 对供应链绩效管理的理解还是浅层次的。这说明通用模型要实现专业目的，必须要经过"专业的"训练。

7.1.1 AI 对供应链绩效管理流程的理解

供应链绩效管理是衡量公司供应链运营效率和有效性的过程，进而与其他领先公司或特定行业标准进行比较，其目标是清楚了解你的供应链相对于其他供应链的表现情况，并识别改进的领域。

以下是该过程的概述。

1. 确定目标和范围

• 确定你想对供应链进行绩效考核的方面（例如成本、速度、可靠性、灵活性）。

• 决定是进行公司内部绩效考核（比较不同部门或地点）还是对其他公司进行外部绩效考核。

2. 选择竞争标杆

• 找到具有最佳供应链流程的公司。它们可以是直接竞争对手、相似行业的公司或者完全不同行业的领导者。

3. 数据收集

• 收集关键绩效指标（KPI）的定量和定性数据，例如库存周转率、订单交付时间、每次装运成本、订单准确度和退货率。

• 使用多种来源，包括行业报告、财务文件、调查、采访和现场访问。

4. 数据分析

• 将你的绩效数据与绩效考核合作伙伴的数据进行比较。

● 分析差距，并确定绩效差异的根本原因。

5. 计划和行动

● 制订解决绩效差距的计划，这可能涉及流程变更、采用新技术或重新培训员工。

● 基于绩效考核数据设定切实可行的目标，并概述达成这些目标的可操作步骤。

6. 实施

● 执行改进计划，确保所有相关利益相关者参与并了解。

● 密切监控进展，并根据需要调整计划。

7. 持续评估

● 定期审查绩效考核结果和所做变更的影响。

● 随着业务目标、市场条件和行业标准的变化，随时调整 KPI 和基准。

8. 反馈和学习

● 在组织内营造持续改进和学习的文化。

● 跨部门分享绩效考核见解，以鼓励最佳实践。

7.1.2 供应链绩效管理面临的挑战与最佳实践

供应链绩效管理面临的挑战主要有以下几个方面。

● 数据可用性：从其他公司获取准确可比较的数据可能很困难。

● "苹果对苹果"的比较：确保所比较的数据真正可比较，并考虑到业务模式和市场的差异。

● 动态基准：供应链基准很快就会过时，因为市场和技术在变化。

以下是供应链绩效管理的最佳实践。

● 使用平衡的 KPI 集合：专注于财务、运营和以客户为中心的指标的混合，以获得对绩效的全面视图。

● 理解背景：比较其他供应链时，认识到你的供应链的独特方面。

● 吸引利益相关者：与各种利益相关者合作，包括供应商和客户，以获得对供应链绩效的全面了解。

● 利用第三方专业知识：咨询公司和行业组织可以提供专业知识和获取绩效考核数据的渠道。

供应链绩效管理是一种战略方法，需要承诺、资源和采取改进行动的意愿。正确执行时，它可以带来供应链效率、有效性和竞争力方面的显著改善。

7.2 供应链绩效管理中的工具和系统

在作者《供应链绩效管理实战》的书中，主要根据供应链流程标准提炼出了整体考核和分流程考核的指标和计算公式。随着供应链数字化的进程，供应链绩效考核的工具和手段有了很多新的进展。AI 给出了主要的工具和系统，作者则要求 AI 进一步对不同的系统和平台进行比较分析。读者可以看出这些结果是有参考价值的。所以，我们要做的就是用我们的思维来训练模型，让它按照我们的思维方式生成所需要的结果。

7.2.1 供应链绩效管理的主要工具和系统

供应链绩效管理通常涉及多种工具和系统，用于收集、分析和比较绩效数据。

工具和技术

1. 绩效考核软件

● 专门设计用于绩效考核的工具可以帮助进行数据收集、绩效分析和生成报告。这些工具可能包括自动从供应链的各个部分收集数据的功能。

● 示例：QlikView、SAS、Minitab 以及像 APQC（美国生产力与质量中心）这样的公司提供的专业绩效考核服务。

2. 商业智能（BI）和分析平台

● BI 平台能够分析大量数据，识别趋势和见解。它们通常具有仪表板、报告和数据可视化工具。

● 示例：Tableau、Microsoft Power BI、IBM Cognos Analytics。

3. 企业资源计划（ERP）系统

● ERP 通常用于收集对绩效考核至关重要的历史运营数据。

●示例：SAP ERP、Oracle ERP Cloud、Microsoft Dynamics 365。

4. 供应链管理（SCM）软件

●SCM 解决方案提供有关库存水平、供应商绩效、采购和订单执行等数据，这些数据对绩效考核至关重要。

●示例：Infor SCM、JDA Software、Epicor SCM。

5. 仓库管理系统（WMS）

●这些系统可以提供有关仓库操作的数据，包括订单周转时间和库存准确性。

●示例：曼哈顿联合公司、HighJump、Oracle WMS。

6. 运输管理系统（TMS）

●TMS 提供有关运输绩效、运费成本和承运商绩效的数据。

●示例：TMW Systems、Descartes Systems Group、Blue Yonder TMS。

7. 客户关系管理（CRM）系统

●CRM 系统可以提供有关客户服务指标、退货率和订单准确性的数据。

●示例：Salesforce、Zoho CRM、HubSpot。

8. 行业调查和报告

●来自行业调查和报告的外部数据可以提供比较的基准。组织和咨询公司经常提供行业特定的绩效考核报告。

●示例：Gartner、Capgemini、McKinsey & Company。

9. 数据收集工具

●在线调查、问卷和电子数据交换（EDI）工具可用于直接从供应链合作伙伴那里收集特定数据。

●示例：Google Forms、SurveyMonkey、TrueCommerce 等 EDI 提供商。

10. 项目管理软件

●这些工具可以帮助管理绩效考核项目本身，跟踪进展和协作情况。

●示例：Asana、Trello、Smartsheet。

11. 自定义开发的电子表格和数据库

• 对于更具针对性的需求或特定的分析，公司可能会使用具有复杂建模功能的自定义开发的电子表格或数据库。

12. 专业协会和行业组织

• 这些组织通常拥有会员可以使用的绩效考核工具和数据库。

• 示例：CSCMP、APICS 等。

13. 专门的绩效考核服务

• 一些公司选择使用专门从事绩效考核和绩效改进的公司的服务。

• 示例：贝恩公司、波士顿咨询集团（BCG）、普华永道。

14. 云协作工具

• 这些工具用于在公司内部或与外部合作伙伴安全共享绩效考核数据和见解。

• 示例：Google Workspace、Microsoft 365、Dropbox。

在选择绩效考核工具和系统时，重要的是确保它们不仅能够准确捕获和分析数据，还能与供应链中的其他系统集成，提供绩效的全面视图。

7.2.2 主要供应链绩效考核系统的对比分析

以下是关于 QlikView、SAS、Minitab 和 APQC 专业绩效考核系统的详细解释。

1. QlikView

QlikView 是一款商业智能（BI）工具，可实现数据可视化、分析和报告。它是 Qlik 工具套件的一部分，还包括 Qlik Sense。QlikView 允许用户创建专为业务挑战设计的引导式分析应用程序和仪表板。

——关键特点

• 关联模型：QlikView 的专有技术允许用户通过进行选择来探索数据，并即时查看更新后的数据和可视化结果，无须预定义查询。

• 数据集成：它可以将各种来源的数据组合在一起，以提供全面的信息视图。

● 可定制的仪表板：用户可以构建和定制仪表板，以跟踪绩效考核所需的关键绩效指标和度量标准。

● 内存处理：QlikView 将数据存储在内存中，加快了处理大型数据集和复杂查询的速度。

——在绩效考核中的应用

● QlikView 用于汇总、可视化和分析绩效数据，从而更容易地识别公司在与行业基准比较中领先或落后的领域。

2. SAS

SAS（统计分析系统）是由 SAS Institute 开发的一套软件工具，用于高级分析、多元分析、商业智能、数据管理和预测分析。

——关键特点

● 数据分析：提供各种统计功能，并具有强大的数据分析能力。

● 高级分析：包括预测建模、机器学习和预测，可根据历史数据提供未来趋势的见解。

● 数据管理：提供清洗、转换和管理数据的工具。

● 报告：用户可以创建定制报告并可视化。

——在绩效考核中的应用

● SAS 在统计分析方面特别强大，适用于深入的绩效考核分析，以将操作绩效与行业标准进行比较。

3. Minitab

Minitab 是专为 Six Sigma 专业人士设计的统计软件包。它提供了一种简单、有效的方法，用于输入统计数据、处理数据、识别趋势和模式，然后推断出问题的答案。

——关键特点

● 易用性：以用户友好的界面而闻名。

● 统计工具：提供各种统计分析工具，包括假设检验、回归和方差分析。

● 质量工具：提供质量保证工具，如控制图和测量系统分析。

● 数据可视化：用户可以轻松创建图形和图表来可视化数据。

——在绩效考核中的应用

● Minitab 通常用于过程改进，并且在绩效考核中具有重要价值，可用于识别与行业最佳实践相比的过程绩效和变化。

4. APQC（美国生产力与质量中心）

APQC 提供绩效考核和最佳实践研究，帮助组织改善其流程和绩效。

——关键特点

• 绩效考核调查和数据库：提供各种绩效考核调查和数据库，公司可以使用这些工具将其绩效与其他公司进行比较。

• 定制绩效考核：APQC 可以为特定行业或流程进行定制绩效考核研究。

• 最佳实践研究：提供在各种行业中被证明有效的最佳实践和流程的研究。

• 咨询服务：提供咨询服务，帮助组织了解其绩效考核数据并做出明智决策。

——在绩效考核中的应用

• 组织使用 APQC 的服务来了解其在关键绩效领域相对于同行的地位，并根据数据驱动的见解识别需改进的领域。

这些工具和服务各自提供独特的功能，以支持绩效考核的不同方面。QlikView 和 SAS 在数据分析方面表现出色；Minitab 的优势体现在统计分析和质量方面；而 APQC 则提供全面的绩效考核服务，可以指导组织实施最佳实践和提高绩效。

7.3 AI 在供应链绩效管理流程应用的检验

本节根据供应链绩效管理的基本架构，检验了 AI 对供应链绩效管理流程能够提升的方面，涉及测量的工具和方法论，指标的比较和改进的领域，也提示了最佳实践，这些实践案例是可以进一步挖掘的，由于篇幅的关系，这里没有进行深层次的讨论。感兴趣的读者可以进一步挖掘，相信会有收获。

7.3.1 AI 对供应链绩效管理流程的改进

供应链绩效管理涉及测量和比较各种指标，以确定改进的领域、设定目标并采用最佳实践。

以下是供应链绩效管理的更新流程，其结合了现代技术和方法。

1. 确定关键绩效指标（KPI）

●确定与供应链绩效相关的最关键的指标，例如交货时间、库存周转率、订单准确性、客户满意度和可持续性指标。

●包含新兴的 KPI，反映了现代供应链挑战，如供应链韧性、碳足迹和数字集成。

●数据收集和整合：

利用物联网设备和传感器收集各个供应链阶段的实时数据；

实施整合工具，从不同来源（包括内部系统和外部合作伙伴）汇总数据，确保全面的可见性。

2. 使用高级分析和人工智能

●使用预测分析根据历史趋势预测未来的供应链绩效。

3. 与行业标准进行绩效比较

●将企业的供应链指标与行业标准和最佳业绩者进行比较。这可以通过专业的绩效考核平台和行业报告来实现。

●参与合作绩效考核倡议，企业在非竞争框架内分享见解和最佳实践。

4. 纳入客户反馈

●将客户满意度指标纳入绩效考核过程。使用人工智能驱动的工具分析各种渠道的客户反馈。

●衡量客户中心的指标，如订单执行准确性、退货率和服务质量。

5. 可持续性绩效考核

●评估环境和社会影响指标，如温室气体排放、能源使用和道德采购实践。

●将这些可持续性指标与行业规范和法规标准进行基准比较，以确保合规性并促进负责任的运营。

6. 持续监控和报告

●实施仪表板和报告工具，持续监控 KPI。

●使用人工智能驱动的仪表板生成动态报告，使企业能够快速应对绩效差距。

7. 可操作的见解和改进策略

• 将绩效考核的结果转化为可操作的改进策略。这可能包括流程优化、技术升级或培训计划。

• 根据其潜在影响和可行性优先考虑改进策略。

8. 反馈回路和定期审查

• 建立一个反馈回路，持续审查和调整绩效考核流程，确保其保持相关和有效。

• 定期更新绩效考核流程，以反映业务战略、市场条件和技术进步的变化。

这种更新的绩效考核流程不仅衡量传统指标的绩效，还整合了现代技术能力和可持续性考虑因素。它旨在提供对供应链绩效的全面视图，推动持续改进和战略决策。

7.3.2 供应链绩效管理与 EVA、EBITDA

供应链绩效管理与经济增加值（Economic Value Added，EVA）和税息折旧及摊销前利润（Earnings Before Interest, Taxes, Depreciation and Amortization, EBITDA）直接相关，因为这些财务指标受到供应链运营效率和效果的影响。

以下是它们之间的关系。

1. 对经济增加值（EVA）的影响

• EVA 是根据将资本成本从营业利润中扣除而计算出的剩余财富的财务绩效指标。高效的供应链流程可以显著降低运营成本，从而可能提高营业利润。

• 更好的库存管理、缩短交货时间和改善供应商关系是有效供应链绩效考核的结果，可以减少企业中投入的资本，从而改善 EVA。

• 通过进行绩效考核和优化供应链，企业可以实现更精简的运营，减少浪费和运营效率低下，从而提高 EVA。

2. 对税息折旧及摊销前利润（EBITDA）的影响

• EBITDA 反映了企业在扣除诸如利息、税金、折旧和摊销等费用之前的盈利能力。有效的供应链管理可以直接影响销售成本和运营费用，从而影响 EBITDA。

●改善的供应链流程可以在采购、生产和物流方面节省成本。这些节省可以降低销售成本和运营费用，从而可能增加 EBITDA。

●改善的需求预测和库存管理是成功的供应链绩效考核的结果，可以带来更好的库存优化，降低持有成本和过时风险，从而有利于 EBITDA。

3. 将绩效考核与财务绩效联系起来

●供应链绩效考核通常涉及制定各种操作领域的改进目标。实现这些目标可以带来财务绩效的提升，反映在 EVA 和 EBITDA 等指标中。

●与行业标准和最佳实践进行比较，绩效考核可以发现供应链在财务方面表现不佳的领域。解决这些领域可以直接改善公司的整体财务状况。

●战略决策：通过了解供应链绩效与 EVA 和 EBITDA 等财务指标之间的关系，企业可以做出更明智的战略决策。例如，投资于供应链中的技术或流程改进可以通过对这些财务指标的潜在积极影响来加以证明。

总之，供应链绩效考核不仅关乎操作效率，它还涉及财务绩效。供应链的改进可以对公司的财务状况产生重大影响，这在 EVA 和 EBITDA 等财务指标中得以体现，凸显了供应链管理对整体业务成功的重要性。

第 8 章

AI在供应链风险管理
与韧性建设中的应用

本章摘要

供应链风险与韧性建设越来越受到关注，不仅因飓风、地震、海啸等自然灾害，还因地缘政治冲突、国际贸易摩擦，特别是COVID-19疫情大流行，彻底改变了过去30年形成的供应链运作的基本哲学。本章从供应链风险和韧性的概念入手，深入探讨了AI和大数据等技术在供应链风险防范与韧性建设中的应用，介绍了供应链韧性建设的典型案例，也对新冠疫情、贸易摩擦、俄乌冲突的影响进行了探讨。这个章节的内容值得读者重点关注。

8.1 供应链风险管理与韧性

> 对 AI 在供应链风险管理方面应用的检验也是从概念、流程和关键要素开始的。这个对照讨论涉及供应链风险管理（Supply Chain Risk Management，SCRM）、韧性供应链、风险和韧性的关系。这些是作者关注的基本问题，AI 给出了基本令人信服的答案。看来这方面是 AI 比较擅长的领域。

8.1.1 供应链风险管理的概念、流程和关键要素

供应链风险管理（SCRM）概念如下。

供应链风险管理是指公司采取措施，以识别、评估、管理和减轻其供应链内可能对公司运营绩效、盈利能力或声誉产生负面影响的潜在风险。这些风险可能来自多种来源，包括财务问题、自然灾害、地缘政治事件、技术变化、供应商不稳定性等。

SCRM 的概念根植于一种积极主动的方法，即预见供应链各个环节的中断和脆弱性，并建立有效的应对策略。它是供应链管理的一个组成部分，并需要所有利益相关者之间的协作，以确保韧性和连续性。

SCRM 流程通常包括以下几个关键步骤。

1. 风险识别

• 第一步是识别潜在的风险来源。这些风险可能是内部的（公司内部）或外部的（公司外部），并且可能影响供应链的任何部分。

2. 风险评估和分析

• 一旦确定了风险就会对每一个风险进行评估，以确定其可能性和潜在影响。这通常涉及在可能的情况下量化风险，并根据其严重程度对其进行优先排序。

3. 风险缓解计划

• 针对每个重大风险都会制订缓解计划。这包括减少风险发生的可能性或在发生后减轻其影响的策略。策略可能涉及多样化供应商、增加库存、

投资于替代物流解决方案或实施先进的监测系统。

4. 控制措施的实施

- 这一步涉及将风险缓解计划付诸实施。控制措施可以是预防性的（以减少风险发生的可能性）或是应对性的（在发生后管理影响）。

5. 监控和报告

- 对供应链的持续监控是发现潜在问题早期迹象的关键。定期报告有助于让利益相关者了解情况，并确保风险管理始终是供应链运营的一个动态而不可或缺的组成部分。

6. 评估和改进

- SCRM 流程是循环的，而不是线性的。定期审查风险管理实践是必要的，不断完善和改进它们，确保随着业务和外部环境的演变它们仍然有效。

SCRM 的关键要素如下。

- 供应链可见性：供应链的完整可见性对于识别风险至关重要。
- 协作：与供应商和合作伙伴共享信息并合作有助于更有效地识别和管理风险。
- 灵活性：能够快速适应供应链变化以减轻风险。
- 技术：利用预测性分析、人工智能和物联网设备等技术可以增强风险检测和应对能力。
- 文化：在组织内部和整个供应链中培养风险意识文化对于有效的风险管理至关重要。

有效的 SCRM 可以帮助公司在发生破坏性事件时保持运营效率、保护财务绩效，并保持客户服务水平。它是构建韧性供应链的战略组成部分。

8.1.2 韧性供应链定义及流程

韧性供应链的特点在于其具备预见、准备、应对和从意外中恢复的能力。它被设计成能够抵御挑战并迅速从各种挑战中恢复，如自然灾害、市场波动、政治不稳定、经济衰退、技术故障和其他不可预见的事件。

供应链管理中的韧性不仅限于简单的风险管理，它涉及构建一个强大的系统，能够适应变化并在逆境中继续有效运作。其目标是将对供应链运营的干扰影响降至最低，并保持对客户的服务水平。

构建韧性供应链的流程包括以下几个步骤。

1. 风险评估

通过对整个供应链的彻底分析和评估，识别潜在的内部和外部风险。

2. 设计敏捷性

创建敏捷的供应链设计，能够适应变化，例如关键组件拥有多个供应商或具备切换运输模式的能力。

3. 建立协作

与供应商、合作伙伴和物流提供商建立牢固的关系，确保开放的沟通和协作，这对应对中断和从中断中恢复至关重要。

4. 投资于技术

实施先进技术，如物联网、人工智能和数据分析，以提高可见性并实现主动决策。

5. 安全库存管理

采取安全库存、缓冲库存或战略性储备等策略，以减轻供应中断的影响。

6. 供应商多样化

多样化供应商基础，避免过度依赖于任何一种原材料或零部件的单一来源。

7. 培训与发展

培训员工有效应对供应链中断，并投资于技能发展，以提高组织的适应能力。

8. 业务连续性规划

制订并定期更新业务连续性计划，详细说明在中断期间和之后维持运营的程序。

9. 监控与响应系统

建立持续监控供应链活动和快速响应系统，以应对即时问题。

10. 持续改进

根据从过去中断中学到的经验和持续的风险评估，定期重新审视和更新供应链战略。

11. 可持续性考虑

将可持续性纳入供应链中，可以导致更具道德、环保和社会责任感的实践，进而增强韧性。

以下是韧性供应链的关键方面。

- 冗余性：在正常运营受到干扰时，有备用资源和系统确保连续性。
- 敏捷性：能够在供应链中断的情况下迅速改变方向。
- 可见性：具备供应链的端到端可见性，以监控风险和绩效。
- 可扩展性：能够根据供求波动调整运营规模。

韧性供应链对于现代企业在复杂而快速变化的全球环境中生存和发展至关重要。尤其是新冠疫情凸显了供应链韧性的重要性，促使许多公司重新评估和加强其供应链战略。

8.1.3　供应链风险管理和供应链韧性之间的区别和联系

供应链风险管理（SCRM）和供应链韧性是供应链管理领域内紧密相关的概念，但它们侧重于处理不确定性和中断的不同方面。

1. 供应链风险管理（SCRM）

SCRM 主要关注识别、评估、管理和缓解可能对供应链性能产生负面影响的风险。它是一种主动的方法，还包括以下方面。

- 分析潜在的风险源，包括内部和外部。
- 制订策略以最小化中断的可能性和影响。
- 持续监控风险并根据需要修订策略。
- 实施控制和保护措施以防范已识别的风险。

SCRM 倾向于更具分析性，并专注于预防具体已知风险的应急计划。其目的是保护供应链免受已识别的潜在威胁。

2. 供应链韧性

供应链韧性指的是供应链抵御中断的能力以及在发生中断时迅速恢复的能力。它强调以下方面。

- 供应链吸收冲击并继续运作的能力。
- 适应性，允许供应链响应中断。
- 发生中断后恢复的速度。
- 采取整体方法在整个供应链中构建韧性，通常包括冗余、灵活性和合作网络。
- 供应链韧性在范围上更广泛，侧重于供应链的整体鲁棒性和适应性。它不局限于管理特定风险，包括处理意外挑战的能力。

3. 供应链风险管理和供应链韧性之间的联系

虽然 SCRM 和供应链韧性是不同的，但它们是相互联系和互补的。

• 风险管理作为基础：有效的风险管理实践是构建韧性的基础。通过识别和管理风险，公司可以实施策略和缓冲措施，这些措施有助于供应链的整体韧性。

• 韧性作为结果：韧性可以被视为全面风险管理的结果。一个有效管理其风险的供应链更能够准备好并更快地从中断中恢复。

• 共享目标：SCRM 和韧性都旨在确保供应链在各种条件下都能履行其预定功能，从而维持服务水平和运营连续性。

在实践中，一个具有韧性的供应链往往是有效 SCRM 的结果，但它超出了管理已知风险的范畴，还建立了允许供应链处理未预见事件的能力。全球供应链的动态性质要求既要进行主动的风险管理，也要发展内在的韧性，以在面对波动和不确定性时蓬勃发展。

8.2　供应链风险管理中的技术应用与案例

本书的主题就是 AI 和大数据分析在供应链流程中的应用。实际上，发达国家在 ICT（信息和通信技术）等很多重点领域已经建立了完整的风险管理技术标准体系。本节首先让 AI 分析了数字化对供应链风险管理的影响，给出了供应链风险的数据分析和预测建模的案例。AI 给出的丰田、马士基、强生、英国石油公司的案例还是颇有启发性的。

8.2.1　数字化对供应链风险管理的影响

数字化对供应链风险管理（SCRM）产生了深远影响，引入了新的工具和能力，使更加积极和预测性的风险管理策略成为可能。

以下是数字化如何塑造 SCRM 的方式。

1. 增强的可见性和透明度

数字化工具提供了全程供应链的可见性，使公司能够实时监控其运营状态。这种可见性对于及早识别风险并在其升级之前加以缓解至关重要。

2. 数据分析和预测建模

先进的分析技术可以处理大量数据，识别模式并预测潜在的中断。机器学习模型可以根据历史数据预测风险，使公司能够主动调整其策略。

3. 改善的沟通与协作

数字化促进了供应链合作伙伴之间更好地进行沟通和信息共享。支持实时协作的平台可以帮助协调风险管理活动并分享最佳实践。

4. 自动化 SCRM 流程

数字化技术可以自动处理例行的 SCRM 任务，如合规性检查和监控供应商绩效，从而提高效率，并使人员能够专注于更复杂的风险评估和风险缓解任务。

5. 供应链系统的集成

数字化允许集成各种供应链管理系统，如仓储管理系统、运输管理系统和企业资源计划系统。集成的系统可以提供统一的风险视图，并实现对中断的协调响应。

6. 物联网和实时监控

物联网（IoT）提供了监控在途货物或仓库物理状况的能力。传感器可以跟踪位置、温度、湿度和其他可能对产品质量和交付时间构成风险的因素。

7. 区块链用于安全和信任

区块链技术可以为供应链上的交易创建安全且不可变的记录。这种透明性建立了利益相关者之间的信任，并可以减少与欺诈、伪造和合规性相关的风险。

8. 增强的网络安全性

随着供应链变得更加数字化，面临的网络安全威胁也会增加。数字化推动了更复杂的网络安全解决方案的发展，以保护敏感的供应链数据。

9. 灵活性和可扩展性

数字化工具提供了灵活性，可以快速适应变化的条件，并根据需要扩展或缩减操作规模，这对于管理与市场波动或需求波动相关的风险至关重要。

10. 电子商务和客户期望

数字化推动了电子商务的增长，改变了客户对交付时间和订单定制的期望。SCRM 现在必须考虑这些因素，并管理与"最后一公里"交付和订单履行相关的风险。

11. 云计算

基于云的 SCRM 解决方案可以在全球供应链范围内快速部署风险管理工具，无须在 IT 基础设施上进行重大的前期投资。

数字化带来了许多好处，但也引入了新的挑战。

- 增加的复杂性：随着供应链利用更多数字化工具，管理这些系统及其产生的数据的复杂性可能会增加。
- 网络安全风险：数字化程度的提高意味着更高的网络安全风险，这必须作为 SCRM 的一部分加以管理。
- 对技术的依赖性：如果数字系统失败或受到干扰，过度依赖这些系统可能会带来风险。

总的来说，数字化为供应链管理人员提供了一套强大的工具，以增强风险的识别、缓解和应对能力。它实现了一个更具敏捷性、响应能力和韧性的供应链，能够管理传统和新形式的风险。

8.2.2 供应链风险数据分析和预测建模的案例

在供应链风险管理中，数据分析和预测建模被用来预测潜在的中断，优化运营并减少风险。

以下是这些工具在 SCRM 中应用的一个例子。

供应商风险评估的预测分析

一家跨国制造公司从世界各地的多个供应商那里采购原材料。为了管理供应链中断的风险，公司实施了一个预测分析程序。

第 1 步：数据收集

公司收集了关于供应商的历史数据，包括以下信息。

- 交货时间和延迟。
- 质量控制报告。
- 财务健康指标。
- 供应商区域的地缘政治稳定性。

●之前供应链中断的频率和原因分析。

第2步：风险指标开发

●利用这些数据，他们开发了一套影响供应链可靠性的风险指标。这些指标可能包括供应商可靠性评分、基于地缘政治数据的区域风险评分和基于市场波动的材料特定风险评分。

第3步：预测建模

●公司的数据科学家使用机器学习算法创建预测模型，以评估未来供应链中断的可能性。这些模型分析历史数据中的模式和相关性，以预测未来风险。

●模型可能发现某些供应商在一年中特定时间由于与天气相关的问题而更有可能发生交货延迟，或者具有特定财务健康指标的供应商更可能经历运营挑战。

第4步：主动措施

●公司利用预测模型获得的洞察力做出主动决策，例如：

在预测将有高地缘政治风险的区域多样化供应商；

调整预测供应波动物料的库存水平；

为可靠性评分较低的供应商制订应急计划。

第5步：持续改进

●随着新数据的收集，预测模型不断完善，公司根据模型的预测和现实世界的结果调整其 SCRM 策略。

结果：通过实施预测分析，公司能够更好地预测和减轻风险。它通过主动管理供应商关系和做出基于数据的决策来帮助他们保持原材料的稳定供应，从而改善整体供应链韧性。

这种 SCRM 方法使公司能够减少供应链中断的影响，避免生产延迟，更有效地管理成本，并维持竞争性的服务水平。

8.2.3　供应链风险管理案例

风险管理案例展示了组织如何识别、评估和响应潜在风险。

以下是来自不同行业的几个值得注意的案例研究。

1. 丰田——风险管理与丰田召回事件

背景

● 丰田，作为世界上最大的汽车制造商之一，于 2009 年和 2010 年面临一个重大风险事件，当时因为意外加速问题不得不在全球范围内召回超过 800 万辆车。

风险管理响应

● 丰田最初的响应被认为是缓慢的，但最终采取了几项措施来管理危机，包括暂停受影响车型的销售，发起大规模召回，并在美国国会前作证。

结果

● 丰田实施了新的风险管理措施，包括任命一名首席风险官，建立快速响应团队，并改进其质量控制和客户沟通流程。

总结

● 这个案例研究强调了快速响应和透明度在风险管理中的必要性，以及建立健全的风险评估和响应机制的重要性。

2. 马士基——NotPetya 网络攻击

背景

● 2017 年 6 月，航运巨头马士基遭受 NotPetya 恶意软件攻击，该软件通过其全球网络传播，影响了港口操作并造成重大中断。

风险管理响应

● 马士基通过关闭受感染系统来响应，包括完全关闭某些操作。他们还进行了广泛的恢复工作，重建了整个基础设施。

结果

● 马士基的操作在几周内受到重大影响，财务损失约为 3 亿美元。受攻击后，他们改进了 IT 系统和网络风险管理策略。

总结

● 该案例强调了现代供应链中网络安全的重要性，以及健全的 IT 基础设施和备份程序的必要性。

3. 强生——泰诺危机管理

背景

●1982 年，强生面临一个关键风险，当时掺有氰化物的泰诺胶囊导致芝加哥七人死亡。

风险管理响应

●强生迅速且透明地与公众沟通，进行了全国性的泰诺产品召回，并全面配合当局。

结果

●尽管召回使强生损失了超过 1 亿美元，但由于其有效的响应，公司在一年内重新获得了市场份额，并后来引入了防篡改包装。

总结

●泰诺危机经常被引用为危机管理的典范，以及将客户安全和透明度放在首位的价值。

4. 英国石油公司（BP）——"深水地平线"石油泄漏

背景

●2010 年 4 月，"深水地平线"钻井平台发生爆炸，导致历史上最大的海洋油泄漏事件，给 BP 造成了广泛的环境、经济和声誉损害。

风险管理响应

●BP 因准备不足和响应缓慢而受到批评。公司采取了几项措施来停止泄漏、清理泄漏并赔偿受影响方。

结果

●BP 承诺向一个信托基金支付 200 亿美元用于赔偿损害，并在清理污染区域和法律事务上花费了更多。这一事件促使 BP 彻底改革其安全实践并审查其风险管理策略。

总结

●这场灾难展示了风险控制不足的后果，以及全面的环境和安全风险管理的重要性。

这些案例研究展示了不同部门风险管理的复杂性。它们突出了未缓解风险的后果和采取主动、透明和以客户为中心的风险管理方法的重要性。每个案例还强调了从事件中学习以持续改进风险管理实践的价值。

8.3　韧性供应链技术与案例研究

> 如何建立韧性供应链，保持供应链的连续性，增强供应链的抗
> 击能力和灾后恢复能力，需要构建一个系统的流程，并使用
> 软件系统和技术。本节作者与 AI 的讨论给出了系统性的流程
> 架构，分析了主要的系统，也生成了一个虚拟的案例，形成了
> 具有指导价值的架构体系，对相关企业具有较高的参考价值。

8.3.1　韧性供应链构建的流程

构建一个韧性供应链涉及创建能够准备、响应、应对中断和从中断中恢复的系统。这需要发展在没有显著的运营、财务或声誉损失的情况下从挑战中恢复过来的能力。

以下是建立一个韧性供应链的详细流程。

1. 风险识别与评估

• 识别可能影响供应链的潜在风险，包括供应商问题、自然灾害、网络攻击、地缘政治变化和市场波动。

• 考虑直接影响和连锁后果，评估每个风险的可能性和潜在影响。

2. 设计灵活性

• 创建一个具有内置灵活性的供应链，以适应各种情景。这可能涉及关键材料的多个来源、灵活的制造系统或可适应的物流和分销网络。

3. 合作与沟通

• 与供应商、合作伙伴和物流提供商建立牢固的关系。共享信息并共同识别潜在的脆弱性，以及开发联合应急计划。

4. 投资技术

• 实施提高供应链全程可见性的技术，如实时跟踪的物联网设备和数据驱动决策的分析平台。

5. 库存策略

• 发展一种平衡成本和服务水平目标的库存策略，同时考虑到保护供应

链免受中断的缓冲库存的需求。

6. 供应商多样化

- 通过在地理和操作层面多样化供应商基础，避免过度依赖单一供应源。

7. 培训与发展

- 培训员工应对中断，并创造重视敏捷性和主动解决问题的文化。

8. 实施冗余

- 在供应链的关键元素中构建冗余，确保一个区域的失败不会导致整个系统的崩溃。

9. 持续监控

- 持续监控供应链，寻找潜在中断的迹象。实施可以快速提醒管理层可能需要干预的问题的系统。

10. 情景规划

- 使用情景规划预测一系列可能的中断，测试供应链可能的响应和维持操作所需的行动。

11. 响应规划

- 为不同类型的中断开发清晰的响应计划，包括通信协议、角色和职责以及恢复步骤。

12. 恢复和连续性

- 建立业务连续性计划，详细说明如何在中断后尽快恢复正常操作。

13. 持续改进

- 回顾以往中断后的响应，以识别学到的教训和改进领域，相应更新计划和策略。

14. 可持续性

- 将可持续性整合到供应链实践中，因为可持续的供应链通常考虑到长期的环境、社会和经济因素，这些因素有助于增强韧性。

15. 定期测试和模拟

- 通过模拟和练习定期测试供应链的韧性，以确保理论计划在实践中有效。

一个韧性供应链不是静态的，随着新风险的出现和商业环境的变化，它需要持续的关注和适应风险及环境。建设韧性的过程是循环的，涉及持续学习和发展，为未来的挑战做好准备。

8.3.2 韧性供应链中使用的软件系统和技术

为了构建和维护韧性供应链，各种软件系统和技术得到了利用。这些工具帮助公司预测、响应中断和从中断中恢复，以及适应供应环境的长期变化。以下是一些关键类型的系统和技术的列表。

 工具和技术

1. 企业资源计划（ERP）系统

- 像 SAP ERP 或 Oracle ERP Cloud 这样的综合软件系统集成了操作的所有方面，包括产品规划、开发、制造过程、销售和市场营销。
- 这些系统提供了统一的真实信息，这对如何应对供应链断裂至关重要。

2. 供应链管理（SCM）软件

- 像 JDA 软件（Blue Yonder）或 Infor SCM 这样的 SCM 软件提供供应链规划、执行和协调的工具。
- 需求计划、供应链可见性和事件管理等功能对于韧性至关重要。

3. 运输管理系统（TMS）

- TMS 平台如 Descartes 或 Manhattan Associates 帮助公司优化运输操作和管理承运人关系。
- 在中断期间，它们对于重新规划货物路由、寻找替代运输模式和管理物流伙伴至关重要。

4. 仓库管理系统（WMS）

- 像 HighJump 或 Oracle WMS Cloud 这样的 WMS 使公司能够有效管理仓库操作。
- 它们通过优化库存水平和存储以及促进仓库操作的快速转换来支持供应链韧性。

5. 客户关系管理（CRM）系统

- CRM 系统如 Salesforce 或 Microsoft Dynamics 365 用于管理客户

数据、互动，并在中断期间维持服务水平。

- 它们确保面向客户的操作保持响应性和能够适应供应链变化。

6. 商业智能（BI）和分析工具

- BI 工具如 Tableau、Power BI 或 Qlik Sense 提供数据可视化和分析能力。

- 它们用于识别趋势，从供应链数据中生成洞察，并支持战略决策。

7. 物联网（IoT）平台

- IoT 平台如 PTC ThingWorx 或 Bosch IoT Suite 使整个供应链的资产实时跟踪成为可能。

- 它们提供了管理和实时缓解风险所必需的可见性和监控能力。

8. 高级数据分析和预测建模

- 提供预测分析和机器学习能力的工具和平台可以预测潜在的供应链中断。

- 像 SAS、IBM Watson 等解决方案可以分析大量数据来预测趋势并为可能的未来情景做准备。

9. 风险管理软件

- 专门的风险管理解决方案如 Riskmethods 或 Resilinc 专注于识别和缓解供应链中的风险。

- 这些工具监控与供应商、地缘政治事件、自然灾害和市场动态相关的风险。

10. 云计算服务

- 来自供应商如 Amazon Web Services（AWS）、Microsoft Azure 或 Google Cloud 的云服务提供可扩展的基础设施以支持供应链应用。

- 它们提供韧性供应链所需的灵活性和可扩展性。

11. 网络安全解决方案

- 随着供应链的数字化程度不断增加，网络安全解决方案对于保护数据和操作免受网络威胁至关重要。

- 防火墙、入侵检测系统和安全数据加密等技术是必不可少的组成部分。

12. 区块链技术

- 区块链可用于增强供应链交易的透明度、可追溯性和安全性。
- 它还可以促进形成安全、防篡改的合同和文档。

13. 协作平台

- 像 Slack、Microsoft Teams 或行业特定平台的协作工具使供应链合作伙伴之间的协调和信息共享更加顺畅。

14. 模拟软件

- 模拟和建模软件可以测试供应链设计和策略，以评估它们在各种情景下的韧性。

15. 人工智能（AI）

- AI越来越多地被集成到各种供应链系统中，以实现决策智能化、增强预测能力及改善需求计划。

这些技术和软件系统，当整合和有效使用时，可以显著提高供应链的韧性，提供处理中断和适应变化条件所需的可见性、灵活性和响应性。

8.3.3 企业如何建立韧性供应链流程和系统

建立能够改善风险预警和缓解风险的韧性供应链需要全面的策略，涵盖供应链管理的各个方面。

以下是构建这样一个系统的步骤和方法。

1. 风险识别与绘制

- 进行全面的风险评估，识别整个供应链可能的风险。
- 绘制供应链图以了解相互依赖性，并识别风险可能产生最大影响的关键节点和路径。

2. 数据分析和监控系统

- 实施数据分析解决方案来处理和分析供应链数据。这有助于识别可能带来新兴风险的模式。
- 设置持续监控系统，包括物联网传感器，以实时跟踪供应链的健康状况。

3. 预测建模

- 使用预测建模和仿真工具来预测潜在中断及其影响。
- 定期更新和完善预测模型。

4. 供应商多样化

- 在地理和操作层面多样化供应商，以减少对任何单一来源的依赖。
- 发展与备选供应商的关系，如果主要供应商失败，可以激活这些备选供应商。

5. 灵活的库存管理

- 采用平衡效率与韧性的库存策略，如维持缓冲库存或实施战略库存定位。
- 敏捷的生产和分销：在生产和分销系统中构建灵活性，以快速适应变化，如模块化生产系统或多模式运输策略。

6. 沟通和协作平台

- 建立与供应商、合作伙伴和客户实时分享信息的沟通平台。
- 鼓励整个供应链的协作，以增强对中断的集体响应能力。

7. 技术基础设施

- 投资于支持敏捷和韧性运营的强大技术基础设施，如确保可访问性和可扩展性的云基础设施。

8. 网络安全措施

- 加强网络安全协议，以防护日益增长的可能干扰供应链运营的网络攻击威胁。

9. 培训和授权

- 对员工进行风险意识、管理实践和应急程序培训。
- 授权员工做出决策并对新兴风险采取行动。

10. 合作伙伴关系和联盟

- 与物流提供商、地方政府和行业组织建立合作伙伴关系，它们在中断期间可以提供支持。

11. 审查和修订

- 建立一个定期审查并根据过去中断的教训和持续的风险评估修订供应链策略的流程。

12. 合规和标准

- 确保遵守国际供应链安全标准，如海关贸易反恐伙伴关系（C-TPAT）和 ISO 28000（供应链安全管理体系）。

13. 业务连续性和应急计划

- 开发和维护全面的业务连续性计划，这些计划涵盖各种中断情景并概述清晰的响应策略。

14. 韧性文化

- 培养一种重视和投资于韧性的企业文化，认识到这是一种竞争优势。

15. 监管变化和市场动态

- 保持对可能引发供应链新风险的监管变化和市场动态的了解。

16. 可持续实践

- 将可持续实践纳入供应链操作中，这可以减轻与环境法规和消费者偏好相关的风险。

通过整合这些步骤，公司可以建立一个不仅能够抵御中断，而且能够在全球市场的不确定性中适应和繁荣的供应链。关键是拥有一个随着风险环境变化而演化的动态和综合方法。

8.3.4 韧性供应链案例研究

让我们来看一个涉及全球电子制造商在 COVID-19 大流行期间面临重大中断并因此建立更具韧性的供应链的案例研究。

背景

- 一家全球电子公司，我们将其称为 "ElectroTech Inc."，严重依赖从亚太地区各个供应商采购的组件。当 COVID-19 大流行时，由于封锁、劳动力短缺和物流瓶颈，该公司面临严重的供应链中断。ElectroTech Inc. 被迫推迟产品发布，并且在竞争中失去了市场份额。

挑战

- 过度依赖单一地理区域的关键组件。
- 对第二和第三层供应商操作的低可见性。

● JIT 库存实践留下的延迟余地很小。

● 对如此广泛中断的风险没有充分的应急计划。

响应和策略

ElectroTech Inc. 采取了以下步骤在他们的供应链中构建韧性。

（1）风险评估和映射

● 该公司进行了全面的风险评估，识别了其供应链中的脆弱性，包括单一来源供应商和物流瓶颈。

（2）供应商多样化

● ElectroTech Inc. 多样化了其供应商基础，包括从不同地区采购以分散风险。他们还增加了与供应商的合作以提高透明度和共同的风险管理。

（3）技术投资

● 该公司投资于一个基于云的供应链管理平台，提供端到端的可见性。他们纳入 IoT 及 AI 用于实时跟踪货物和预测供应链中断。

（4）库存策略重大调整

● 他们从 JIT 库存模式转变为关键组件的预防性（Just In Case, JIC）库存模式，持有更多的安全库存以缓冲供应波动。

（5）近岸和再岸（Reshoring）

● ElectroTech Inc. 开始采购一些更靠近其制造中心的组件，甚至将一些生产线再岸，以获得更多的控制和灵活性。

（6）灵活制造

● 该公司采用了更灵活的制造流程，这些流程可以快速适应新组件并根据供应可用性改变生产。

（7）业务连续性规划

● 他们更新了业务连续性计划以应对特定情况，如疾病大流行，并建立了一个快速响应团队来处理新兴危机。

（8）供应链融资

● ElectroTech Inc. 为关键供应商提供融资选项，以确保他们在危机期间的财务稳定和持续运营。

结果

● 由于这些策略，ElectroTech Inc. 能够显著减少其供应链脆弱性。当应对疾病大流行的第二波袭击时，该公司能够更好地管理中断，维持更一致的生产和服务水平。他们的市场份额反弹，因为他们能够比第一波袭击期间更可靠地满足需求。

经验教训

- 韧性供应链需要在可见性和灵活性上进行投资。
- 供应商和库存策略的多样化在管理风险中至关重要。
- 与供应商的合作可以获得共同管理中断的解决方案。
- 主动措施和持续改进对于维持韧性至关重要。

ElectroTech Inc. 的案例研究表明，供应链的韧性不仅要应对关乎生存的单一事件，而且要构建一个能够应对各种未来挑战的适应性强、主动性强和健壮的系统。

8.4 建立供应链韧性的指标体系

考核供应链韧性需要一套指标体系。可以看出，AI 给出的内容是紧密结合供应链管理流程的，这也证明前期的流程标准训练起到了关键的作用。AI 成为"供应链专家"也需要一个训练和学习的过程。这里对最佳案例的借鉴，自然引入了日本汽车工业，特别是丰田对 2011 年地震海啸的响应，集中分析了著名企业应对危机、建立韧性的实践。

8.4.1 供应链韧性指标

衡量供应链韧性涉及一系列指标，这些指标帮助评估供应链抵御风险和从中断中恢复的能力。

以下是一些常用的关键指标。

1. 恢复时间（TTR）

供应链在中断后返回到原始状态或完全恢复功能所需的时间。

2. 存活时间（TTS）

供应链在中断发生后，在客户服务水平受到影响之前能够匹配供需的最大持续时间。

3. 供应链可视性

企业能够跟踪供应链中的组件、在制品和成品的程度。它通常以供应链"对管理者实时可见"的比例表示。

4. 库存周转率

库存在给定周期内被使用和补充的速率。较高的周转率可以表明供应链反应更快，但必须平衡库存耗尽的风险。

5. 供应链灵活性

供应链在指定时间框架内调整其吞吐量的能力。这可以通过导入新供应商、改变生产量或转变物流策略的速度来衡量。

6. 供应链服务成本

整个供应链服务客户相关的总成本。监控这个指标的变化可以指示中断如何影响操作效率。

7. 履约率

客户订单在第一次发货时的履行百分比。中断后履约率降低可以表明韧性降低。

8. 订单周期

从接收客户订单到交付的总时间。这个指标的增加可以反映中断对客户服务的影响。

9. 需求—供应规划精确度

预测客户需求与实际需求相比的准确性。这反映了有效规划和避免过度或库存不足的能力。

10. 供应链固定资产回报率

企业使用其固定资产产生收入的效率。它可以反映供应链基础设施应对各种冲击的韧性。

11. 供应商地理集中度

企业从特定地区或国家采购的比例。高集中度可以表明更高的风险和较低的韧性。

12. 转换灵活性

生产或分销设施从一种产品切换到另一种产品的速度和容易程度，这在响应需求或供应变化时至关重要。

13. 中断频率和影响

跟踪供应链中断的频率及其财务影响，提供了看待供应链韧性的历史视角。

14. 客户满意度和保留率

中断后的客户反馈和保留率可以反映从客户角度管理供应链中断的效果。

15. 情景恢复能力

衡量供应链从各种模拟中断情景中恢复的能力，通常通过压力测试或模拟评估来进行。

这些指标并非详尽无遗，但提供了对供应链韧性各个维度的全面视角。它们应根据公司的具体情况和供应链面临的特定风险进行定制。这些指标的综合使用可以帮助企业了解当前的韧性水平以及需要在哪里投资以进行改进。

8.4.2 最佳供应链韧性案例

在供应链韧性方面，最经常被引用的案例研究之一是日本汽车工业，特别是丰田对2011年日本东北地区地震和海啸的响应。

以下是该案例的概述。

背景

2011年3月11日，日本东北太平洋沿岸发生9.0级地震，引发了巨大的海啸并造成了广泛的破坏，包括对供应链基础设施的重大损害。这场灾难影响了汽车供应链中的1000多个供应商，并导致日本汽车制造商生产严重中断。

丰田的响应和韧性策略

（1）建立跨功能团队

● 丰田迅速组建了跨功能团队来评估损害并制订响应策略。这些团队包括采购、生产、物流和工程部门的成员。

（2）供应商支持与合作

● 丰田与其供应商之间基于信任和互利的长期关系，快速获得准确信息并协作进行恢复生产的努力。

● 他们向供应商提供了帮助，以帮助其恢复生产，包括派遣丰田工程师协助重建工作。

（3）提高供应链透明度

●公司对其供应链有透彻的了解，包括第二级和第三级供应商，这使快速识别受影响的零件和供应商成为可能。

（4）灵活的生产系统

●丰田的生产系统具有灵活性，允许其在某些组件不可用时切换生产线和使用替代零件。

●公司实施了"自主完成"（jishuken）过程，向面临最严重挑战的供应商派遣专家团队提供现场支持和解决问题。

（5）建立可控关闭（停产）流程

●丰田管理了一个可控的关闭过程，以保存资源和管理库存，防止混乱的响应可能使情况恶化。

（6）沟通

●公司与包括供应商、员工和客户在内的利益相关者就他们恢复生产的努力和恢复操作的时间表保持清晰和持续的沟通。

（7）生产优先级

●丰田优先生产其最畅销和最有利可图的车型，以确保快速恢复盈利并满足市场需求。

（8）业务连续性规划

●日本东北太平洋沿海大地震灾难的经验促使丰田进一步发展其业务连续性规划，包括多样化供应商的地理分布和增加关键组件的库存。

结果

丰田在灾前建立的韧性以及灾后的有效响应，使其恢复速度比预期快得多。在六个月内，丰田能够将生产恢复到地震前的水平，并在当年年底重新夺回世界最畅销汽车制造商的位置。

经验教训

●供应链可见性：对供应链有完整的了解对于韧性至关重要。

●关系管理：与供应商建立强大的关系可以在危机期间有助于更快、更协作地解决问题。

●灵活性：灵活的生产系统允许在某些组件短缺时快速适应。

●准备和规划：主动的业务连续性规划对于管理和减轻中断的

影响至关重要。

2011年东北太平洋地震和海啸证明了供应链韧性的重要性，丰田的响应已成为全球供应链专业人士的标杆。

8.4.3 建立有效危机响应策略的示例

对于企业成功应对和管理意外事件，有效的危机响应策略至关重要。以下是几个有效危机响应策略的例子。

1. 万豪国际数据泄露（2018年）

策略：在发生重大数据泄露后，万豪通过通知受影响的客户，为他们提供免费身份监控服务，并设立了一个专门的网站和呼叫中心来回答客户问题。

结果：万豪的主动沟通策略帮助缓解了客户的挫败感和潜在的声誉损害。

2. 百事公司的针头恶作剧（1993年）

策略：当有报道称罐装百事中发现针头时，百事公司立即调查并确定这是一个恶作剧。他们使用生产线的视频证据证明罐装饮料的完整性，并通过媒体渠道将此信息传达给公众。

结果：百事公司使用清晰的视觉证据和与媒体及消费者的快速、透明沟通，帮助其迅速结束了危机并防止了品牌损害。

3. 爱彼迎的COVID-19响应（2020年）

策略：随着旅游业受到疫情大流行的重创，爱彼迎更新了其取消政策以提供全额退款，建立了房东救济基金，并转向推广本地和虚拟体验。

结果：这些措施帮助维护了爱彼迎与客人和房东的关系，为疾病大流行后的恢复奠定基础。

4. 英特尔奔腾处理器缺陷（1994年）

策略：在最初淡化其奔腾处理器的缺陷后，英特尔在公众压力下改变了策略。该公司发起召回并给任何需要的客户提供免费替换，无论他们是否遇到了该缺陷。

结果：这一策略帮助恢复了公众对英特尔质量和客户服务承诺的信心。

5. 索尼 PlayStation 网络中断（2011 年）

策略：在 PlayStation 遭到网络攻击后，索尼将产品离线以增强安全性。他们公布了正在采取的解决问题步骤，并为客户提供了免费的身份盗窃保护和"欢迎回来"服务及数字内容套餐。

结果：这一事件促使索尼大幅改善其网络安全措施，并随着时间的推移帮助其重新获得用户信任。

6. 三星 Galaxy Note 7 电池起火事件（2016 年）

策略：在收到 Galaxy Note 7 电池起火的报告后，三星启动了全球召回计划，永久停止了该产品，并进行了彻底调查。他们还改进了电池安全程序，并发起了广泛的营销活动以重建消费者信任。

结果：三星透明的处理方式和安全投资帮助品牌恢复声誉，并继续作为智能手机市场的领导者。

在这些案例中，涉及的公司面临了严重的危机，威胁到它们的运营和声誉。有效的策略通常具有快速行动、高透明度、关注客户以及承诺纠正问题和防止未来发生这些共性。这些策略不仅帮助公司缓解了危机，还为公司的长期韧性和客户忠诚度做出了贡献。

8.5　新冠疫情如何改变供应链风险管理

新冠疫情大流行深刻影响了全球供应链，这是讨论供应链风险和韧性时不可缺少的重大事件。作者与 AI 的讨论得出了比较客观中肯的结论。这其中能够借鉴的经验教训颇多，由于篇幅和一些因素的限制，仅给出关键的变化和对供应链的教训，感兴趣的读者可以进一步挖掘并就 AI 的见解给出自己的判断。

新冠疫情深刻影响了供应链风险管理，导致对策略和实践的重新评估。危机凸显了全球供应链的脆弱性，促使组织适应并增强其风险管理方法。

以下是一些关键的变化和学到的教训。

1. 加大对供应链韧性的关注

疫情强调了拥有能够承受冲击的韧性供应链的重要性。企业现在更加专注于构建供应链的灵活性和稳健性，以更好地处理未来的中断。

2. 供应源的多元化

当封锁导致工厂关闭时，过度依赖单一供应商或地区成为一个显著的风险。企业正在多元化其供应商基础，以减轻类似中断的风险。

3. 加大对风险评估和规划的重视

企业正在更多地投资于预测分析，以便主动识别潜在风险。也更加强调制订全面的业务连续性和灾难恢复计划。

4. 强化的可视性需求

疫情揭示出许多企业供应链的可见性不足。现在有更大的推动力实现端到端的可见性，以快速识别和响应供应链问题。

5. 采用数字技术

数字技术如物联网（IoT）、人工智能（AI）和云计算的采用加速进行。这些工具可以改善供应链监控、数据分析和远程工作能力。

6. 储备和安全库存

企业正在重新评估其 JIT 库存策略，并更倾向于保持更大的安全库存和关键商品的战略储备，以缓冲供应链中断。

7. 近岸和再岸

为了减少对海外供应商的依赖并降低与全球运输相关的风险，企业正在考虑将供应链的部分环节近岸或再岸。

8. 供应商合作与伙伴关系

疫情增加了企业对与供应商建立合作关系的价值认知。伙伴关系正在加强，以改善供应链透明度和共同的风险管理。

9. 转向多模式运输

依赖单一运输模式在限制和瓶颈变化时会带来问题。企业正在寻求多模式解决方案，以确保即使一个模式受损也能保证货物运输。

10. 重新思考精益管理

虽然精益原则专注于最小化浪费，但它们也可能导致脆弱性。企业现在正在将精益实践与供应链中冗余的需求保持平衡。

11. 监管合规和监控

随着新规定和贸易协议为应对疫情而引入，企业正在更加关注监管合规及其对供应链的影响。

12. 加强网络安全措施

远程工作和对数字工具的依赖增加了供应链面临的网络威胁风险。企业相应地加强了它们的网络安全防御能力。

13. 投资于人力资本

疫情突出了管理复杂全球网络的熟练供应链专业人员的重要性。对培训、发展和继任计划的重视更大。

14. 电子商务和直接面向消费者的模式

疫情加速了向电子商务和直接面向消费者销售渠道的转变，相应地影响了供应链运作，包括仓储和"最后一公里"配送。

新冠疫情明确表明，供应链风险管理是一个需要持续关注、创新和投资的领域。企业已经学到，适应性和准备性对于在全球供应链的不可预测环境中把握方向至关重要。

疫情改变了供应链运作的基本原则，主要表现在以下方面。

1. 对自动化和本地化更加感兴趣

为了减轻未来中断的风险，人们对自动化生产和本地化供应链以减少对任何单一国家或地区的依赖的兴趣日增。

2. 数字化转型的加速

对更好的供应链可见性和敏捷性的需求加速了企业采用数字工具和平台来远程和更有效地管理供应链操作。

3. 加强区域供应链

人们显著转向区域供应链，公司寻求更靠近家园的采购来源，以减少运输时间和增强供应链安全。

4. 制订应急计划

企业正在制订更健全的应急计划，包括识别替代供应商和路线，持有更高水平的库存，并投资于供应链保险产品。

总之，新冠疫情大流行凸显了全球供应链的相互连接性，以及拥有灵活且稳健的风险管理策略的重要性。它促使全球重新思考供应链结构，重点是建立对此类大规模中断的韧性。

8.6 贸易战对供应链风险与韧性的影响

> 贸易战也是供应链风险和韧性管理不可回避的话题。下面可以看到 AI 对于贸易战的定义，以及贸易战对全球供应链产生影响的方面。

贸易战是指主要国家或经济体之间引入关税和其他贸易壁垒，影响了全球各地企业的成本结构、采购决策和整体战略。特别是美国和中国之间的贸易战，对全球供应链产生了重大影响。

以下是贸易战对全球供应链的影响。

1. 成本增加

贸易战引发的关税导致进口商品和材料成本增加。企业面临更高的生产成本，这些成本有时会以更高的价格形式转嫁给消费者。

2. 供应链重组

某些全球性企业开始重组其运营。这包括从替代国家采购以避免关税，通常涉及对供应链基础设施和关系的重大变更。

3. 制造地点的转移

制造商开始考虑将生产从涉及贸易战的国家转移到其他国家和地区，甚至回到自己的国家（回迁）。

4. 库存管理变化

预期新的关税，一些企业进行了"前置装载"，即在关税生效前增加受影响商品的库存水平，随后导致库存管理挑战。

5. 贸易流转变

贸易战改变了国际贸易流向，一些国家因企业寻求绕过关税而受益，导致全球贸易动态转移。

6. 合同重新谈判

企业被迫与供应商和客户重新谈判合同，以应对贸易战导致的成本变化，这给商业关系增加了一层复杂性。

7. 供应链可视性和敏捷性

贸易战强调了对更大供应链可见性和敏捷性的需求。企业投资于技术和流程，以更快地响应迅速变化的贸易环境。

8. 供应基地的多样化

贸易战引起的不确定性加速了供应商基地多样化的趋势。企业寻求通过不过度依赖单一国家或供应商来降低风险。

9. 对全球经济增长的影响

贸易战对全球市场的不确定性有所贡献，影响了经济增长。这种不确定性使企业的需求规划和预测更加具有挑战性。

10. 监管合规复杂性

企业必须审视更复杂的监管环境，因为其需要遵守新的贸易规则和关税，需要增强合规功能和系统。

11. 对贸易协议增加关注

贸易战导致对区域和双边贸易协议的重新关注，企业和国家寻求在贸易关系中寻找稳定性和可预测性。

12. 长期战略规划

贸易战的持续性迫使企业考虑长期战略变化而非短期战术举措，导致供应链战略的更深层次变化。

贸易战促使对全球供应链进行战略性的重新评估，以在贸易政策塑造的新经济格局中寻求风险缓解和竞争优势。全球各地的调整举措证明了供应链的适应性和韧性，尽管这也带来了复杂性的增加和对持续警惕的需求。

8.7 俄乌冲突对供应链风险的影响

俄乌冲突已经持续了两年多的时间，这场局部战争不仅影响到俄乌双方和周边国家和地区，也在全球范围内产生了广泛的影响，包括对商品价格、能源供给、粮食供给等造成的影响。

俄乌冲突对全球供应链产生了深远的影响，加剧了因 COVID-19 大流行和之前贸易紧张局势已经造成的供应链中断。

以下描述了这场冲突是如何影响全球供应链的。

1. 商品价格波动

俄罗斯和乌克兰是石油、天然气、小麦和金属等大宗商品的主要出口国。冲突导致这些商品价格出现重大波动，增加了全球制造商和消费者的成本。

2. 能源供应中断

特别是欧洲国家受到来自俄罗斯的天然气供应减少的影响，导致能源成本上升，并促使人们寻找替代能源来源。

3. 粮食供应问题

乌克兰被称为"欧洲的粮仓"，其农业生产和出口遭到严重干扰。这影响了全球粮食供应，特别是对依赖乌克兰粮食进口的国家。

4. 供应路线中断

黑海地区是关键的海运路线。冲突已经干扰了该地区的航运，导致货物运输时间延长和路线改道。

5. 制裁和贸易限制

西方对俄罗斯的制裁打乱了贸易流动，企业被迫停止在俄罗斯的运营或从俄罗斯撤资，并寻找替代市场和供应商。

6. 网络安全风险加剧

冲突伴随着网络安全威胁加剧，企业和政府会警惕可能与地缘政治形势相关的网络攻击。

7. 汽车供应链影响

汽车行业已受到半导体短缺的影响，由于俄罗斯和乌克兰是对半导体制造至关重要的氖气以及用于催化转化器的钯的供应国，因此面临进一步挑战。

8. 航空航天和国防供应链压力

俄罗斯是在航空制造业中广泛使用的钛材料的重要供应国。钛供应的中断影响了飞机的生产。

9. 化肥短缺

俄罗斯是化肥的主要出口国，冲突导致化肥短缺，影响了全球农业生产力。

10. 全球通胀压力

冲突带来的供应中断加重了全球通胀压力，增加了生活成本和经营企业的成本。

11. 物流和运输挑战

通过东欧的陆上物流路线受到影响，企业需要寻找货物的替代路径。

12. 人道主义和难民危机

冲突引发了人道主义危机，业务在该地区的企业面临确保员工安全和响应人道主义需求的挑战。

13. 重新评估风险敞口

企业正在重新评估他们的地缘政治风险敞口，并加强应急计划以应对因政治冲突导致的供应链中断。

14. 加速能源转型

冲突加速了欧洲关于能源转型的讨论，增加了企业对可再生能源的投资，以减少对俄罗斯化石燃料的依赖。

冲突的全面影响正在持续并继续演变，但它已经促使许多企业重新思考他们的供应链战略——强调风险管理、供应多样化以及运营中对敏捷性和韧性的需求。

第 9 章
AI改变绿色供应链

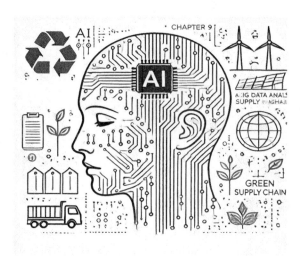

本章摘要

运输的排放是温室气体排放的主要来源。面对"碳中和""碳达峰"的战略目标，必须在整个供应链范围实现绿色低碳化。本章介绍了AI定义的绿色物流与供应链的概念，探讨了可替代能源对供应链的影响，介绍了主要的绿色供应链评估工具，这其中体现了AI和大数据技术的主要应用，介绍了绿色供应链的最佳实践，也探讨了绿色低碳对供应链韧性的重要性。

9.1 绿色物流与绿色供应链

供应链的可持续性涉及供应链全过程。本节先从绿色物流和供应链的概念入手，让 AI 分析绿色物流和供应链面临的挑战，先从一般意义上进行分析讨论。从生成的内容可以发现，AI 对绿色物流供应链的理解是基本准确的，对于绿色供应链挑战的分析，涉及成本、合规等多个方面，也是比较全面深入的。

9.1.1 AI 对绿色物流和绿色供应链的定义

可以对绿色物流和绿色供应链做如下定义。

1. 绿色物流

绿色物流是指企业为减少其物流过程对环境的影响而进行的努力。这包括以尽可能可持续和高效的方式移动货物所涉及的活动。

关键要素如下。

• 减少排放：通过优化交付路线，使用排放较低的车辆，或过渡到电动或替代燃料车辆。

• 减少浪费：通过更好的包装设计，使用可回收材料，并减少包装尺寸和重量。

• 提高能源效率：在仓库和配送中心使用可再生能源，并安装节能照明和设备。

• 逆向物流：实施有效的退货管理系统，以重复使用、回收或正确处理产品和材料。

• 合作：与供应商和物流提供商合作，打造更环保的供应链。

2. 绿色供应链

绿色供应链将环保思想融入供应链管理中。这包括产品设计、物料采购和选择、制造过程、将最终产品交付消费者以及产品在其寿命结束后的管理。绿色供应链旨在平衡经济绩效与环境可持续性。

关键要素如下。

● 可持续采购：选择遵守环保标准并实施可持续采购的供应商。

● 环保制造：使用能减少浪费、消耗更少能源并产生更少排放的工艺。

● 产品设计：设计产品时考虑其整个生命周期，注重可持续性，并使用可回收或可生物降解的材料。

● 可持续配送：使用减少碳足迹的配送策略，如整合装运、使用环保包装和优化物流网络。

● 消费者教育：告知消费者他们购买的产品对环境的影响以及如何正确处置或回收它们。

● 遵从和报告：遵守环保法规和标准，并报告环境绩效和可持续性努力。

无论是绿色物流还是绿色供应链都代表了对环境保护的承诺，并由于消费者环境意识的提高和更严格的环境法规，对可持续性在业务运营中长期效益的更广泛认可而变得越来越重要。

图 9-1 是 AI 生成的绿色供应链图景，包含了绿色工厂、绿色能源、绿色物流等概念。

9.1.2　绿色物流和绿色供应链面临的主要挑战

绿色物流和绿色供应链旨在减少企业运营对环境的影响。然而，实施这些实践存在一系列挑战。

1. 更高的初始成本

● 投资于节能技术、可持续材料和绿色基础设施通常需要较大的前期成本，因此在证明这些投资的理由方面存在财务挑战，特别是如果它们不产生立竿见影的成本节约。

● 基础设施不足：目前的基础设施可能不支持绿色物流，特别是在没有广泛分布的可再生能源、电动车充电站或回收设施的地区。

2. 供应链复杂性

● 由于需要考虑额外因素，如道德采购，负责任地采购、确保供应商遵守环保标准以及管理产品的生命周期，因此绿色供应链可能更加复杂。

● 测量困难：由于缺乏标准化的度量标准或由于供应链运营的复杂性，准确测量供应链活动的碳足迹和环境影响可能具有挑战性。

图 9-1　AI 生成的绿色供应链图景

3. 法规合规

● 理解不同地区和国家环保法规中的海量规定可能很困难，特别是对于全球供应链而言。

● 技术障碍：采用新的绿色技术可能需要公司或行业内尚不具备的技能和知识。

4. 在绩效与可持续性之间平衡

● 在整合绿色实践的同时保持供应链的效率和有效性可能很困难，特别是如果可持续选项被认为效率较低。

5. 消费者期望

● 尽管许多消费者要求可持续性，但他们可能不愿为绿色产品支付溢价，或者容忍由更绿色的运输方法带来的较长交付时间。

6. 供应商参与

· 确保供应商致力于绿色实践并具备必要的能力可能具有挑战性，特别是在与中小型供应商合作时。

7. 行业标准

· 缺乏广泛接受的绿色实践标准可能使企业难以评估其绩效或有效地向客户和合作伙伴传达其可持续性。

8. 短期思维

· 企业可能专注于短期财务绩效和效率，使其很难将长期环境可持续性作为优先考虑。

· 技术进步：技术变革的速度可能是一个挑战，因为企业可能投资于绿色技术，但很快发现其被更新、更高效的选项所淘汰。

9. 市场动态

· 波动的燃料价格和不断变化的市场需求可能会影响绿色倡议的成本效益和优先级。

10. 协调与合作

· 实现绿色供应链通常需要各利益相关者之间的协调与合作，这可能增加了管理难度。

为了克服这些挑战，企业通常需要采取战略性的方法，如投资于研发，参与行业合作伙伴关系，并利用政府对绿色实践的激励措施等。向消费者和利益相关者宣传绿色物流和供应链的长期好处也至关重要，这不仅对环境有益，还有助于随着时间的推移提高效率并节省成本。

9.2　替代能源对供应链的影响

使用可替代能源是从根本上解决对化石能源依赖的必由之路。AI 首先给出了可替代能源对供应链的影响，也遵循了供应链流程的基本架构，覆盖供应链全过程和相关领域。

向可替代能源的转变正在从根本上改变全球供应链的几个方面。这种转变是由解决气候变化、减少对化石燃料的依赖以及利用可再生能源技术带来的经济机遇的需求推动的。

向替代能源转变如何影响供应链体现在以下几个方面。

1. 原材料需求

替代能源技术，如风力涡轮机、太阳能电池板和电动汽车的电池，需要与传统能源来源不同的原材料（如锂、钴、稀土元素）。这种转变正在改变资源开采业，为这些材料创建了新的供应链。

2. 地缘政治转变

在稀土金属和其他替代能源技术的关键资源方面优势明显的国家战略地位变得重要，有些类似于富含石油的国家在化石燃料时代的情况。这正在改变地缘政治力量平衡和贸易关系。

3. 制造业中心

随着对替代能源技术的需求增长，这些产品的制造业中心正在发展。例如，中国已成为太阳能电池板制造的领导者，而美国正在投资于风力涡轮机生产。

4. 供应链多样化

鉴于某些原材料集中在特定地理位置，人们正在推动多样化供应链以降低风险。这包括寻找替代材料、开发稀有材料的回收能力以及投资于国内或近海生产设施。

5. 基础设施发展

替代能源往往需要新的基础设施，例如电动汽车的充电站和能够处理可再生能源输入的更新电网。这种基础设施的发展影响了与建筑和能源分配相关的供应链。

6. 研发投资

为了提高替代能源的效率并降低成本，正在进行重大的研发投资。这将通过推动材料科学、能源存储和制造工艺方面的创新影响供应链。

7. 供应链韧性

一些可再生能源，如风能和太阳能，供能具有间歇性特点，需要开发先进的能量存储解决方案和电网管理技术，以确保稳定的能源供应。

8. 法规和政策变化

政府推动替代能源的政策，如补贴、税收激励和可再生能源配额标准，正在改变市场动态，并影响供应链决策。

9. 运输和物流

大规模可再生能源组件的运输，如风力涡轮机叶片，需要专门的物流解决方案。此外，人们正在努力减少运输的碳足迹，从而改变了产品在全球的运输方式。

10. 回收和末端管理

随着可替代能源设备的数量增加，对末端管理的需求也在增加。从耗尽的太阳能电池板、风力涡轮机到电池，回收和再利用材料的供应链变得更加关键。

11. 消费者行为变化

随着消费者环境意识增强，对碳足迹较低的产品的需求增加，推动了各供应链减少排放，增强可持续性。

12. 能源成本

随着替代能源的来源变得更具竞争力，制造业和物流的能源成本可能会降低，从而影响供应链的整体成本结构。

13. 新兴技术

氢燃料电池和生物燃料等新技术正在发展其自己的供应链，从生产到分销和零售。

可替代能源对供应链的影响是多方面的，而且还在不断发展。尽管它带来了挑战，如存在新的基础设施和资源短缺的潜在风险，但它也为创新、经济增长和更可持续、更具韧性的供应链的发展提供了机遇。

9.3　绿色供应链评估工具

绿色供应链的绩效应该是可测量的，要用什么工具来测量？这些工具都怎么用？AI给出了很好的建议和提示。

供应链可持续性评估工具帮助组织衡量和了解其供应链运营的环境、社会和经济影响。这些工具对于确定改进领域以及将供应链实践与可持续发展目标保持一致至关重要。

以下是一些广泛认可的评估工具。

 工具和技术

1. 生命周期评估（LCA）

- LCA 是对产品从原材料提取到处置或回收的整个生命周期环境影响进行的系统分析。

- 工具：SimaPro、GaBi 和 OpenLCA 是用于进行 LCA 的软件工具之一。

2. 碳足迹分析

- 碳足迹分析测量由活动或产品直接和间接产生的温室气体总量，以二氧化碳等效物表示。

- 工具：温室气体协议提供了用于测量和管理温室气体排放的标准和工具，包括使用类似 Carbon Trust Footprint Manager 的软件。

3. 水足迹评估

- 水足迹评估测量直接和间接用于生产商品和服务的淡水总量。

- 工具：Water Footprint Network 提供了评估水足迹的指南和工具。

4. 社会生命周期评估（S-LCA）

- S-LCA 评估产品整个生命周期内的社会和经济影响、风险和机遇的方法。

- 工具：联合国环境规划署/欧洲社会生命周期评估技术推进小组提供的社会生命周期评估指南。

5. 可持续供应链框架（SSCF）

- SSCF 是用于分析和改进不同供应链活动和流程的可持续性实践的框架。

- 工具：全球环境管理倡议（GEMI）提供的 SSCF 包括了度量和指南。

6. 供应链运营参考（SCOR）模型

- SCOR 模型是用于处理、改进和传达企业内或与供应商和客户之间供应链管理决策的管理工具。

● 工具：SCOR 模型由供应链管理协会（ASCM）维护，其中包括可持续性考虑因素。

7. 道琼斯可持续发展指数（DJSI）

● DJSI 是根据经济、环境和社会标准评估公司的可持续发展绩效的指数。

● 工具：公司可以使用 DJSI 方法进行自我评估或与其他公司进行对比。

8. 全球报告倡议组织（GRI）

● GRI 是一个国际标准组织，帮助企业和政府了解和传达其在气候变化、人权和腐败等问题上的影响。

● 工具：GRI 标准提供了可用于内部评估的可持续性报告框架。

9. Higg 指数

● Higg 指数是一套工具，使各种规模的品牌、零售商和设施能够测量和评价公司或产品的可持续性绩效。

● 工具：Higg 指数在服装行业被广泛使用，并为可持续性的各个方面提供模块。

10. ISO 14000 系列标准

● ISO 14000 一系列与环境管理相关的标准，旨在帮助组织减少其对环境的负面影响。

● 工具：ISO 14001（环境管理体系）可用于评估和改善环境绩效。

11. 供应商可持续性评估

● 供应商可持续性评估用于了解供应商可持续性实践的评估。

● 工具：EcoVadis 等工具通过评估各种企业社会责任标准为供应商提供可持续性评级。

12. B 影响评估

● B 影响评估用于衡量公司的社会和环境绩效的工具。

● 工具：由 B Lab 提供工具，评估公司的运营和商业模式如何影响其员工、社区、环境和客户。

这些评估工具对于那些希望使其供应链更加可持续的组织来说必不可少。通过提供指标和见解，它们指导公司实施不仅对环境和社会有益，而且还能在长期内带来经济优势的实践。

9.4 绿色供应链的最佳实践

要确定最佳实践，首先要界定什么是最佳实践——AI给出了主要领域的12点建议。英特飞（Interface）是全球领先的环保模块地毯设计、生产和销售商，其绿色实践早在2010年已经取得了显著进步。AI将英特飞作为最佳案例在本节展示出来，给出了令人信服的答案。

9.4.1 什么是绿色供应链流程中的最佳实践

绿色供应链流程中的最佳实践涉及战略规划、流程优化、利益相关者参与和持续改进等组合，旨在减少环境影响的同时保持或提高经济绩效。以下是最佳实践概述，后附案例研究。

最佳实践主要领域如下。

1. 可持续采购

制定采购政策，支持实践可持续性、使用可再生资源和具有较小环境足迹的供应商。

2. 生态设计

设计产品时考虑整个生命周期，追求能源效率、材料效率和可回收性。

3. 流程优化

简化操作以减少浪费，最大限度提高资源效率，如使用精益生产技术。

4. 能源效率

在仓库、办公室和运输方面投资于节能技术和实践。

5. 可再生能源

为运营使用太阳能或风能等可再生能源。

6. 减少废物和回收利用

实施全面的回收计划，并尽可能实现零废物运营。

7. 运输和物流

优化路线以减少里程数，使用燃油效率高的车辆，并探索铁路等可能具有较低碳足迹的替代运输方式。

8. 碳足迹测量

定期测量和跟踪运营的碳足迹，以确定改进的领域。

9. 培训和参与

对员工进行可持续性教育，并让他们参与制定绿色倡议。

10. 透明度和报告

向利益相关者报告可持续性绩效，包括客户、投资者和监管机构。

11. 合作

在整个供应链中合作，分享最佳实践，促进绿色倡议的更广泛采纳。

12. 持续改进

持续寻求改进可持续性绩效的新途径。

9.4.2 最佳实践案例研究

案例研究：英特飞（Interface）公司

背景

Interface 公司是一家模块化地毯制造商，经常被提及为绿色供应链实践的典范。该公司于 1990 年代中期在已故首席执行官雷·安德森的领导下开始了可持续发展之旅，他彻底改变了公司的业务和供应链方法。

战略和实施

（1）零碳使命

●Interface 推出了"零碳使命"，承诺到 2020 年消除公司对环境的任何负面影响。

●Cool Carpet 计划：他们推出了一条产品线，用于抵消与他们从生产到回收的低碳生命周期相关的温室气体排放。

（2）ReEntry 计划

●Interface 开发了这个计划来回收使用过的地毯，无论制造商是否是英特飞，都可以将其回收再利用。

（3）闭环回收

●他们投资于技术以回收地毯纤维，创建了一个闭环过程，减少了对原始原材料的需求。

（4）供应商合作关系

●Interface 与供应商密切合作，确保他们符合公司的环境标准，创建了一个绿色供应网络。

（5）生物基材料

●他们转向生物基材料，大大减少了对石油和相关排放的依赖。

结果

●Interface 将温室气体排放量减少了90%以上，化石燃料消耗量减少了60%，现在在全球制造过程中使用了88%的可再生能源。

●该公司在模块化地毯制造过程中将用水量减少了95%。

●Interface 的可持续实践还带来了成本节约，并建立了与环境责任一致的强大品牌形象。

经验教训

●领导者承诺在推动可持续发展方面至关重要。

●绿色倡议可以带来成本节约和创新。

●绿色供应链需要与所有利益相关者合作，包括供应商和客户。

Interface 公司的成功证明了雄心勃勃的可持续发展目标可以是商业上可行的，并且可以推动一家公司成为其行业的领导者。该公司朝向绿色供应链的旅程仍在被世界各地的组织研究和效仿。

9.5 可持续性提高供应链韧性

可持续性可以显著提高供应链的韧性。虽然传统上是通过环境的视角来看待，但供应链管理中的可持续性也包括社会和经济维度，直接促进了供应链的健壮性和抗干扰能力。

以下是可持续性如何增强供应链韧性的方法。

1. 资源多样化

可持续供应链通常涉及从多样化的供应商和地区采购，减少对单一来源的依赖，并减轻与地缘政治问题、贸易冲突或局部中断相关的风险。

2. 投资本地采购

通过投资于当地经济并在生产设施附近采购材料（近程采购），公司可以减少运输风险、降低运输成本，并提高供应链的灵活性。

3. 加强供应商关系

可持续性倡议通常需要与供应商密切合作，以确保遵守环境和社会标准。这种合作关系可能会导致更强大、更透明和更合作的供应商关系，在危机时期至关重要。

4. 资源效率

可持续实践通常侧重于减少浪费和提高效率，如减少能源、水和原材料的使用。资源的更有效利用可以带来成本节约，并减少价格波动和资源稀缺性引发的脆弱性。

5. 健全的合规和风险管理

对可持续性的承诺有助于确保遵守环境法规和标准，降低法律和声誉风险。这种积极的合规方法可以防止突然的法规变化，否则可能会干扰运营。

6. 消费者和市场协同

随着消费者对可持续产品的需求日益增加，拥有更环保的供应链的公司更可能与市场趋势一致，这可能会增加客户忠诚度和品牌实力，特别是在市场动荡时期。

7. 长期规划

可持续供应链管理需要对运营和风险采取长期视角，这鼓励规划未来的情景，包括气候变化影响、资源可用性和不断变化的市场需求。

8. 创新和适应

追求可持续性推动创新，导致新的、更可持续的产品和流程的开发。这可能包括采用新技术，这些新技术也可能提供更大的韧性。

9. 增强声誉和品牌价值

可持续实践有助于树立积极的品牌形象，可以改善公司与利益相关者

（包括投资者、客户和政府）的关系。这种声誉资本可以在危机时期起到缓冲作用。

10. 员工参与和留任

致力于可持续发展的公司通常会看到更高水平的员工参与度，这可以转化为更专注和更富生产效率的员工队伍，更擅长应对和适应变化。

11. 财务稳定性

可持续性可以随着时间的推移带来运营成本的节约，并且还可以开辟新的融资形式，例如与可持续性绩效挂钩的绿色债券或贷款的利率。

通过将可持续性融入供应链，公司可以建立不仅在环境上负责任，而且在社会公平和经济上可行的系统，所有这些都有助于增强整体韧性。

第10章

AI在第二版供应链管理流程标准中的应用

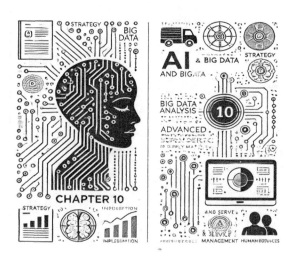

本章摘要

　　第二版供应链管理流程标准，采用了生产力和质量协会（American Productirity and Quality Center，APQC）的流程分类架构（PCF），在第一版的计划、采购、制造、交付、退货（回收）流程的基础上，形成了制定愿景和战略（1.0），开发和管理产品与服务（2.0），营销与销售产品和服务（3.0），交付产品和服务（4.0），管理客户服务（5.0），开发和管理人力资本（6.0），管理信息技术（7.0），管理财务资源（8.0），收购、建设和管理资产（9.0），管理环境、健康与安全（10.0），管理外部关系（11.0），管理知识、改进与变革（12.0）共12个流程。第二版流程标准虽然在2019年出版中文版，但考虑其起草的年代，里面仍有很多方面需要更新，特别是在AI和大数据分析如何应用于所有流程，以强化流程的现实指导意义方面。本章从AI对两个版本流程标准的架构进行对比始，对第二版流程做了部分更新，给作者验证，AI给出的结果基本符合预期，具有应用参考价值，读者可以对照鉴别、参考使用。

10.1　AI 对流程架构的理解

CSCMP 先后出版的供应链管理流程标准，在架构上还是有些不同，第二版总体架构更加细化，强调了更多管理的因素。AI 对第二版流程标准的提升，首先从比较二者的架构开始，作者考察了 AI 对两个版本（第一版和第二版）的比较和判断。这种比较是基于前文对第一版标准的深入讨论和输入第二版标准的架构进行的。读者可以发现，AI 对架构的认知还是有比较明确的见解，特别是在 AI 如何进一步提升基于 PCF 架构的流程标准方面给出了建议，具有正向的参考价值。

第二版采用了 PCF，与第一版比较时，通常考虑以下几个方面。

1. 范围和重点

• APQC 的 PCF 是一个广泛的框架，涵盖了所有企业流程，而不仅是供应链流程。它是行业中立的，旨在被任何组织所采用。

• CSCMP 的标准专注于供应链管理，详细描述了供应链功能独特的流程。

2. 行业特定性

• APQC 的 PCF 设计为各行业通用，这意味着必须通过定制以满足其特定的行业要求。

• CSCMP 的标准可能提供更详细的指导，专门针对供应链行业，具体涉及物流、采购和其他供应链活动的最佳实践。

3. 细节和颗粒度

• PCF 提供了高级别的流程分类，并且是广泛的，涵盖了超过 1000 个流程和相关活动。

• CSCMP 的标准可能更专注和详细地探讨供应链特定的流程，可能会提供更详细的执行和优化指导。

4. 基准和指标

• APQC 以其基准和最佳实践研究而闻名，因此他们的框架经常与基准数据一起使用。

● CSCMP 可能提供供应链绩效专用的基准，以及针对评估和改进供应链运营的度量标准。

5. 最佳实践和案例研究

● APQC 的框架可能会补充各种行业和功能的最佳实践和案例研究。

● CSCMP 的标准可能包括供应链行业特定的最佳实践和案例研究。

6. 行业应用

● 由于其全面性和灵活性，APQC 的 PCF 在各个行业广泛采用。

● CSCMP 的标准可能更常用于供应链专业人员和寻求与其核心活动紧密协同的框架的组织。

7. 更新和修订

● APQC 定期更新 PCF，以反映不断变化的业务环境和企业流程的演变。

● CSCMP 也会更新其标准，可能侧重于供应链管理特定的新兴趋势和挑战。

8. 与其他标准的整合

● 两个框架都有可能与其他国际标准（如 ISO 标准）保持一致，但它们的整合可能会根据特定的流程和重点领域而有所不同。

为了进行详细的比较，供应链专业人士通常会审查两个框架，以确定哪一个与其组织目标、行业要求和现有流程最为契合。他们还可能考虑每个框架如何支持其流程改进倡议、基准工作和整体业务策略。

10.2　AI 在制定愿景和战略流程的应用

APQC 流程分类框架（PCF）概述了供应链中可以通过应用人工智能、大数据分析和软件应用程序显著增强流程。AI 对照流程表述，给出了人工智能、大数据分析和战略规划软件如何强化流程的建议，给出了消费品、制造、零售、汽车行业应用的案例提示。

10.2.1　AI 如何改变制定愿景和战略流程

在战略制定的过程中可以通过应用人工智能、大数据分析和软件应用程序显著增强各种流程。对于制定愿景和战略（1.0）流程来说，人工智能和大数据可以使用预测性分析和人工智能驱动的情景建模来支持战略决策，预测市场变化，并使供应链战略与未来趋势保持一致。具有人工智能功能的战略规划软件可协助模拟各种市场情景并优化战略制订。

1. 战略制订中的人工智能和大数据应用

- 预测性分析：这涉及使用历史数据、机器学习和统计算法来对未来事件进行明智的预测。在供应链战略中，这可以帮助预测市场需求，识别新兴趋势，并预测供应链中断。例如，一家公司可能会分析多年的销售数据以及外部因素，如经济指标或天气模式，以预测需求并相应调整生产计划。

- 情景建模：AI 驱动的情景建模允许公司创建和分析多个"假设"情景。例如，AI 算法可以模拟新产品发布对现有产品线的影响，或者地缘政治变化对供应链成本和风险的影响。

- 预测市场变化：机器学习模型可以根据各种数据源（包括市场信息、新闻文章、社交媒体等）进行训练，以检测可能指示市场变化的信号。这种实时市场情报对于根据意外变化快速调整战略至关重要。

2. 具有人工智能能力的战略规划软件

- 软件功能：现代战略规划软件可以整合人工智能以增强决策。功能可能包括自动化 SWOT 分析、市场分析和战略地图。AI 可以处理大量数据集，以比传统方法更有效地识别优势、劣势、机遇和威胁。

- 与其他系统的集成：这些软件解决方案通常与其他企业系统（如 ERP、CRM 和 BI 工具）集成，以获取相关数据进行全面分析。此集成可以更全面地查看公司的市场地位和潜在战略。

10.2.2 AI 在战略制定流程应用的案例

1. 消费品行业

- 一家消费品公司可能会使用人工智能分析消费者趋势，并开发符合不断变化的客户偏好的新产品。

- 例如，宝洁公司使用大数据分析制定了一项直接面向消费者关系的战略，使其能够收集更多关于客户偏好的数据，并以更快的产品开发周期做出响应。

2. 制造业

● 一家制造公司可以实施人工智能来优化其针对新产品发布的供应链战略，以预测原材料成本和可用性。

● 例如，西门子公司使用大数据和情景建模改进了其制造流程和驱动因素，从而实现了更好的预测和战略协同。

3. 零售业

● 沃尔玛和塔吉特等零售商使用预测性分析来优化各店铺的库存水平，不仅预测产品销售量，还了解客户购买行为的模式，以塑造未来战略。

4. 汽车业

● 特斯拉在战略制定中使用大数据和人工智能的方法，这种应用体现在他们用其分析车辆数据以改进产品特性和推动自动驾驶能力的战略中。

总之，人工智能和大数据分析通过提供更深入的见解、预测未来趋势和进行全面的情景分析，显著促进了战略规划过程。当与战略规划软件结合使用时，组织可以将其供应链战略与预测性见解和市场模拟相一致，从而实现更明智的决策和强大的竞争优势。

10.3 AI 在开发和管理产品与服务流程的应用

在开发和管理产品与服务流程中，从产品和服务的设计入手，到全生命周期管理，AI 给出了应用的主要领域，也给出了汽车、科技、航空航天和国防、消费电子行业的案例。主要受生成篇幅的限制，这些案例的内容是简要的，读者可以根据行业需要在每个方向上深入讨论，实现拓展的分析探讨，相信会有更多的收获。

10.3.1　AI 对开发和管理产品与服务的流程更新

"开发和管理产品与服务"阶段至关重要，因为它直接关系到市场提供的内容。人工智能、大数据和 PLM 工具在增强这个阶段中发挥着重要作用。

对于开发和管理产品与服务（2.0）流程，人工智能和大数据可以通过客户情感分析和服务的预测性维护模型，实施机器学习以改善产品设计。软件应用程序可以集成人工智能的产品生命周期管理（PLM）工具，帮助简化产品开发和组合管理。

1. 产品设计和服务管理中的人工智能和大数据应用

● 客户情感分析：人工智能算法可以分析来自各种来源（如社交媒体、评论和客户服务互动）的大量客户反馈，以衡量客户情感。这种分析有助于公司了解客户最看重的功能或服务，并确定改进或创新的领域。例如，电子产品制造商可以使用情感分析来捕捉客户对产品发布的反应，影响下一产品版本的设计。

● 预测性维护模型：通过使用机器学习分析来自设备或产品传感器的数据，公司可以预测机器何时可能出现故障或产品何时可能需要维修。这种主动维护方法特别有益于服务管理，因为它可以防止停机并延长产品寿命。在汽车或航空航天等行业，预测性维护可确保可靠性和安全性，同时优化维护计划和成本。

2. 集成具有人工智能功能的产品生命周期管理（PLM）工具

● 增强数据分析：人工智能可以筛选产品生命周期期间产生的大量数据，从最初的概念到退役。它可以发现模式和见解，从而更明智地做出有关产品开发和管理的决策。

● 自动化执行例行任务：具有人工智能功能的 PLM 工具可以自动化执行例行任务，例如数据输入、更新 BOM（材料清单）和监管合规性检查。这释放了人力资源，使其能够专注于更具战略性的活动。

● 模拟和测试：人工智能可以增强 PLM 工具的模拟功能，实现对产品设计的更复杂和准确的测试。这可以带来更好的产品和缩短上市时间。

● 集成和协作：先进的 PLM 系统有助于与产品开发中使用的其他工具和平台（如 CAD 和 ERP 系统）更好地集成。这种集成通过人工智能增强，促进了跨团队和部门的协作。

10.3.2 AI 在开发和管理产品与服务流程应用的案例

1. 汽车行业

● 宝马将人工智能整合到其 PLM 系统中，以改进设计和制造流程。

● 人工智能有助于分析车辆数据，以预测和预防潜在问题，提高了其汽车的整体质量和可靠性。

2. 科技领域

● 苹果利用先进的情感分析来捕捉不同平台上的客户反馈，以指导新功能和产品的开发。

● 此外，他们将人工智能与 PLM 系统整合，使他们能够高效管理复杂的产品生态系统。

3. 航空航天和国防

● 洛克希德·马丁公司利用其 PLM 系统中的人工智能来模拟和测试产品开发中的各种情景。

● 这对于航空航天行业的安全性和合规性至关重要。

4. 消费电子

● 三星为其一系列消费产品采用了基于大数据驱动的预测性维护。

● 通过分析使用模式和性能数据，三星可以提供及时的维修服务，提高客户满意度和产品寿命。

将人工智能和大数据纳入产品和服务的开发和管理中，使组织能够更具适应性、预测性和效率。这不仅提高了产品设计效率，还改善了服务交付和维护，从而带来更好的客户体验。集成人工智能功能的 PLM 工具可以简化整个生命周期管理，从起始阶段到开发、退役，确保产品在市场上保持竞争力和相关性。

10.4　AI 在营销与销售产品和服务流程的应用

在营销与销售产品和服务的流程中，供应链流程标准原来的表述，是要求能够利用庞大的市场信息和情报进行营销和产品销售策略分析，而 AI 在这里给出了具体的应用，包括使用集成了 AI 能力的 CRM 系统应用。在作者引导下，AI 给出了电商、零售、科技、汽车行业应用的典型案例。同样，这些简单的案例还可以通过与 AI 的对话进一步深入探讨。

10.4.1　AI 改变营销与销售产品和服务流程

在"营销与销售产品和服务"阶段，AI 和大数据正在改变组织处理销售和营销工作的方式。

AI 和大数据可以部署个性化营销，优化定价策略，并通过深度学习算法增强客户细分。软件应用程序的使用、具有 AI 驱动见解的 CRM 系统可以优化销售流程并更准确地预测需求。

1. 营销和销售中的 AI 和大数据应用

● 个性化营销：AI 算法可以根据客户的行为、偏好和与品牌以往的互动，个性化定制营销活动。通过分析客户数据和创建详细的客户资料，实现了这种个性化。

● 定价优化：可以使用考虑需求、竞争对手定价、市场条件和客户价格敏感性等因素的 AI 模型实施动态定价策略。这可以最大限度地提高利润率和销售额。

● 增强的客户细分：深度学习算法可以处理复杂的客户数据集，以识别更加微妙的细分。这种细分允许有针对性的营销活动和产品推广，与特定客户需求和潜在购买行为密切契合。

2. 具有 AI 集成的 CRM 系统

● 销售流程优化：AI 可以根据 CRM 中潜在客户和机会的转化可能性，优先考虑将销售工作集中在最有可能产生收入的地方。

●需求预测：通过集成 AI，CRM 系统可以分析过去的销售数据、季节性趋势和市场动态，预测未来对产品和服务的需求。这有助于库存规划和确保供需平衡。

●客户互动分析：基于 AI 的 CRM 系统可以分析与客户的沟通记录，以识别客户消费模式和提供见解。这可以带来改进的客户服务和更有效的销售策略。

10.4.2　AI 改变营销与销售产品和服务流程的案例

1. 电子商务

●亚马逊利用 AI 进行个性化推荐，在电子商务营销方面树立了标准。

●他们的系统分析客户数据，包括以前的购买记录、搜索历史和购物车中的商品，推荐客户可能购买的产品。

2. 零售

●沃尔玛利用大数据优化线上和线下的定价和产品组合。

●他们的动态定价系统根据需求和竞争对手的定价策略实时调整价格。

3. 科技

●Salesforce 是一家领先的 CRM 提供商，已将 AI 集成到其平台（Salesforce Einstein）中，提供预测性见解、潜在客户评分和高级分析，帮助销售代表更有效地聚焦自己的工作。

4. 汽车业

●宝马在其 CRM 系统中利用 AI 提供个性化的客户体验。

●通过了解客户的偏好和行为，宝马可以根据潜在购买者的特点量身定制沟通方式和优惠策略。

这些例子表明，将 AI 和大数据整合到营销和销售流程中可以实现更个性化的客户体验、优化的定价策略和改善的销售业绩。通过利用客户数据和 AI 见解，公司可以更准确地预测和塑造消费者行为，从而增加销售额和客户忠诚度。

10.5　AI在交付产品和服务流程的应用

AI在交付产品和服务流程中的应用，包括了路径优化、路径规划和软件应用。从本节AI生成的内容看，这些应用的要点还过于简单，这也部分归咎于作者还没有足够的时间对模型进行训练和进行更多的对话和讨论。实际上，未来的发展方向是AI可以自主实现给定条件的建模仿真分析，而不是简单的分散的软件应用。但按照目前AI的能力和水平，要做到这一点仍然需要较多的前置条件输入和模型训练。从这个角度来看，AI仍然处于起步的初级阶段，离"全自动"完成任务还有一段距离。

10.5.1　AI对交付产品和服务流程的改变

在"交付产品和服务"阶段，供应链的运营效率至关重要。AI、大数据和先进的软件应用程序在这个领域提供了显著的改进。

可以利用AI进行物流优化、路径规划，并预测运输中的干扰；大数据可以改善需求预测和库存管理。软件应用程序包括利用AI进行实时决策的高级运输管理系统（TMS）和仓储管理系统（WMS）。

交付和物流中的AI和大数据应用如下。

1. 物流优化

● AI算法可以通过确定最有效的路线来优化物流操作，考虑因素包括交通模式、天气条件和交货时间窗口。

● 这种优化减少了交货时间和燃料消耗。

2. 路径规划

● 增强型AI路线规划工具可以根据实时情况动态调整交付路线，以应对道路关闭或延迟等意外情况，确保及时交付。

3. 运输中的干扰预测

● 机器学习模型可以分析历史数据，预测运输中可能出现的干扰。

- 例如，AI 可以预测季节性天气对航运路线的影响，并建议应急计划。

4. 需求预测

- 可以利用大数据分析准确预测未来产品需求，使公司能够相应地调整其库存水平和分销计划。

5. 库存管理

- AI 可以通过预测不同地点所需的库存水平来简化库存管理，从而优化库存分配并减少持有成本。

交付和物流中的应用软件如下。

1. 运输管理系统（TMS）

- 集成 AI 的高级 TMS 可以促进涉及承运人选择、货运预订和运输发票审核的实时决策。
- 它们还可以提供预测性分析，以改善运输规划。

2. 仓库管理系统（WMS）

- AI 驱动的 WMS 可以自动化执行拣选、包装和分拣等任务。
- 它们还可以优化仓库布局，减少货物在仓库内的过渡时间。

10.5.2 AI 在交付产品和服务流程的应用案例

1. 电子商务

- 亚马逊利用 AI 在其物流和交付系统中减少运输时间和成本。
- 他们的 AI 系统优化了交付路线和在其庞大的订单处理中心网络中的库存分配。

2. 物流服务提供商

- UPS 利用大数据和 AI 优化其司机的交付路线，这一系统称为 ORION（路上综合优化与导航）。
- 据报道，该系统每年节省了数百万公里的行驶里程。

3. 零售

- 沃尔玛实施了一个复杂的需求预测系统，利用大数据确保产品及时交付到店，以满足客户需求，减少断货和积压情况。

4. 制造业

- 卡特彼勒利用预测分析和 AI 管理全球零部件库存和分销，确保零部件在设备维护所需时可用，从而减少停机时间。

将 AI 和大数据整合到交付和物流中，使公司能够更灵活地应对变化，优化运营，并提供更好的客户体验。集成 AI 功能的 TMS 和 WMS 软件应用提供了支持这些先进分析和决策过程所需的基础设施。

10.6　AI 在管理客户服务流程的应用

> AI 在管理客户服务流程中的应用是一个相对比较成熟的场景。现在已经出现"AI员工"，主要是虚拟助手做客户服务，把信息收集、文案写作、售后服务都解决了，这些在电信、银行、零售、软件行业都有典型的应用场景，AI 给出了这方面的案例，实际上，随着更多大模型的出现，这些场景将更加丰富。

10.6.1　AI 提升管理客户服务流程

有效管理客户服务对于维护客户满意度和忠诚度至关重要。人工智能和大数据分析，以及专业的软件正在通过实现个性化、高效和主动的客户服务体验来彻底改变这一领域。

AI 和大数据可以用整合聊天机器人和虚拟助手提供能够进行客户服务，并利用大数据分析客户反馈以改善服务质量。软件应用程序方面，可以利用 AI 提供能够进行实时支持和主动服务干预的客户服务平台。

客户服务中的 AI 和大数据应用如下。

1. 聊天机器人和虚拟助手

• 由 AI 驱动的聊天机器人和虚拟助手可以处理大量常规客户查询，无须人工干预，提供快速响应，并为人工客服代理释放出更多时间处理更复杂的问题。

• 随着时间推移，这些系统通过每次互动学习提供越来越准确和有用的响应。

2. 客户反馈分析

• 大数据工具可以汇总和分析来自各种来源的客户反馈，包括社交媒体、电子邮件、调查和通话记录。

• 通过使用情感分析和自然语言处理，企业可以洞察客户情绪、识别常见痛点，并了解整体客户满意度。

3. 服务质量改进

• AI 系统可以识别客户服务数据中的模式和趋势，这些模式可能表明系统性问题或改进机会。

• 通过分析这些模式，企业可以在问题升级之前主动解决问题。

客户服务的应用软件如下。

1. AI 驱动的客户支持平台

• 现代客户服务平台使用 AI 对客户服务问题进行分类排序，推送给相对应的客服人员，给出问题的回答建议，或者提供涉及相关知识的文章。

• 这有助于缩短问题解决时间并提高支持的准确性。

2. 主动服务干预

• 一些 AI 系统可以预测客户可能在寻求帮助之前遇到的问题。

• 这使企业能够提供主动支持，显著增强客户满意度和忠诚度。

10.6.2　AI 提升管理客户服务流程的案例

1. 电信业

• 一家领先的电信公司实施了 AI 聊天机器人来处理客户查询。

• 该聊天机器人可以解决常见问题，如账单查询和服务中断，由于更短的问题解决时间，使客户满意度评分提高。

2. 银行业

• 银行采用 AI 来个性化客户互动。

• 例如，美国银行的虚拟助手 Erica 为客户提供个性化的财务指导和支持，提高了整体服务体验。

3. 零售业

• 在线零售巨头 Zappos 利用大数据了解客户偏好并增强其客户服务。

• 他们利用客户数据提供个性化的推荐和支持，这是他们高客户满意度的关键因素之一。

4. 软件行业

• 微软利用 AI 为 Office 365 等产品提供客户服务。

● AI 帮助诊断问题并提供逐步的故障排除指导，从而减少了联系现场客户支持人员的需求。

通过利用人工智能和大数据分析，企业可以将客户服务从被动变为主动，与客户进行个性化互动，并更高效地处理查询。这不仅会带来改进的客户体验，还会带来操作效率的提高，推动业务战略。集成 AI 功能的客户服务平台是这一转变的必要工具，为实施这些先进的客户服务解决方案提供了必要的基础设施。

10.7 AI 在开发和管理人力资本流程的应用

在开发和管理人力资本流程中，AI 也有很强大的应用功能。大型企业需要筛选海量的简历，AI 可以给人才画像，可以开发定制培训课程、提供培训课程和监督考评培训结果，这在高科技、零售、金融、医保等方面都有典型的应用场景。从这个角度看，AI 的应用离我们越来越近了。

10.7.1 AI 和大数据提升开发和管理人力资本流程

"开发和管理人力资本"流程对于有效利用公司的员工队伍至关重要。AI和大数据与先进的软件应用程序相结合，可以显著优化人力资源（HR）功能，包括应用 AI 进行人才招聘、培训和人力规划；分析员工数据以识别趋势并预测人员需求。

软件应用程序：具有 AI 驱动分析功能的人力资源管理系统（Human Resource Management System，HRMS），用于管理员工生命周期并增强工作效率。

人力资本管理流程中的 AI 和大数据应用如下。

1. 人才招聘

● AI 可以通过自动筛选简历和根据历史招聘数据学到的标准识别最合适的候选人，从而改变招聘流程。

● 它还可以预测候选人的成功，并通过从招聘流程中消除无意识偏见来帮助构建多样化团队。

2. 培训与发展

- 由 AI 驱动的平台可以通过分析个体员工的表现和学习方式来个性化学习和发展计划。
- 它们可以推荐课程、监控进度，并调整培训计划以最大化效果。

3. 人力规划

- 大数据分析允许对人力资源场景进行复杂建模，帮助 HR 领导者预测人员需求和预测人员流动率，并规划未来的人才需求。
- 这种预测能力对战略性人力资源规划至关重要，确保正确的人才能够满足未来的业务需求。

4. 劳动力分析

- 通过分析员工绩效、参与度和留任情况的数据，AI 可以提供有关劳动力生产率和满意度的见解。
- 这有助于 HR 识别高绩效的个人和团队，了解员工参与度的驱动因素，并采取行动防止员工流失。

人力资本管理的应用软件如下。

1. 人力资源管理系统（HRMS）

- 现代 HRMS 解决方案利用 AI 管理从招聘到退休的整个员工生命周期。
- 这包括入职、绩效管理、继任计划等。

2. 员工体验平台

- 由 AI 驱动的工具可以实时分析员工反馈，为 HR 团队提供员工情绪和参与度的见解，使其能够采取积极措施改善工作体验。

3. 预测分析工具

- 这些工具可以预测未来的人力资源趋势，如员工流失率，并建议应采取的干预措施。
- 它们还可以帮助将劳动力容量与业务需求相匹配，确保人员水平达到操作效率的最佳状态。

10.7.2 AI 和大数据提升开发和管理人力资本流程的案例

1. 技术行业

- 谷歌使用人员分析来基于数据做出有关招聘、晋升和发展的决策。
- 他们分析员工绩效和反馈数据，不断改进他们的 HR 流程。

2. 零售行业

● 沃尔玛利用大数据更好地了解其员工队伍，并预测未来各门店的人员需求，有助于更有效地管理人员队伍并确保维持客户服务水平。

3. 金融服务

● 美国运通公司应用机器学习算法预测哪些员工可能在未来一年离开公司。

● 这种预测性洞察力使他们能够主动解决问题。

4. 医疗保健

● IBM Watson 在医疗保健领域用于协助 HR 任务。

● 通过分析大量的 HR 数据，Watson 可以帮助识别员工技能缺口和培训需求。

将 AI 和大数据纳入人力资本管理中，将传统的 HR 功能转变为战略性操作，可以显著影响公司的绩效。具有 AI 驱动分析功能的 HRMS 对于管理员工生命周期和提高工作效率至关重要，它们提供了具备可操作性的建议，自动化常规任务，并提供个性化员工体验。

10.8 AI 在管理信息技术（IT）流程的应用

管理技术和管理拥有技术的人，从来都是科技企业最大的挑战。这里 AI 给出了如何用人工智能和大数据分析提升管理信息技术流程的要点，并在作者引导下生成了金融、技术、零售、医保等行业应用的案例。在流程验证的过程中，作者发现如何输入和引导 AI 走向你要的结果非常关键，就像同样给你一个搜索引擎，不同的人输入不同的关键词得到的结果是不一样的。所以，未来我们所培养的是指挥 AI 的能力。

10.8.1 AI 和大数据强化管理信息技术流程

管理信息技术流程涉及确保 IT 基础设施和服务有效支持组织的目标。人工智能、大数据和专业的软件应用程序在提升 IT 运营效率和安全性方面发挥着关键作用。

利用人工智能进行 IT 服务管理，可自动化执行常规任务和进行网络安全威胁检测；大数据可用于 IT 性能分析。软件应用程序包括利用人工智能进行预测性维护和优化 IT 资产利用率的 IT 服务管理工具。

IT 管理中的人工智能和大数据应用如下。

1. IT 服务管理

• 人工智能可以通过自动化服务请求、事件管理和问题解决来增强 IT 服务管理。

• 例如，由 AI 驱动的聊天机器人可以处理像密码重置这样的基本 IT 服务请求，从而为人类技术人员腾出更多时间处理更复杂的任务。

2. 常规任务自动化

• AI 算法可以自动化执行常规的 IT 任务，如网络监控、数据备份和软件更新。

• 这种自动化减轻了 IT 人员的工作负担，减少了人为错误。

3. 网络安全威胁检测

• 人工智能和机器学习在网络安全中变得越来越重要。

• 它们可以实时分析大量的网络数据，以识别可能表示安全漏洞的异常模式，从而更快地应对潜在威胁。

4. IT 性能分析

• 可以利用大数据分析来监测和分析 IT 系统的性能。

• 这包括跟踪系统的正常运行时间、分析网络流量模式和识别优化领域，以提高整体 IT 效率。

IT 管理的应用软件如下。

1. IT 服务管理工具

• 这些工具通常整合了人工智能，以协助进行预测性维护，即在设备发生故障之前预测和防止故障。

• AI 算法分析历史性能数据，以识别未来可能发生故障的趋势。

2. 资产利用率优化

• 由 AI 驱动的工具可以帮助优化 IT 资产的利用率。

• 这包括分析使用模式，以确保像服务器和存储这样的资源得到有效分配，减少浪费并节省成本。

10.8.2　AI和大数据强化管理信息技术流程的案例

1. 金融服务

- 一家领先的银行在其IT服务管理中实施了人工智能，使常规任务自动化，并更有效地管理了其IT基础设施。
- 这减少了停机时间并加快了IT问题的解决速度。

2. 技术行业

- 微软将人工智能用于其网络安全运营。他们的AI系统分析其全球数据中心的信号，以检测和应对安全威胁，从而显著提高了其网络安全状况。

3. 零售业

- 沃尔玛利用大数据分析来监测其IT系统的性能。
- 这使他们能够积极应对性能瓶颈，确保线上线下系统的顺畅运作。

4. 医疗保健

- 一家医疗服务提供商使用了由AI驱动的IT服务管理工具来维护关键的医疗系统，确保了对患者护理至关重要的系统高可用性和可靠性。

总之，将人工智能和大数据整合到IT管理中可以显著提高IT运营的效率和安全性。人工智能自动化常规任务的能力，加上其在网络安全和系统性能分析方面的能力，使其成为一项宝贵的资产。此外，利用人工智能的专业IT服务管理工具不仅可以改善IT基础设施的日常管理，还可以促进IT资源的战略使用，使其与业务目标更紧密地协同。

10.9　AI在管理财务资源流程的应用

管理财务资源流程在第一版流程标准中没有单独列出。实际上，供应链管理的终极目标就是加快现金流循环周期。本节AI给出了如何使用人工智能和大数据分析检测风险、分析绩效、提高管理效率。用AI功能强化财务软件，可以在银行、零售、科技、制造等主要场景产生最佳实践。读者不妨在应用领域深挖，可以得到更多的参考案例。

10.9.1　AI 和大数据强化管理财务资源流程

管理财务资源流程对组织的财务健康和运营效率至关重要。人工智能和大数据技术，以及复杂的财务管理软件，可以显著增强供应链管理的这一方面。

实施 AI 进行欺诈检测、风险管理和提供财务洞见；大数据分析可以优化现金流管理和财务规划。软件应用程序包括具有 AI 功能的财务管理软件，用于实时分析和决策支持。

财务资源管理中的人工智能和大数据应用如下。

1. 欺诈检测

- AI 算法在检测欺诈活动方面非常有效。它们可以分析交易模式并标记偏离正常的异常，从而防止潜在的欺诈。

- 例如，在银行业中，AI 系统扫描数百万笔交易以识别可能存在欺诈的可疑模式。

2. 风险管理

- AI 可以通过分析市场趋势、经济指标和内部财务数据来评估和管理各种财务风险。这有助于对投资、信贷和其他财务风险做出明智决策。

3. 财务洞见

- AI 驱动的分析工具可以处理大量的财务数据，提供对财务绩效的深入洞察，识别节约成本的机会，并建议收入增长的领域。

4. 现金流管理和财务规划

- 大数据分析可以通过基于历史数据、当前市场情况和业务趋势预测未来的资金需求，从而优化现金流管理。

- 这有助于有效的财务规划和保持流动性。

财务管理的应用软件如下。

1. 具有 AI 功能的财务管理软件

- 这种软件整合了 AI 以协助实时分析和提供决策支持。

- 它们可以自动化复杂的财务流程，如预算编制、预测、财务报告和合规管理。

2. 实时分析和报告

- 这些工具提供实时的财务洞见，使企业能更快地应对财务挑战和机遇。

· 仪表板和报告功能有助于可视化财务数据，使企业更易于理解和采取行动。

10.9.2　AI和大数据强化管理财务资源流程的实践

1. 银行业

· 摩根大通利用AI进行欺诈检测和风险管理。

· 他们的AI系统分析交易数据以识别欺诈活动，并更有效地管理信贷风险。

2. 零售行业

· 沃尔玛利用大数据分析进行财务规划和现金流管理。

· 他们分析销售数据、市场趋势和运营成本，以做出明智的财务决策。

3. 科技公司

· IBM和SAP等公司提供集成了AI和分析功能的财务管理软件，为企业提供实时财务分析和决策支持工具。

4. 制造业

· 通用电气利用大数据优化其财务运营，利用预测性分析进行预算编制和财务规划，从而降低成本，提高财务效率。

将人工智能和大数据纳入财务资源管理中，使企业能够做出更明智的决策，降低财务风险，并提高整体财务绩效。具有AI功能的财务管理软件提供了实时分析和高效管理财务运营所需的基础设施，使其与战略业务目标更加一致。

10.10　AI在收购、建设和管理资产流程的应用

管理资产流程在第二版流程标准中单列一章，其中涉及资产的获取、构建和管理环节，AI给出的应用主要集中在预测性维护、设施管理、决策支持等方面，给出的案例包括办公、制造业设施、建筑施工和房地产投资领域。实际上，在资产获取和投资决策方面，特别是在投资下行的环境中，大数据分析工具在决策制定过程中有更大的发挥空间。

10.10.1 AI 强化收购、建设和管理资产流程

在收购、建设和管理资产流程中，AI、大数据和专业软件可以显著增强物理资产和设施的管理和优化。

利用 AI 可以进行物理资产的预测性维护和设施管理；大数据可以支持投资决策并监测施工进度。软件应用程序包括具有 AI 功能的房地产和设施管理软件，用于空间优化和能源管理。

资产管理中的 AI 和大数据应用。

1. 预测性维护

• AI 算法可以预测设备和设施何时需要维护，以防止故障发生。

• 通过分析传感器和维护日志中的数据，AI 可以在最佳时间安排维护活动，减少停机时间并延长资产寿命。

2. 设施管理

• AI 可以优化建筑系统的运行，如暖通空调、照明和安全。

• 例如，AI 系统可以根据占用率和天气模式调整供暖和制冷，提高舒适度的同时减少能源消耗。

3. 支持投资决策

• 大数据分析可以为房地产市场趋势提供有价值的见解，帮助企业做出有关房地产投资的明智决策。

• 通过分析房地产价格、市场需求和人口变化等数据，企业可以识别有利可图的投资机会。

4. 监控施工进度

• 大数据工具可以跟踪和分析施工项目的进度。

• 通过整合来自各种来源的数据，如供应链、人员和项目时间表，这些工具可以在施工过程的早期识别潜在的延误或成本超支。

用于资产（房地产）管理的应用软件如下。

1. 房地产和设施管理软件

• 这些软件加入了 AI 功能，可以管理和优化建筑内的空间利用。

• 它们可以分析空间使用模式，确保可用空间被有效利用。

2. 能源管理

• AI 驱动的软件可以通过分析使用模式并实时调整系统来最大限度地优

化物业的能源消耗。

- 这不仅降低成本，还支持可持续发展计划。

10.10.2　AI强化收购、建设和管理资产流程的案例

1. 企业办公室

- 一家跨国公司在其设施管理中实施了AI，以优化办公楼的空间利用和能源消耗。
- AI系统根据占用率调整照明、供暖和制冷，从而实现了显著的成本节省和减少环境影响。

2. 制造业设施

- 一家制造公司使用预测性维护工具监控设备健康状况，大大降低了非计划停机时间和维护成本。

3. 施工公司

- 大型建筑公司正在使用大数据工具监测其项目的进度，跟踪资源利用情况，并更有效地管理时间表。

4. 房地产投资

- 房地产公司正在利用大数据分析来制订投资策略，分析市场趋势和人口数据，以确定有利可图的投资机会。

总之，将AI和大数据纳入资产（房地产）的收购、建设和管理中可以实现更高效和更具有成本效益的运营。具有AI功能的房地产和设施管理软件在优化空间、管理能源消耗和确保物理资产的有效维护方面起着至关重要的作用。这些技术进步不仅提高了运营效率，还有助于可持续发展和降低成本。

10.11　AI在管理环境、健康与安全流程的应用

管理环境、健康与安全，在第一版标准中是在执行的流程部分有列出，在第二版流程标准中单独作为一章。AI对流程标准建议增加的内容包括环境监测、事故预测、合规监测、风险评估等方面，典型应用案例则指向制造、能源、建筑、化工等领域。

10.11.1　AI 强化环境、健康与安全管理流程

在管理环境、健康与安全（EHS）流程中，利用 AI、大数据和专业软件可以显著增强环境和安全计划的有效性。

用大数据分析来监测环境影响，应用 AI 来预测安全事故。软件应用程序包括利用 AI 进行合规跟踪和事故预测的 EHS 管理系统。

环境、健康与安全中的 AI 和大数据分析应用如下。

1. 环境影响监测

- 大数据分析可用于监测和分析诸如排放、废物管理和资源消耗等环境数据。
- 这种分析有助于组织了解其环境影响并确定改进的领域。

2. 预测安全事故

- AI 算法可以通过分析历史事故数据、工作场所条件和操作参数来预测潜在的安全事故。
- 这种预测能力使组织能够采取积极措施来防止事故并确保工人安全。

3. 合规监测

- AI 可以自动监测环境和安全法规的合规性。
- 通过不断地分析运营数据与法规要求的数据，AI 系统可以提醒组织潜在的合规问题。

4. 风险评估

- 大数据分析可以评估与环境因素和工作场所安全相关的风险。
- 这包括分析大量数据集以识别可能表示增加风险的模式和趋势。

EHS 管理的软件如下。

1. EHS 管理系统

- 这些系统与 AI 集成后，可以更有效地管理和跟踪环境和安全法规的合规性。
- 它们可以自动报告、监控关键绩效指标，并对潜在问题提供实时警报。

2. 事故预测工具

- 使用 AI 预测事故的软件工具可以分析来自各种来源的数据，如设备传感器数据、天气报告和操作数据，以预测并防止事故和环境事件。

3. 可持续发展报告工具

• 增强了 AI 功能的工具可以通过汇总和分析各种可持续性指标的数据来协助可持续发展报告的编写，促进环境绩效的透明和准确报告。

10.11.2 AI 强化环境、健康与安全管理流程的案例

1. 制造业领域

• 一家领先的制造商实施了 AI 驱动的 EHS 系统，以监测工作场所安全和环境合规性。

• 该系统预测了潜在的安全事故，并提供了环境影响的见解，帮助公司积极管理风险。

2. 能源行业

• 一家能源公司使用大数据分析来监测排放和管理环境影响。

• 从数据分析中获得的见解有助于做出减少环境足迹的明智决策。

3. 建筑行业

• 一家建筑公司在工地上使用 AI 工具进行实时安全监测。

• 这些工具分析可穿戴设备和环境传感器的数据，以预测和防止潜在的事故。

4. 化工行业

• 一家化工公司利用具有 AI 功能的 EHS 软件进行合规跟踪和事故管理。

• 该系统帮助他们保持高水平的安全标准，并符合严格的环境法规。

通过将 AI 和大数据纳入 EHS 管理中，组织可以增强其监测和改善环境绩效与工作场所安全的能力。先进的 EHS 管理系统利用 AI 进行更有效的合规跟踪、风险评估和事故预测，从而实现更安全和更可持续的运营。

10.12 AI 在管理外部关系流程的应用

管理外部关系，主要涉及供应商和合作伙伴，实际上还包括所有的利益相关者。AI 给出了人工智能和大数据分析在供应链风险和绩效的评估策略、优化采购策略、增强合作伙伴关系方面的应用建议，典型案例则指向汽车、科技、零售、制造等行业。

10.12.1　AI 强化管理外部关系流程

在供应链管理的背景下，"管理外部关系"流程对确保供应链的顺畅和高效至关重要。AI、大数据和先进的软件为管理与供应商和其他外部合作伙伴的关系提供了重大改进。

使用 AI 评估供应商风险和绩效；利用大数据优化采购策略并增强合作伙伴协作。软件应用程序包括带有 AI 驱动供应商关系管理功能的供应链管理软件。

在管理外部关系中 AI 和大数据应用如下。

1. 供应商风险评估

●AI 算法可以根据各种风险因素评估供应商，如财务稳定性、合规历史、交付绩效和地缘政治风险。

●这有助于识别潜在风险并采取积极措施予以缓解。

2. 供应商绩效分析

●AI 可以持续监测和分析供应商绩效数据，提供有关供应商可靠性、质量和效率的见解。

●这些信息对于明智地选择供应商以及有效管理这些关系至关重要。

3. 优化采购策略

●大数据分析可以用于分析市场趋势、价格波动和供应商绩效数据。

●这些信息有助于优化采购策略，确保高效和具有成本效益的采购。

4. 增强合作伙伴协作

●大数据工具可以通过提供供应链数据的共享视图来促进与供应商和合作伙伴的更好协作。

●这种透明性有助于协同目标、改善沟通并更有效地解决问题。

外部关系管理的应用软件如下。

1. 供应链管理软件

●集成了 AI 功能的先进供应链管理软件可以更有效地管理供应商关系。

●功能可能包括供应商评分自动化、绩效仪表板以及关于潜在供应链中断的预测警报。

2. AI 驱动的供应商关系管理

●这些工具可以自动化供应商关系管理的许多方面，从合同管理到绩效评估。

• AI 可以帮助识别最有利可图的供应商并提出建立更强关系的策略。

10.12.2 AI 强化管理外部关系流程的案例

1. 汽车行业

• 一家领先的汽车公司使用 AI 评估其供应商的风险概况。

• 通过分析有关供应商健康、地缘政治风险和市场趋势的数据，该公司可以积极管理其供应链中的风险。

2. 科技行业

• 主要科技公司采用大数据分析来优化其采购策略。

• 通过分析供应商绩效、市场价格和供应链风险的大量数据，确保做出最佳采购决策。

3. 零售行业

• 大型零售连锁店使用带有 AI 驱动功能的供应链管理软件进行供应商管理。这包括实时监控供应商绩效并使用预测分析来预测供应问题。

4. 制药业

• 在制药行业，供应链的完整性至关重要，公司利用 AI 确保供应商的合规性和可靠性，特别是在采购关键原材料时。

将 AI 和大数据纳入外部关系管理中，使组织能够更明智地选择其供应商和合作伙伴，使供应链更具韧性、高效和具有成本效益。具有 AI 功能的供应链管理软件提供了进行有效的供应商关系管理所需的工具，包括风险评估、绩效监控和采购优化。

10.13 AI 在管理知识、改进和变革流程应用

管理知识、改进和变革是组织进化和发展的重要方面。AI 可以管理知识系统，跟踪改进计划的效果，对改进成效进行测评，也可以提高软件应用的效力。在知识管理方面的案例，首先指向了咨询公司，也就是用知识直接创造价值的行业。本书实际上也是对 AI 用于专门知识的一次典型验证。

10.13.1　AI 强化管理知识、改进和变革流程

在管理知识、改进和变革流程中，AI、大数据和先进的软件工具的整合对于增强组织学习、推动持续改进和成功管理变革至关重要。

使用带有 AI 的知识管理系统策划和提供个性化内容；利用大数据跟踪变革计划的影响。软件应用程序包括利用 AI 预测变革项目结果并促进其被采纳的变革管理工具。

在知识和变革管理中的 AI 和大数据应用如下。

1. 带有 AI 的知识管理系统

• AI 可以通过为个人用户策划和个性化内容来极大地增强知识管理系统。

• 它可以根据用户的角色、兴趣和过往互动自动标记、组织和推荐相关文件和资源。

• 这种个性化方法确保员工能够快速、轻松地访问所需信息。

2. 跟踪变革计划的影响

• 大数据分析可用于衡量变革计划的有效性。

• 通过分析员工参与度、绩效指标和运营效率等数据，组织可以评估变革的影响，并就未来的计划做出明智的决策。

3. 变革成功的预测分析

• AI 可以分析以往变革计划的历史数据，以预测新项目的成功。

• 这包括评估组织对变革的准备情况、识别潜在的阻力或挑战，并提出实施变革的最有效策略。

变革管理的软件如下。

1. 带有 AI 的变革管理工具

• 这些工具利用 AI 更有效地引导和管理组织变革。

• AI 可以帮助识别关键利益相关者、预测变革计划的结果，并提供有关推动变革的最佳方法的见解。

2. 推动变革的采纳

• AI 驱动的工具在推动组织变革的过程中也起着至关重要的作用。

• 通过分析员工反馈和行为，这些工具可以识别抵制变革的领域，并量身定制策略以增加支持和员工参与度。

10.13.2　AI强化管理知识、改进和变革流程的案例

1. 咨询公司

• 领先的咨询公司通常使用AI增强的知识管理系统来高效管理大量的案例研究、论文和项目数据，使顾问能够更轻松地获取相关信息和专业知识。

2. 科技公司

• 主要的科技公司实施AI驱动的变革管理工具来推出新软件或组织变革。

• 这些工具通过分析员工的使用情况和反馈来推动采纳，并确定需要额外支持或培训的领域。

3. 医疗保健行业

• 医院和医疗保健提供商使用大数据来跟踪新临床实践或行政变革的影响，确保这些举措改善了患者护理和医院运营效率。

4. 金融服务

• 银行和金融机构利用AI进行风险评估和变革管理，特别是在实施新的合规措施或数字化转型项目时。

通过将AI和大数据纳入知识管理和变革计划中，组织可以确保正确的信息在正确的时间可供正确的人员获取。此外，通过预测结果、推动采纳并持续监测这些举措的影响，AI驱动的变革管理工具可以显著增加成功实施变革的可能性，这种方法不仅简化了知识共享和学习，还确保了组织变革的有效管理和与整体业务目标的一致性。

第11章
AI预想的未来供应链

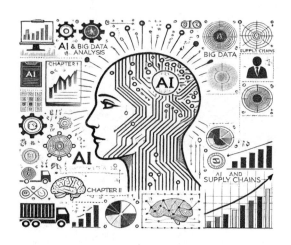

本章摘要

数字化时代是人类文明发展的必然，会思考的机器将在越来越多的方面超越人类、取代人类。亨利·基辛格博士去世前的最后一本书，名为《人工智能时代与人类未来》；柯林斯词典选择了AI作为2023年的年度英语词汇。这些都标志着人类社会进入了AI时代。本章从AI如何定义未来供应链入手，探讨了未来供应链的关键特征，在探讨了Sora强大的视频生成能力之后，预测了其对供应链的革命性影响，也尝试写出了视频脚本。

11.1   人类社会正在进入 AI 时代

> 人类创造了 AI，那么 AI 如何表述 AI 时代的关键特征？实际上在这个时代，不仅是 AI 进入所有领域，更多的是人类经济社会的深刻转型，同时也面对着社会和伦理、全球治理乃至哲学意义上的巨大挑战。Deepmind 创始人穆斯塔法·苏莱曼（Mustafa Suleyman）在最近的新书 "*The Coming Wave：Technology，Power，and the 21ˢᵗ Century's Greatest Dilemma*"（《即将到来的浪潮——技术、权力和 21 世纪最大的困境》）中提出了具有深谋远虑的预警。

11.1.1   AI 时代的关键特征

AI 时代指的是人类历史上一个变革性的时代，人工智能成为塑造经济、政治、社会和个人领域的关键力量。这是一个以人工智能技术的快速进步为特征的时期，导致我们生活、工作和与周围世界互动的方式发生了重大变化。这个时代具有以下关键特征。

（1）普遍整合：人工智能技术已经被整合到日常物品和系统中，从智能家居设备和个人助手到企业和政府的复杂决策过程。

（2）经济转型：人工智能推动经济的重大转变，改变了就业市场，创造了新的产业并重塑了现有产业。虽然它带来了效率，开启了新的机会，但也带来了与就业和员工再培训相关的挑战。

（3）社会和伦理问题：AI 时代引发了关于隐私、监视、伦理和人类在社会中的角色等深刻问题。鉴于人工智能处理个人数据的能力，需要重新评估隐私规范和伦理指南。

（4）全球 AI 治理：随着人工智能技术在国家安全、经济竞争力和社会福利中发挥关键作用，国际合作和治理框架的必要性变得至关重要，以管理其全球影响，防止滥用，并解决不平等问题。

（5）人工智能研发的进步：这个时代看到了人工智能能力的指数级增长，

从执行特定任务的狭义应用，发展到能够在不同环境中学习和适应的更加普遍和复杂的系统。

（6）人工智能与人类的合作：AI 时代促进了人类和机器之间新形式的合作，人工智能增强了人类的能力，并开启了解决问题、发展创造力和进行深入探索的新途径。

（7）哲学和存在主义探讨：随着人工智能挑战意识、智慧和人类本质的概念，这个时代引发了关于在以人工智能为主导的世界中人类未来的深刻哲学讨论和存在主义探究。

定义 AI 时代不仅是承认所取得的技术成就，还要认识到这些技术对人类存在的基本影响。它需要对人工智能的潜力和危险进行深入理解，确保其发展和部署有助于增强人类福祉，并促进一个更加公平、可持续和繁荣的世界。

11.1.2 AI 对人类社会的重大挑战

人工智能（AI）对人类社会的影响和挑战触及我们生活的几乎每一个方面。在我们进一步进入所谓的"AI 时代"时，考虑这项技术演变带来的好处和潜在弊端至关重要。

1. 对人类的影响

• 经济转型：AI 正推动全球经济发生重大变化，提高了效率、生产力，并创造了新的产业和工作类别。它通过自动化常规任务，为新技能的需求创造了空间，从而重塑了制造业、农业和服务业等传统行业。

• 医疗保健的进步：AI 对医疗保健的影响具有革命性，提供了个性化医疗、提高诊断准确性和更有效的护理的可能性。它被用来预测疫情暴发、理解疾病和开发新治疗方法。

• 生活质量的提升：从预测我们需求的智能家居到帮助管理我们日程的个人助理，AI 正在为许多人提升生活质量。它使技术更加易于获取，并创建了可以改善日常任务的工具。

• 教育机会：AI 通过个性化学习体验、智能辅导系统和自动化执行行政任务，正在改变教育，允许教育者将更多时间用于教学而非文书工作。

2. 对人类的挑战

• 伦理和道德问题：AI 带来了复杂的伦理挑战，包括隐私担忧、监视问题以及决策过程中潜在的偏见。如何确保 AI 的道德使用是围绕其开发和部署的辩论的中心问题。

- 工作流失：随着 AI 自动化常规甚至复杂的任务，各个行业工作流失的真实担忧正在上升。这一挑战需要重新思考工作设计、教育和社会安全网，以确保所有人的经济稳定和机会。

- 安全风险：AI 系统难免会被用于恶意目的，包括网络攻击、自主武器和监视。确保 AI 系统免受滥用是开发者和政策制定者面临的关键挑战。

- 问责制和透明度：随着决策过程变得更加自动化，确定 AI 系统中的错误或偏见的责任变得具有挑战性。确保 AI 算法的透明度和可解释性对于信任和伦理考虑至关重要。

- 社会和心理效应：AI 对社会结构和个体心理的影响是一个日益关注的领域。隐私侵蚀、AI 对儿童发展的影响以及 AI 可能加剧社会不平等的隐患等问题是迫切的关注点。

- 全球治理：AI 开发的全球性质及其跨境影响要求加强国际合作，以创建管理 AI 使用的标准、法规和伦理指南。在促进创新的同时，平衡防范风险的保障措施是一项复杂但必要的努力。

总结而言，尽管 AI 提供了包括推动经济增长、促进医疗保健进步和改善生活质量在内的显著好处，它也带来了重大挑战。解决这些挑战需要政策制定者、技术专家、伦理学家和公众的合作，以确保 AI 在最大化其对人类益处的同时，最小化其潜在的危害。

11.2　未来供应链管理的核心特征

对于 AI 时代供应链管理的核心特征，AI 在 ChatGPT 升级前后的表述、在模型训练前后的表述明显不同。之前的表述涉及 6 个方面，包括网络优化、端到端可视、自动驾驶、增强客户体验、强化供应链安全、提高可持续性等。经升级和训练过的专用 App 生成之后，读者可以发现下面的表述更具有系统性和技术渗透的深度，也符合我们对未来供应链的预期。

受人工智能和大数据分析的深刻影响，未来的供应链管理将带来前所未有的效率、韧性和客户导向性。以下是 AI 可能重塑未来供应链管理的几个方面。

1. 自主供应链

- 由人工智能驱动的自动化将导致完全自主的供应链，无须人类干预即可做出决策和执行交易。
- 这些系统将更准确地预测需求，实时识别和减轻风险，并动态优化库存水平。

2. 强化的预测和需求规划

- 利用大数据、人工智能将通过分析来自多种来源的大量数据（包括社交媒体、物联网设备和市场趋势等）显著提高预测准确性。
- 这将使供应链策略更加敏捷和具有响应性，以迅速适应市场变化。

3. 供应链数字化和透明化

- 区块链技术与人工智能和大数据相结合，将增强供应链的追溯性和透明度。
- 公司将能够追踪产品从原材料到最终消费者的全过程，确保真实性、质量和符合法规。

4. 可持续和道德供应链

- 人工智能和大数据分析将在促进供应链可持续性和道德实践方面发挥关键作用。
- 通过分析供应商运营数据，人工智能可以帮助公司做出基于环境责任和道德用工实践的明智决策。

5. 高级风险管理

- 人工智能将通过持续监测和分析全球事件、供应商绩效和物流网络，转变风险管理，预测和应对潜在的供应链中断。
- 这将促进企业采取主动而不是被动的措施，增强了供应链韧性。

6. 个性化客户体验

- 大数据分析将使企业能够从细节上更加了解客户偏好和行为，从而创造个性化的产品和服务。
- 这将把供应链从"一刀切"的模式转变为更加以客户为中心的

模式。

7. 整合的计划和执行

- 人工智能和大数据将模糊计划和执行阶段之间的界限，实现更加动态和灵活的供应链。
- 实时数据分析和人工智能驱动的洞察力将使供应链能够根据实际需求和供应情况调整策略。

8. 协作生态系统

- 未来的供应链将以供应商、制造商、物流提供商和客户之间的合作增强为特征。
- 由人工智能和大数据驱动，这个协作生态系统将优化整个供应网络，减少低效，并为每个参与者创造更多价值。

9. 智能工厂和物联网

- 配备物联网设备和人工智能分析的智能工厂的集成将导致更高效的制造过程。
- 预测性维护、实时监测和自动化质量控制将最大限度地减少停机时间和缺陷，提高生产率。

10. 跨行业融合

- 随着公司利用供应链创新提供新的服务和产品，行业之间的界限将变得模糊。
- 例如，一个物流公司可能利用其供应链洞察力提供库存管理解决方案，创造新的价值主张。

总之，带有人工智能和大数据分析的未来供应链将更具适应性、效率和客户关注度。这将需要持续投资于技术和技能的发展，以及对道德和可持续实践的承诺。随着这些技术的不断发展，早期采用者和创新者可能会发现自己处于竞争优势地位。

图11-1是AI生成的未来供应链图景，展示了一个自主、高效和环保的系统。它展示了技术、可持续性和创新如何交织在一起，从而改变供应链管理。

图 11-1　AI 生成的未来供应链图景

11.3　Sora 如何颠覆供应链管理

Sora 的出现，标志着以 ChatGPT 为代表的人工智能的一个能力的飞跃，随之而来的就是对 AI 重构，生成物质世界和精神世界的构想。在本书成稿和修改完善的这个时点，Sora 仍然没有对外开放，但可以探讨 Sora 如何在供应链中应用。作者也尝试让 AI 提前生成一个动画的脚本，从中可以看到，未来的供应链世界仍颇具吸引力。

11.3.1　Sora 在供应链中应用场景

Sora 的推出，作为 OpenAI 的一款新应用，能够生成模拟真实世界的动态影像，确实可能预示着供应链管理的一个变革性时代的到来。

它带来颠覆性变化的潜力涵盖了以下几个方面。

1. 增强培训和模拟

• 由于 Sora 具有创造高度逼真动态图片的能力，它可能会彻底改变供应链领域的培训方式。

● 各个层级的员工可以参与复杂情景的沉浸式模拟，从仓储操作到物流和交付，而无须承担与真实培训练习相关的风险或成本。

● 这有助于培养出能够应对各种挑战的员工。

2. 改善规划和预测

● Sora 的功能可能会扩展到在各种市场条件下模拟不同的供应链模型，使公司能够更好地预测需求、优化库存水平，并评估潜在的干扰影响。

● 通过可视化这些结果，决策者可以更有效地为未来做出规划。

3. 将问题可视化并提供决策支持

● 在动态场景中可视化复杂数据和情景的能力有助于识别供应链内的低效和瓶颈。

● Sora 可以使运营数据更加直观，有助于突出改进或投资的领域，从而支持战略决策。

4. 客户参与和体验

● 在面向客户的一面，Sora 可以彻底改变企业展示和推广产品的方式。通过创建逼真模拟或展示服务，企业可以更具沉浸感和说服力的方式吸引客户。

● 这也可以延伸到向客户提供有关供应链可持续性和伦理实践的见解，增强透明度和信任。

5. 虚拟协作

● 在供应链全球化成为常态的未来，Sora 可以通过允许利益相关者在一个模拟真实世界环境的虚拟环境中会面，促进更好的协作。

● 这可以改善供应链不同部分之间的沟通和协同，从供应商到制造商再到零售商。

6. 创新和产品开发

● 通过提供一个逼真模拟的平台，Sora 可以使企业在虚拟环境中测试新产品和服务，评估可行性和市场准备情况而无须实际生产。

● 这可以减少与产品开发周期相关的时间和成本，加快创新。

7. 风险管理和应急计划

● 通过以真实的方式模拟潜在的供应链干扰或危机，Sora 可以在风险管理中发挥关键作用。

● 企业可以更好地准备应对各种情况，从自然灾害到地缘政治紧张局势，确保应急计划既健壮又灵活。

像 Sora 这样的应用对供应链管理的完整影响将取决于其可访问性、模拟的逼真程度以及其与其他技术（如人工智能、物联网和大数据分析）的整合程度。随着这些技术的融合，它们无疑将打造出一个更具韧性、高效和以客户为中心的供应链格局。

图 11-2 是描述 Sora 在供应链场景应用的图片，展示了未来供应链专业人员可能如何利用逼真的动态图片进行规划、制定战略，并通过动态模拟优化操作。这些可视化图像捕捉了一个高科技的未来工作空间，科技在虚拟和真实世界供应链管理之间架起了桥梁。

图 11-2　Sora 的供应链应用场景

11.3.2　AI 为 Sora 写的供应链短片脚本

在 Sora 生成动画还没有开放的时候，AI 可以先为生成动画撰写脚本，以成为 Sora 或任何其他视频创作工具的制作基础。

要创建一个关于供应链的视频，特别是涉及大数据分析等复杂概念的视频，需要经过以下几个步骤。

1. 脚本架构

以下是创建大数据分析对供应链管理影响相关主题视频的结构化方法。

视频标题："AI 和大数据分析重塑供应链管理"

引言（30秒）

- 以引人注目的问题或陈述开始，突出供应链管理中的当前挑战，比如"企业如何在快节奏的供应链管理世界中保持领先地位？"

- 简要介绍大数据分析作为该领域的一个颠覆性改变的概念。

第一部分：大数据分析在供应链管理中的作用（2分钟）

- 规划：讨论大数据分析技术如何通过分析历史数据、市场趋势和消费者行为来提高预测准确性。

- 采购：解释在评估供应商、评估风险和确保采购过程的可持续性中使用大数据的方法。

- 制造：通过实时数据分析和预测性维护，突出生产线和质量控制的优化。

第二部分：将人工智能和物联网与大数据整合，打造智能供应链（2分钟）

- 人工智能整合：描述人工智能算法如何分析数据以预测需求、优化库存水平并识别潜在的干扰。

- 物联网设备：展示物联网在行动中的例子，如仓库中用于库存跟踪的传感器或用于实时物流的 GPS 跟踪。

第三部分：现实世界的成功案例（2分钟）

- 分享那些将大数据分析整合到供应链中的企业的案例研究或成功故事，突出收益和结果。

结论（1分钟）

- 总结视频中提出的关键观点。

- 以行动号召结束，鼓励观众考虑大数据分析如何改变他们自己的供应链管理策略。

结束字幕（30秒）

●播放内容来源、贡献者，并邀请观众订阅或关注以获取更多见解。

对于视觉效果，考虑将信息图表、动画和供应链操作的视频素材结合起来，以使复杂信息更易于理解。行业专家的采访或评论也可以增加视频的可信度和深度。

这个脚本作为一个蓝本，可以根据输入的资源和要求视频显示的具体重点，调整内容、长度和格式。

2. 提示内容

要为像 Sora 这样的视频创作工具生成一个关于大数据分析如何变革供应链管理的视频的详细提示，需要专注于打造一个融合教育内容和引人入胜的视觉效果的叙事。以下是一个详细的脚本大纲和视觉提示，概述了视频的关键要素。

引言（0：00—0：30）

●旁白："在当今快节奏的市场中，保持供应链管理的领先地位意味着拥抱创新。但是如何做到呢？"

●视觉：快速移动的全球供应链运营视频素材，以大数据符号环绕地球的图形结尾。

大数据分析在供应链管理中的作用（0：30—2：30）

（1）供应链规划流程

●旁白："大数据分析以无与伦比的预测精度彻底改变了规划。"

●视觉：显示数据分析的动画图表，配以需求预测会议的视频素材。

（2）采购流程

●旁白："在采购中，它确保我们选择最佳供应商的同时管理风险。"

●视觉：显示供应商评估指标的信息图表，然后切换到可持续采购实践的视频片段。

（3）制造流程

●旁白："制造受益于预测性维护，最大限度地减少停机时间。"

●视觉：智能工厂的延时摄影，突出物联网设备和数据分析屏幕。

将人工智能和物联网与大数据集成，打造智能供应链（2：30—4：30）

（4）人工智能集成

● 旁白："人工智能的预测能力与大数据相结合，可以预测需求以优化库存。"

● 视觉：展示人工智能算法运作的视频动画和真实库存管理示例。

（5）物联网设备

● 旁白："物联网设备提供实时跟踪，增强物流和交付能力。"

● 视觉：显示全球物流路线的地图动画，插入物联网传感器和设备运作的视频素材。

现实世界的成功案例（4：30—6：30）

（6）案例研究

● 旁白："像（某公司名称）这样的公司已经看到了变革性的成果。"

● 视觉：播放行业专家的采访，事前事后的指标，以及精简操作的视频素材。

结论（6：30—7：00）

● 旁白："供应链管理的未来是数据驱动的。您准备好用大数据分析彻底改变您的供应链了吗？"

● 视觉：展示呼吁行动的文本叠加层，邀请观众进一步探索，背景是未来主义的供应链视觉。

结束致谢（7：00—7：30）

● 旁白："想了解更多，请订阅并关注我们对未来供应链的探索之旅。"

● 视觉：显示致谢和渐变淡出到品牌或频道标志的制作人员名单。

制作注意事项

● 确保平衡混合采访、动画和现实世界的视频素材，以保持观众的参与度。

● 使用简洁明了的语言，适合广泛的受众，但不牺牲深度。

● 加入未来主义和充满活力但不分散注意力的背景音乐。

后 记

自从进入物流与供应链管理研究领域，我就一直在跟踪最新技术的应用对行业变革产生的深刻影响。管理创新和技术创新改变着从物流到供应链管理的进程，给作为行业从业者的我们提出了挑战，促使我们提高学习能力，加快学习进程，跟上变革的节拍。

2000年，我第一次去美国新奥尔良参加物流管理协会（CLM）年会，当年大会的主题是"Redefininglogistics.com"，即电子商务重新定义物流管理。电子商务改变了物流运行的方式，一切都已经上了网。2001年的主题是"建立战略伙伴关系"，强调了制造业和物流业之间风险共担、利益共享、我中有你、你中有我的关系。2002年、2003年则是"规则在改变"，管理创新与科技创新持续推动行业变革，知识更新的速度远远超过人类学习的速度。所以当时流行的一句话是，21世纪的文盲，不是不识字的人，而是不学习和不知道如何学习的人。2004年的主题是"远见·速度·价值"，做物流的人要有超前的视野。这场在费城举办的年会最吸引眼球的是RFID开始从军事领域的应用扩展到商业物流，也标志着物联网技术开始大规模部署。

到2005年在美国圣地亚哥开年会的时候，量变过程发生了质变，物流管理协会经过70人的更名委员会投票表决，更名为"供应链管理专业协会（CSCMP）"，年会主题则定为"追赶供应链浪潮"。大会全面讨论了从物流到供应链的演化过程，确立了供应链管理的概念内涵与外延，深入讨论了运输、仓储、零售等传统物流环节在进入供应链之后发生的角色转变：零售成为需求预测的工具，仓储成为现金循环周期最重要的环节，运输则通过时间和成本的均衡配置，应对不同的产品战略和企业战略。我回国后随即在一次行业论坛上发表了题为《全球物流进入到供应链时代》的演讲。同年，我在深圳举办了第一届全球供应链（深圳）峰会，开启了将国际供应链资源和知识体系引入国内的进程。

行业组织的权威性不仅体现在定义行业、引领风向标，还体现在标准的制定上。2006 年，供应链管理专业协会在我的建议下推出了《供应链管理流程标准》，成为指导生产制造业和物流服务业的通用指南。2007 年，我申请版权并主持翻译的中文版供应链管理流程标准由清华大学出版社出版。2009 年，协会编制了第二版流程标准，我当时没有重视引入的价值，直到 2019 年才在国内有关行业和研究所的建议下引进出版。这两部流程标准和后来的"注册供应链管理师" 9 本参考教材的引进，为行业发展和人才培育提供了"原装"的知识体系，也指导了技术应用的实践。我用标准的架构，先后出版了《供应链绩效管理实战》（2021 年）、《区块供应链——流程架构体系与产业应用实践》（2022 年）两部著作，实际上还是遵循了管理创新和科技创新改变物流与供应链行业应用这条主线。

区块链的热潮似乎已经过去，但更可信、更安全、更自主、分布式的第三代互联网（Web3.0）已经悄然来临，区块链仍然是构建可信网络体系和价值交换体系的核心技术。所以，我当时写《区块供应链》这本书的时候，书名在国内当时还是全新的名词，虽然英文"Block Supply Chain（区块供应链）"这个词已经有了。区块链的应用还没有覆盖供应链全流程和全产业领域。我的预想是需要十年的时间，就是到 2030 年左右，这本书的内容能够基本实现，读者可以和我一起去验证。

然而技术发展是以加速度进行的，会越来越快，转眼我们已经进入 AI 时代。每秒钟可以看完几百万本书、会思考的机器正在各个领域超越人类。亨利·基辛格博士在他的《人工智能时代与人类未来》的书中写道，"只有极少数技术会挑战我们解释和组织世界的主导模式。但人工智能有望在人类体验的所有领域带来变革。变革的核心最终将发生在哲学层面，即改变人类理解现实的方式以及我们在其中所扮演的角色。"

2023 年 11 月 1 日，权威词典《柯林斯英语词典》出版方宣布，"人工智能"的英文缩写"AI"当选年度单词。根据该词典的释义，"AI"是人工智能 Artificial Intelligence 的缩写，即计算机程序对人类心智功能的模仿。词典出版方发布的声明称，"AI"被视作下一次技术革命的代表，发展迅速，因此成为 2023 年的热点话题。"AI"被选为年度英文单词，本身就是人工智能应用的结果。柯林斯有一个词汇数据库，包含逾 200 亿个单词，这些单词来自世界各地的网站、报纸、杂志和书籍等文字材料。他们还从电台、电视和日常对话中选取材料，每个月都录入新数据。《柯林斯英语词典》的编辑们正是借助这个数据库识别新单词和热门话题，筛选出了"AI"这个年度单词。

当人类社会进入 AI 时代，所有的一切都会发生颠覆性的改变。这就自然联想到我们所从事的行业——供应链管理。2023 年 10 月，我去佛罗里达的奥兰多参加 CSCMP 的全球供应链前沿峰会。一年一度的全球供应链前沿峰会一直是供应链行业的风向标。大会的主题是"奠定未来的根基——今天的供应链致敬明天的精彩"。从主旨演讲到各个分会场，年会探讨的题目包括 AI 发展前景与技术成熟度、AI 与劳动力和未来工作、AGI（通用人工智能）与 ChatGPT 在教学中的使用、AI 可持续供应链应用、QR 智能标签与供应链自动化技术、亚马逊以 AWS 为核心工具的数字化驱动引擎等。从"AI"成为本届峰会的热点话题，到 11 月《柯林斯英语词典》选出"AI"作为年度单词，这绝不是巧合。所以，我们完全可以说，AI 供应链时代已经来临。

OpenAI 的 ChatGPT 作为大语言模型展现了强大的能力。我一直在思考一个问题：ChatGPT 能在供应链领域做些什么？之前网上搜到的信息，包括这次在年会上得到的信息，都是碎片化的、不完整的、不成体系的，没有人去做全流程的验证。所以我决定用供应链管理流程标准的架构，做一次全面的检验，看看 AI 究竟能干什么。这个验证过程实际上分成了两个阶段。第一个阶段是我按照流程标准的框架体系，与 ChatGPT 展开对话，将标准架构和主要条目输入，再检验 AI 对内容的理解，让它提出 AI 和大数据分析的应用点、可采用的工具和方法论，并给出案例。2023 年 11 月 7 日，在 OpenAI 开发者大会上，ChatGPT 发布了新的功能。开发者大会之后，ChatGPT 不仅可以生成图片，影响最大的变化是它从自身作为一个应用，变为可以依托 ChatGPT 开发所有应用的平台——ChatGPT 成为一个生态。所以我马上在上面开发了一个专注 AI 和大数据分析技术在供应链领域应用的 App，ChatGPT 给我取的名字叫"Supply Chain Sage"，中文可以叫作"供应链先知"，或"供应链先贤"，还生成了一个图标，就是本书序言中签名位置的图片。这是第一个在 ChatGPT 上建立的供应链管理方面的专业应用。采用这个应用，专业验证的速度和效率明显提高了，我感到越来越得心应手，于是开始了第二阶段的测试。我重新输入标准，对 AI 在供应链管理全流程应用进行了补充测试，也生成了相关场景的图片，成就了您手上这本"ChatGPT 供应链全流程应用检验"的书。这实现了我的一个愿望——写第三版供应链管理流程标准。在第一版、第二版流程标准推出多年之后，供应链流程标准需要随着技术进步和时代的发展而更新，特别是增加 AI 和大数据分析技术如何在所有流程中应用的内容。目前看，这本书基本上满足了我的要求。

本书的初稿用英文完成，AI 命名为"AI and Big Data Analytics in Supply Chain Management"，即 AI 和大数据分析在供应链流程中的应用，而且用这个标题生成了书的封面。从英文到中文的转化也是借助 AI 完成的。用物流领域的老前辈、老领导，我最敬重的好导师丁俊发先生的话来说，我是"第一个吃螃蟹的人"。但这个后记完全由人类完成的，没有借助 AI 来写一个字。本书提供给读者的内容是符合流程标准、基本准确的，有参考价值和实践指导意义。

需要指出的是，本书虽然按照流程标准的架构，提供了 AI 与大数据在供应链全流程应用的全面的分析验证，也增加了流程标准没有涉及的内容，但这本书仍应视为一个参考指南，不能够作为"标准"来使用，因为 AI 还处于初始发展阶段，对大语言模型的专业训练也远远不够。书中所有的图片并没有精准反应文字的内涵，仅仅作为象征性的表达。最近 Sora 生成动画又让 AI 进化了一大步，业界普遍认为 AI 将完全模拟甚至回顾、预测现实世界。我觉得 Sora 生成的动画，也很难做到精准地表达（当然看你如何理解"精准"的概念）。因此，书中的表述，包括引用的公式、模型也可能存在不准确或者不对的地方。作为作者，我恳请读者批判地阅读，以避免产生误导。

AI"进化"的速度是惊人的，在写这个后记初稿的时候（2024 年 3 月 15日），将 ChatGPT 应用于人形机器人的 Figure 01（人物 1 号）已经出现了，到本次后记修改的时候（2024 年 7 月 15 日），ChatGPT-4o 的能力和效率已经大大提高了。将来，我们大部分时间可能会用于与 AI 打交道，而不是跟人打交道。AI 将替我们寻找信息、帮我们做 PPT、编写计算机程序、在线上下单买东西、挑选节日礼物等。AI 将给我们工作和生活中遇到的很多问题提供解决方案，包括陪我们聊天和玩游戏，成为我们的私人情报员、私人助理、私人秘书、亲密伙伴、翻译，甚至帮助管理员工队伍。AI 将组织我们的工作和生活，倾听我们的愿望，分享我们的恐惧，治疗我们的疾病，甚至为我们跟敌人作战。AI 正在全面颠覆经济社会的各个方面，而关于管控 AI、规制 AI 的讨论也将越来越引起重视。

AI 每天都会给人来带来"惊喜"，AI 在供应链中的应用才刚刚开始，本书只是一个"引子"，更大的惊喜还在后面！那就让我们一起拥抱 AI、一起奔向未来的旅程吧！

王国文

2024 年 7 月 15 日于深圳银湖